中庸

[春秋]子思◎著
刘强◎编译

江苏凤凰科学技术出版社·南京

图书在版编目（CIP）数据

中庸 /（春秋）子思著；刘强编译．— 南京：江苏凤凰科学技术出版社，2018.9（2022.5 重印）

ISBN 978-7-5537-7958-4

Ⅰ．①中… Ⅱ．①子… ②刘… Ⅲ．①儒家②《中庸》－译文 Ⅳ．① B222.14

中国版本图书馆 CIP 数据核字（2017）第 020447 号

中庸

著　　者	【春秋】子　思
编　　译	刘　强
责任编辑	祝　萍
责任监制	方　晨
出版发行	江苏凤凰科学技术出版社
出版社地址	南京市湖南路 1 号 A 楼，邮编：210009
出版社网址	http://www.pspress.cn
印　　刷	天津旭丰源印刷有限公司
开　　本	718 mm × 1 000 mm　1/16
印　　张	16
插　　页	2
字　　数	287 000
版　　次	2018 年 9 月第 1 版
印　　次	2022 年 5 月第 2 次印刷
标准书号	ISBN 978-7-5537-7958-4
定　　价	39.80 元

序言

天地之间，流淌着浩荡不息的时间长河。

万物在时间的长河中涤荡，人生在岁月的浪花中经受洗礼。

而这一切的存在，都固守着千古不易的法则，不论是以怎样的姿态面对。

“天地位焉，万物育焉。”天地正道，包容万物。万物生存，为我所用。人之所思所为，只是在于“时中”，就是说，是否在适当的时间做出了合适的行为。其实，万事皆然，有句成语“此一时也，彼一时也”，就是绝妙的描述。没有永恒不变的哲理，唯有世界的存在。

“中庸”就是一种存在，是一种天地间人与万物生存所依附的关系，是时间和空间的完美；是包容，也是利用。借天地间的一切，为“我”所用。

因为“用”，所以就有了方向的不同、效果的差异、初衷的善恶，于是就有了占有与平衡，自然就产生了世间的纷争，也就有了所谓的君子与小人：君子就在于“时中”，而小人失于“无所不用其极”。但是，君子与小人互为依存。这世间需要精英，也同样要有平民的生存。在高高的尖塔下面，是深厚的泥土这一基础。

对于人的行为，“我”与“非我”的共处，无论“中”与“不中”，天地都以其博大的胸怀给予包容。重要的在于修养，在于修养是否纯正，是否出于“诚”。“诚”就是“成”，努力成全他人，最终成就自己。子曰：“己欲达而达人。”“天地至诚”，至诚则无欺。

真理是理所当然的存在，而谬误也必然有其立足之地。然而说到底，处在这里和位于那里，正面和背面，正确或是错误，“我”与“非我”，都是天地间的存在，都是包容在天地间的存在。

《中庸》郑玄注：“中庸者，以其记中和之为用也；庸，用也。孔子之孙子思作之，以昭明圣祖之德也。”《中庸》作为儒家经典之一，是关于人生哲学的大书，是修己用世的最高道德标准，是指导人们进行人生实践的理论教科书。

《中庸》是《礼记》中的一篇，旧时的学者认为是孔子的孙子子思（公元前483年—公元前402年）所作，因此而尊称子思为“述圣”。但是根据历代学者考证，则认为现存的《中庸》是秦汉时期儒家修订整理的作品。特别是经宋代大儒朱熹注解，《中庸》成为独立的儒学经典，与《大学》《论语》《孟子》并列，合称“四书”。宋、元以后，《中庸》成了后世读书人求取功名的必读书，对后世产生极大的影响。

朱熹认为《中庸》“忧深言切，虑远说详”，“历选前圣之书，所以提挈纲维，开示蕴奥，未有若是之明且尽者也”。（《中庸章句·序》）朱熹还引用程颐的话，强调《中庸》是“孔门传授心法”的著作，“放之则弥六合，卷之则退藏于密”，是经世致用的学问。

《中庸》作为平民的哲学，其核心是中庸之道。所谓中庸之道，就是忠恕之道。它是孔子“己所不欲，勿施于人”思想的发挥，在处理人与人交往的社会关系上要求符合“中庸之道”，其行为准则是：“君惠臣忠”“父慈子孝”“夫义妇顺”“兄友弟恭”“朋友有信”，从而达到“中庸”的和谐境界。这种境界的修养，来源于内心的“诚”。就是要怀着“诚敬”之心，不懈地进行主观心性的修养。在修养的方法上，强调“择善而固执之”的锲而不舍的勤奋精神，从而达到“至诚”的境界。

目录

第一章
天地之化本于中和

※题解

博大精深的生命哲学

《礼记·正义》说:“《中庸》者,以其记中和之为用也。庸,用也。孔子之孙子思作之,以昭明圣祖之德。”

朱子说:“子思述所传之意,以立言。首明道之本原出于天,而不可易;其实体备于己,而不可离。次言存养省察之要。终言圣神功化之极。盖欲学者于此,反求诸身而自得之,以去夫外诱之私,而充其本然之善。杨氏所谓一篇之体‘要是也’。”

程颐先生说:“不偏之谓中,不易之谓庸;中者,天下之正道,庸者,天下之定理。”(不偏执于一得之见称为中,固守既定的志向而不改变叫作庸。中,是天地之间不容改变的发展规律;庸,是人们处理事物相互依存关系所遵循的原理。)

《礼记·正义》说:“明中庸之德,必修道而行;谓子思欲明中庸,先本于道。”

《中庸》全书的主旨在于揭示天地万物与人的关系,是生命意识生存与发展的规律。阐述人与自然、人与社会、人与人之间应遵循的原则，在内心与外在的矛盾状态下，寻求平衡与共存的基点。这是处世的哲学与个人修养的境界，是个人与世界相互制约、相互改造、相互妥协的方法，最终达成和谐共存的大同境界。

※原文

天命[1]之谓性[2]；率性[3]之谓道[4]；修道[5]之谓教[6]。

※注释

1 天命：天赋，指人的自然禀赋。也指天理，命运。

2 性：人的本性，是人之初由先天赋予的本真的善性，也可理解为人的天性。

3 率性：统率并规范人的自然本性。率：规范，遵循。

4 道：本指路，即道路。又可理解为规律、方法、道理。

5 修道：修养道德，探求事物的本原，研究世界发展变化的规律。道：道德。

6 教：政教，教化。影响感化而达到的风尚。

※译文

人与生俱来的自然禀赋称作“天性”，引导并规范人的本性向着既定方向发展的就是“道”，修养德行使自己的行为符合“道”的原则，影响和同化民众就叫作“教”。

※论引

郑玄说：“天命，即上天所赋予人的自然生命。木神则仁，金神则义，火神则礼，水神则信，土神则知。按照天性而行，就是道。治而广之，人仿效之，就是教。”

孔颖达说：“天本无体，亦无言语之命，但人感自然而生，有贤愚吉凶，若天之付命遣使之然，故云‘天命’。老子云：‘道本无名，强名之曰道。’人自然感生，有刚柔好恶，或仁、或义、或礼、或知、或信，是天性自然，故‘谓之性’。感仁行仁，感义行义之属，不失其常，合于道理，使得通达。”

朱熹说：“天以阴阳五行化生万物，气以成形，而理亦赋焉，犹命令也。”又说：“于是人物之生，因各得其所赋之理，以为健顺五常之德，所谓性也。人物各循其性之自然，则其日用事物之间，莫不各有当行之路，是则所谓道也。性道虽同，而气禀或异，故不能无过不及之差，圣人因人物之所当行者而品节之，以为法于天下，则谓之教，若礼、乐、刑、政之属是也。盖人之所以为人，道之所以为道，圣人之所以为教，原其所自，无一不本于天而备于我。”

※札记

天赋与教养

《中庸》开宗明义："天命之谓性，率性之谓道，修道之谓教。"这明确展示了人生哲学修养逐次递进的三重境界：基于我们天生的善性，通过修养达成我们高尚的道德，以我们的德行影响、感化、劝化周围的人们，抵达教化的至高境界，实现中庸和谐的大同世界。

我的生命来源于父母，带着生命的本真之义：纯净、透明、和谐。这种命运的形式来自于上天注定的意旨，我们没有自己选择的自由与权利，就连我们自己的乳名也无法自己选择，它是由冥冥中的某种昭示，借助于我们母亲的思想所赋予的，我们只能接受。

初解人情时，我们受到了家庭的熏陶与教育，同时也受到来自于社会的影响与既定形式的教育。社会心态的影响与砥砺，铸成了我们自己的性格，并以此确定我们的言行，形成了我们的人格。我们知悉了人情世故，学会了待人处世的礼仪，寻找到适合自己的处世方法。我们行走在命运加诸我们的人生道路上，面对着成功或者失败，承受着自己的痛苦和快乐。我们实践着自己的经历，而这一切又都与社会有关，与人们有关，无法割裂。而往往我们所奉行的，是经过人们约定俗成的、称之为道德的东西，并且以自己的行为为这个社会的共同行为规范做出微小的贡献，强化着既成的律条。于是，"我"与众多的我们融合在一起，组成了特定的社会关系，共同恪守着这个"道"。在这个过程中，我们虽然有所选择，但却总是无奈地顺从命运的摆布。

经历了人生的打磨，众多的"我"的实践与共同建设，形成了思想，在这种思想的指引下，我们产生了共同的信仰，并以这种信仰规范我们的言行，修养我们的品德；又以我们的品德影响更多的人，从而形成教化。这就是自我的历程，也就是社会发展的历史。

天命，本性，修道，教化，万世不易的法则，人与社会发展进化的哲学。

※史例阐释

天地之中庸

上天之大德，在于宽厚，在于包容。于是有"厚德载物"的赞颂。无论是杂草还是禾苗，也无论好人还是歹徒，更不论真理还是谬误，也不论它们生长在什么地方，都同样生存在这天地之间。天地都给予公平的机会，都给予公平的阳光与雨露，都给予同样的空气和岁月。至于是否长成，只在于它们自己，天地只是无言地注视，默默地供给。因此，中庸就是博大与包容。

中，就是囊括，就是包容。我们说“把东西放在什么中”，就是如此；也就是说，万物都放置在天地之中，无论其属性如何，都有其生存的位置和依据；“中”是一种胸怀，是一种境界；不苛求，不厌弃，不厚此，也不薄彼。庸，就是自在，就是和，就是认同，就是接受。不否定，也不干扰，不偏好东，也不溺爱西，只是展示出同样的背景。比如一粒蒲公英的种子，任其随意地漂泊，无论它流落到何处，只要它能够发芽，就提供给它生长的机缘，即使在水泥为主导的城市，也会在某个缝隙，让它们生根、开花。

天地供给万物以发展的契机，让它们自由自在地按照自己的天性发展变化，以它们自身的生命力，走完其生命历程，于是有春华秋实，有万物丰茂。不蓄意戕害，也不切切呵护，只是洒下阳光和雨露，只是流来相同的空气和带走既有的污垢以及按照相同的节奏送来季节和温度……因此“天地位焉，万物育焉”。中庸之道，其实就是处世哲学，是人在社会生活中处理个体与外界关系的方法和应当遵循的原则，是一种共赢的技巧。

※原文

道[1]也者，不可须臾离也；可离非道也。是故君子戒慎乎其所不睹，恐惧乎其所不闻。

※注释

1 道：道路，规律。

※译文

“道”，不能有片刻背离；如果可以违背，那就不是“道”了。因此，品德修养高尚的人即使在没有人看见的地方也能够保持谨慎警惕，即使在没有人听见的地方也深怀敬畏戒惧。

※论引

郑玄说：“道，就是道路，出入行走的必由之途。”

郑玄说：“小人闲居为不善，无所不至也。君子则不然，虽视之无人，听之无声，犹戒慎恐惧自修正，是其不须臾离道。”

孔颖达说：“圣人修行仁、义、礼、知、信以为教化。道者，开通性命，犹如道路开通于人，人行于道路，不可须臾离也。若离道则碍难不通，犹善道须臾离弃则身有患害而生也。”

孔颖达说：“君子行道，先虑其微。若微能先虑，则必合于道，故君子恒常戒于其所不睹之处。人虽目不睹之处犹戒慎，况其恶事睹见而肯犯乎？故君子恒常戒慎之。”

朱子说：“道者，日用事物当行之理，皆性之德而具于心，无物不有，无时不然，所以不可须臾离也。若其可离，则为外物而非道矣。是以君子之心常存敬畏，虽不见闻，亦不敢忽，所以存天理之本然，而不使离于须臾之顷也。”

※札记

深藏于我们内心的天性

君子之行，自觉自悟自律自警，心性诚笃，未曾有片刻违背道义，即使独处静室，也心存对天地神明的敬畏，摒除各种私心杂念的滋生与诱惑。孔子说：“君子无终食之间违仁。”（《论语·里仁》）不论是通达顺遂还是身处困厄乖蹇，一时一刻也不敢懈怠，不敢放纵自己。无论日常事务如何繁杂，都能够排除外界的干扰，专注于内心的修养，凝神静修，永远保持心境平和宁静，须臾不离道义的准则。固守着，坚持着，精心地呵护着、培育着内心的美好道德，使内心回归明净，塑造真实美好的自我。

※史例阐释

上天有知，大地有灵

杨震（？—公元124年），字伯起，东汉弘农华阴（今陕西省华阴市东南）人。幼年时家境贫寒，但他勤奋好学，博学多才，“明经博览，无不穷究”，成为当时的大儒学家，开馆授学，有“关西孔子”之称。据说，曾有一只冠雀衔了三条鳝鱼，飞到他家的窗台上。他的学生看到后说：“老师，这种形状的鱼，据古书上所说，它的颜色与官服颜色相近，三条是表示三公的职位，老师以后一定会高升发达！”杨震听后，并不以为意，仍然潜心学问，不为所动。五十岁时，杨震被大将军邓骘推荐举为茂才，历任荆州刺史、东莱太守，迁太仆、太常、司徒等，位列三公。杨震做官清正廉明，不谋私利。从来不私下接见任何人，也不接受任何人的请托。有人看见他生活清苦，就劝他置办田地产业。他则回答说：“让后世称清白吏子孙，以此遗之，不亦厚乎！”（让后世的人称我的子孙为“清白官吏的子孙”，这样的遗产不是很丰厚吗？）

杨震任荆州刺史时，发现荆州茂才王密才华出众，便向朝廷举荐他为昌邑县令。王密内心很感激，深怀报答之心。后来，当杨震调任东莱太守，途经昌邑（今山东省金乡县境）时，王密亲赴郊外迎接。当晚，王密拜会恩师杨震，两人交谈投机，非常高兴。深夜王密告辞时，捧出黄金十斤，说：“难得有拜见恩师的机会，学生特意备办了一点儿薄礼，不成敬意，只是略表心意，实在不能报答您的栽培之恩于万一，恳求老师收下。”

杨震意味深长地说：“作为相知相敬的挚友，以前正因为我了解你的才学人品，所以才向朝廷举荐你，希望你做一个廉洁奉公的好官，为百姓做好事。可是今天你这样做，实在是违背了我的初衷和对你的厚望。只要你为官正直，为国效力，为百姓造福，就是你对我最好的回报，而不是送给我个人什么礼物。我很了解，你曾经是一个很正直的人，认为可以做朋友，但是你却不了解老朋友，现在这样做，是什么原因呢？”

王密说：“深夜之中，没有人知道，请收下吧！”

杨震严肃地指着天地说：“天知，地知，神知，我知，你知，怎么能说没有人知道呢？虽然此时没有旁观的人在，难道你我的良心就不在了吗？”

王密十分惭愧地走了出去。

天地神明，都在注视着我们的一言一行，我们又能欺得了谁呢？谁的行为能逃得过上天的注视呢？居心端正，行为正直，又何必躲藏世人的眼睛呢？

※原文

莫[1]见乎隐，莫显乎微。故君子慎其独也。

※注释

1 莫：无。

※译文

越是在隐蔽的地方，越加小心自砺，不留下愧憾；越是在细微的小事上，越是用心尽力，不出现疏漏。因而，品德高尚的人即使在独处的时候也恭敬谨慎，心怀戒惕，严格自律。

※论引

郑玄说：“慎独者，慎其闲居之所为。小人于隐者，动作言语，自以为不见睹，不见闻，则必肆尽其情也。若有占听之者，是为显见，甚于众人之中为之。”

孔颖达说：“凡在众人之中，犹知所畏，及至幽隐之处，谓人不见，便即恣情，人皆占听，察见罪状，甚于众人之中，所以恒须慎惧如此。以罪过愆失无见于幽隐之处，无显露于细微之所也。以其隐微之处，恐其罪恶彰显，故君子之人恒慎其独居。谨慎守道也。”

朱子说：“幽暗之中，细微之事，迹虽未形而几则已动，人虽不知而己独知之，则是天下之事无有着见明显而过于此者。是以君子既常戒惧，而于此尤加谨焉，所以遏人欲于将萌，而不使其滋长于隐微之中，以至离道之远也。”

※札记

于细微处见真情

人生在世，无论做过的是有利于他人的事，还是危害习俗的事；无论是在众目睽睽之下，还是在独处暗室之时，最终都会被世人看到，都是给别人看的，毫无例外。

人心就是一面镜子，照得见别人，也照得见自己。自己的心镜照见自己的人性，别人的心镜，照见的是你的人品。因此，任何事都不可疏忽。

其实，人对于自己的每一个行为，都心明如镜，都事先经过深思熟虑，也都经过选择取舍的内心权衡，都做过轻重的掂量，并不是漫不经心地随意而为。比如腐败行为，当初必然都是经历了心理的挣扎，独自静处时经过了激烈的思想斗争，最终以私欲取胜所致。他们都是清醒的腐败者，所谓不懂法律或是人情难却，都是托词，都是不高明的借口，他们心甘情愿地把自己的灵魂主动交给了魔鬼，与别人无关。

※史例阐释

廉慎不欺，清介守义

曹鉴（公元 1271 年—公元 1335 年），字克明，元代宛平（今北京城西南）人。幼年时，曹鉴就颖悟过人，举止异于同龄儿童，青年时到南方游历，深通《五经》大义。大德五年，经翰林侍讲学士郝彬推荐，曹鉴任镇江淮海书院官长。后累官至礼部尚书。曹鉴为官三十多年，一贯以清介见称。年六十五，感疾而卒，追封谯郡侯，谥文穆。曹鉴天性纯孝，济贫恤孤，唯恐落后。但他自己的生活却十分俭朴，一生为官，租赁房屋居住。终死之日，家中没有一文财产积累，只保存有几千册经过曹鉴亲手校订的书籍。

至治二年，曹鉴被任命为江浙行省左司员外郎。奉旨括释氏白云宗田，稽检有方，纤毫无扰。后调任湖广行省左司员外郎。当时丞相忽剌歹恃势强横，恣纵妄为，作威作福，僚属畏怯趋避，只有曹鉴依理办事，不屈意阿附。

他在湖广行省任职时，因公务操劳过度。他的下属顾渊伯同他关系极好，顾渊伯外出办事返回后，给他带回了一包辰州出产的朱砂。朱砂是一种名贵药材，炮制后可用以医治惊悸、失眠等症。曹鉴当时并没有在意，也没有打开看一看，随手放到了箱子里。半年后，他取出朱砂准备配制药物时，发现朱砂中掺杂着三两金子。曹鉴很感意外，感叹地说："渊伯把我看成一个什么人了？"

这时，顾渊伯已经去世。曹鉴就把黄金归还给了顾渊伯的儿子。

※原文

喜、怒、哀、乐之未发，谓之中[1]。发而皆中节，谓之和[2]。中也者，天下之大本也。和也者，天下之达道也。

※注释

1 中：喜、怒、哀、乐，人之常情。能够对自己的情绪自主控制，使其自然表露并符合礼仪规范，不偏不倚，不滥情，不漠然，适可而止，称为"中"。

2 和：表露出来的情绪与行为符合人情世故、自然常理、社会法度、中正平和，能够为人们所感知、认同，从而产生感情的共鸣与应和，称为"和"。对世界万物忽视，对人情淡漠，是不通性情；过分专注，过度宣泄，则失于自然。二者皆有失"和"的敦厚纯正。

※译文

人能够理智地控制自己的喜怒哀乐等情绪，含而不露，就叫作"中"；即使在特定情形下表现出一定的情绪，但都能有所节制并符合礼仪法度，这就叫作"和"。"中"，是天下万事万物运行的根本；"和"，是天下人人都必须遵守的大道理。

※论引

郑玄说："中为大本者，以其含喜怒哀乐，礼之所由生，政教自此出也。"

孔颖达说："喜怒哀乐缘事而生，未发之时，淡然虚静，心无所虑而当于理，故'谓之中'。'发而皆中节谓之和'者，不能寂静而有喜怒哀乐之情，虽复动发，皆中节限，犹如盐梅相得，性行和谐，故云'谓之和'。情欲未发，是人性初本。情欲虽发而能和合，道理可通达流行，故曰'天下之达道也'。"

朱子说："性情之德，以明道不可离之意。"

※札记

克己复礼

人是天地之间有欲望、有情绪的生灵，能够对自己的喜、怒、哀、乐有充分的体验和感悟，并能够推己及人，也能够从别人的情感流露中审视自己的心灵，审视自己的感情，从而体现出一种对美好感情的感知与认同。情生于中，激情起伏，抒发于外，令人可感可叹。深挚的感情，通过适当的方式表达出来，并在相应程度上予以准确的体现，使人产生同感与同情而应和共鸣，则是美好而难忘的。人的心灵大可包容天地，胸怀万物，小则脆弱无助，援手之情也令自己不能忘怀，而这一切都蕴涵在我们的心灵之中。

感情如水，在于感同身受者的自我克制与导引。克制自己内心的情绪，含蓄内敛，使之合乎礼仪规范，过度地强调自己的情绪就会引起别人的反感，同样，自己的感情不能适度地表达又会使人觉得不通人情，因此，对于自己的情绪要有恰当的表达，从而达到和的境界。外感于天地，内应于体验，又能够中规中矩，不过度强调自我之心，使人们感于事，感于情，感于博大的心灵的包容。

孔子说："哀而不伤，乐而不淫。"人情之至境，人性之至纯，人心之中正。

※史例阐释

仁就是爱人也自爱

子夏（约公元前 507 年—？），名叫卜商，春秋末期卫国人，孔子的学生之一，小孔子四十余岁。孔子曾称赞子夏是好学深思有志务实的人："博学而笃志，切问而近思。"（《论语·子张》）他是孔子经世思想的嫡传弟子，以文学著称，对《诗》有深入的研究，通其义理。孔子死后，他"教于西河之上。魏文侯师事之，而咨问国政焉"，传授"六经"，尤其注重对《春秋》的讲授。从学的人数超过三百多人，名震当时，学泽后世。《史记·儒林传》记："如田子方、段干木、吴起、禽滑厘之属，皆受业于子夏之伦。"在先秦思想史上，子夏是一位承前启后的重要思想家，是法家政术思想的先驱。唐玄宗追封子夏为"魏侯"，宋代时，又加封他为"河东公"。

《礼记·檀弓》载，子夏晚年因丧子而悲痛过度，导致双目失明，离群索居，生活凄苦。曾子前去看望他说："听说老朋友的眼睛失明了，我赶来看望，希望能为你分担痛苦。"于是二人相对，悲泣流涕。子夏悲愤地说道："天啊！我并没有罪过呀！为什么让我承受这样的苦难呢？”曾子却对他说：“你怎么没有罪过呢？以前我和你在洙水和泗水之间共同侍奉老师，那时我们互相研习，是多么美好的时光啊。后来，你离开朋友，独自回到西河讲学，使西河的人们把你称作老师，而不知道我们共同的先师的思想。只注重树立自己的名声，这就是不仁，是你的第一条罪过；你居亲人之丧，只是深陷于自己的悲痛，根本就不在意天下苍生的苦难，没有做出什么可以为人特别称道的事，这就是不义，是你的第二条罪过；你儿子死了就哭瞎了眼睛，不能珍惜保全父母给予我们的身体，这就是不孝，是你的第三条罪过。”曾子接着责问道，“那么，你难道就没有罪过吗？”子夏听后，扔掉手杖，恳切地致谢说：“我错了！我错了！我离开朋友独自居住太久了。”

灾难与痛苦的降临总是出人意料，谁也不愿接受。面对灾祸的打击，悲痛在所难免，其哀切怨尤之情，呼天抢地的悲愤不平，是人之常情，也是出自至情至性的自然流露。但是，灾难又不以个人的意志为转移的，一旦发生，就不可改变，追悔也是无用的，哀痛也应有度。生命毕竟值得珍惜，死者已矣，而生者更应当担负起好好活下去的重任，这不仅是对自己负责，也是对死者的安慰，更是对我们亲人的责任。正因为人人都有感情，人们都祈愿自己的亲人生活得更好，这同样也是死者生前的心愿。因此，我们无权过度悲愤、自伤。

※原文

致[1]中和，天地位[2]焉，万物育[3]焉。

※注释

1 致：到达，达到。

2 位：正。

3 育：养育，生长。

※译文

达到“中和”的境界，天地间的运行法则就自然建立起来了，万物就能够在和谐的环境中自然生长发育。

※论引

孔颖达说：“人君所能至极中和，使阴阳不错，则天地得其正位焉。生成得理，故万物其养育焉。”

朱子说：“自戒惧而约之，以至于至静之中，无少偏倚，而其守不失，则极其中而天地位矣。自谨独而精之，以至于应物之处，无少差谬，而无适不然，则极其和而万物育矣。盖天地万物本吾一体，吾之心正，则天地之心亦正矣，吾之气顺，则天地之气亦顺矣。故其效验至于如此。此学问之极功、圣人之能事，初非有待于外，而修道之教亦在其中矣。是其一体一用虽有动静之殊，然必其体立而后用有以行，则其实亦非有两事也。”

※札记

中和，实现天下大同的必由之路

“中”是人修养性情的内在功夫，“和”则是这种内在修养所表现出的品德行为。修养我们的性情，达到敦厚和顺，使自己的胸襟博大，能够包容万事万物的生存个性，处事守诚，从而达到中正和谐。

万物之生，各于其性，人生其间，各秉承命，各自遵从自己的命运，首要的是拥有博大的胸襟，能够包容。

天地变化难以预测，如地震、山崩、海啸、狂风等都是合乎发展规律的自然现象。对于自然界所发生的客观事件，古代的人们以人们对自然的敬畏之心来影射、警戒统治者不要违天行事，不要逆人心愿，应修德恤民，以仁恕之德，应和天地变化，顺应民意，替天地行道，从而达到协调社会矛盾、维护长治久安的目的。

万物生长发展，在于自励自觉，自然地遵从规矩，重要的是找到自己的位置，尽自己的职责，并恪守合乎天性的德行。“当门之兰虽芳，必欲除之。”所处位置相异，其命运必然不同。人不得其位，必致倾覆；物不得其位，必被刈除。

在自己适合的位置上，努力修养自己，提升人品层次，提高生命的品位，于是天地和谐共存。天地万物，各得其所，各抒所长，达到共荣，从而达到“天人合德”的理想。

重要的是找准自己的位置。

※史例阐释

天然就是和谐

自从人类有了自觉的自我意识之后，人与自然的关系，就处在相互影响的状态。人类的史前时代，为了采集食物，他们依森林而迁徙，结成部落；人类的童蒙时期，为了生存，人们逐水草而定居，形成了村庄；到了近代，为了提高生活的质量，于是人们沿交通要道而聚集，形成了城镇；而现代，那些在水泥固化的城市丛林中住腻了的动物们，为了他们理想中的美好生活与幸福感受，他们怀念乡村山清水秀的林地，但人类却再也不能回到起点了——那里才是我们的家园。

在漫长的自然演化史中，对于自然，人类一方面深怀敬畏，匍匐膜拜，献牲祭祀，以求降福禳祸；另一方面又对大自然进行贪婪的索取和破坏，以期改造自然，并狂妄地想战而胜之，试图凌驾于自然之上。

孔子说：“钓而不纲，弋不射宿。”

孟子告诫说：“数罟不入洿池，鱼鳖不可胜食也；斧斤以时入山林，材木不可胜用也。”这是在强调使自然能够自由地生息，防止自然资源的枯竭；主张“上下与天地同流”，从而保持自然的可持续发展。

《荀子·王制》说：“养长时则六畜育，杀生时则草木殖。”此处把草木开花结果时禁止砍伐、鱼鳖怀卵时禁止撒网称之为“圣王之制”。

任何生物、任何物种都有生存繁衍的理由和必然意义，也正因为天地的包容与大度，才有了生物的多样性，使万物得以养育长成，才成就了自然的丰富与人类的发展。

“致中和，天地位焉，万物育焉”，人与自然的关系不是对立的，而是和谐共存的。人生活在自然中，只是自然的一个物种，而不是主人，必须按照“中和”的原则与自然和谐共处，以保持自然的生机和谐与自然环境的生态平衡。只有充分发挥万物生存的意义，才是和谐的自然观，也才能使人类自身得以最终解放和发展。

第二章　世界观的选择——中庸之道

※题解

与时俱进

游氏曰："以性情言之，则曰中和，以德行言之，则曰中庸是也。"

朱子说："中庸之中，实兼中和之义。"

《礼记·正义》说："是子思引仲尼之言，广明中庸之行，贤者过之，不肖者不及也；中庸之道，鲜能行之。"

"君子而时中"，"时"不仅指时间、时代，也指时机。

既不要超越阶段，也不要被时代抛弃；既不能急躁冒进，也不可故步自封。超越现实是偏激，跟不上步伐是落伍。就如组织一场音乐会，指挥就是调动各方面的因素，达到"中"与"和"的境界。这个"指挥"就是"中"，是各位演奏者注目的中心。而指挥则是以演奏内容的节奏与情绪表达为"中"。而对于广大听众来说，能够享受到精美的艺术熏陶为"中"。又比如琴弦的调音，弦太紧会被拉断，太松则发音不准。演奏太快，失了节奏；弹得太慢，就成了杂音。成功的演奏，就在于“和”而“中”。而真正的“中”就是与这个音乐会有关的全体的认同。

中华民族的祖先很早就在长期的客观实践中产生了“时”的观念，并以此作为指导实践活动的依据。认识到季节时令的变化对农业的决定意义，《尚书·尧典》中说“敬授人时”，孔子说“使民以时”，孟子说“不违农时”，都是为了顺天应人，和谐共生。

“当今之时”“彼一时，此一时”中的“时”，则指时代、时势。

对“时”的把握与运用，已经升华为哲学范畴。《尚书·益稷》云：“敕天之命，惟时惟几。”“虑善以动，动惟厥时。”《易·文言》云：“终日乾乾，与时偕行。”“坤道其顺乎？承天而时行。”《易·彖·随》云：“大亨贞无咎，而天下随时。”《易·彖·益》云：“凡益之道，与时偕行。”《易·彖·丰》云：“天地盈虚，与时消息。”《易·彖·小过》云：“过以利贞，与时行也。”这些语句深刻地蕴含着“与时俱进”的积极思想。

※原文

仲尼曰：“君子中庸[1]，小人反中庸。”

※注释

1 中庸：儒家思想中的最高道德境界，即包容与利用，就是对一切的客观存在都予以包容并合理地使用。在具体的事件中，无论其性质如何，都深含着一定的必然意义，就应予以接受。而在具体的运作中，应做出恰当的抉择，把握适度。就是说在具体的时间空间条件下，做出适宜的行为。许慎在《说文解字》中说：“中，和也。”(段玉裁注：许书原作“和也”当作“内也”。“内”通“纳”，容纳，包容。)《左传·定公元年》：“未尝不中吾志也。”“中”即符合、正中其中之意。庸：许慎在《说文解字》中说：“庸，用也。”程颐认为，“庸”就是“常”。庄子在《齐物论》中说：“为是不用而寓诸庸。庸也者，用也；用也者，通也；通也者，得也。”因此，中是原则，庸是实践。中庸，就是知与行的统一。

※人物简介

仲尼：即孔子（公元前551年—公元前479年），名丘，字仲尼，鲁国陬邑（今山东曲阜东南）人。他是春秋后期伟大的思想家、教育家。他是儒家学派的创始人，中国传统文化的集大成者。孔子的先祖本是宋国贵族，因政治原因迁居鲁国避难。孔子幼年时，其父叔梁纥去世，家境贫寒，为生活所迫，他很早就独立谋生，从事过多种低微的职业。孔子待人真诚宽厚、好学善思，积累了广博的学识。他一生致力于教育，相传有三千弟子，其中身通六艺（礼、乐、射、御、书、数）者七十二人。他曾周游列国，晚年专心于古代文献整理与传播工作，先后删《诗》《书》，正《礼》《乐》，序《周易》，修《春秋》，创立了以仁为核心的道德学说。其主要言行，经其弟子和再传弟子整理，编成《论语》一书。“己所不欲，毋施于人”“君子成人之美，不成人之恶”“己欲立而立人，己欲达而达人”“躬自厚而薄责于人”……成为后世人们修养的道德原则，影响极其深远。后世尊其为“圣人”。

※译文

孔子说：“有教养的君子处世奉行中庸之道，没有受过教育的人们在日常生活中的行为总是违背中庸的原则。”

※论引

郑玄说：“庸，常也。用中为常，道也。‘反中庸’者，所行非中庸，然亦自以为中庸也。”

孔颖达说：“庸，常也。君子之人用中以为常，小人则不用中为常，是‘反中庸’也。”

朱子说：“中庸者，不偏不倚、无过不及，而平常之理，乃天命所当然，精微之极致也。惟君子为能体之，小人反是。”

※札记

人与人是有区别的

中庸就处在君子与小人之间，虽然没有如楚河汉界般的分界线，使人们就如泾渭之流一目了然，但是，就其行为风格而言，总会截然不同。

君子之行着眼于维护众多人的利益，处事以中庸为原则，所以，人们受到惠泽而不以为恩；小人则只是看重小团体的好处，行事以培植党羽、罗树私恩为重，以小恩小惠收买人心，因而却会收到相应的感激。

中庸的本质，就是包容以为用，因其势而利导之。在具体事件的运用过程中，注重适度，即历来认同的不偏不倚，无过无不及，是寻求内在的平衡。

君子胸襟博大，见识卓越，能够从伦常大道出发包容众长，容纳众意，处事既不极端，也不偏激，既不专擅，也不投机，顺应自然发展之道。而芸芸众生却只注重眼前的利益，急功近利，以现时的占有为得，既不能包容他人，又不愿与人共享，忽视他人的存在，结果距离中庸越来越远。

谋略无所谓邪正，也无所谓阴谋或正义，在于运用之心。心正则德正，意舛则恶生。同样的计策，由于不同的人使用于不同的时空，君子运筹于帷幄之中，小人设计于阴暗角落，所导致的结果和对事物的发展方向的影响则截然不同。

如果是出于维护天地正义，那么不论采取的是何种手段，都是符合道义的行为，就是替天行道。如果只是出于个人的私利，或是小部分人的利益，那么不论其打着何种光明正大的旗号，都无异于攫取与鲸吞，都是抢掠与窃取。

为君子或做小人，取决于我们自己，取决于我们的行为代表着谁的利益，取决于我们获取了什么，拿走了多少。

※史例阐释

包容与思考

什么是“中”？在我们的语言文字中，与“中”有关的一些词如：

（1）中和，中正，中允，中立，中兴，中节，执中——这是对行为动态的描述。

（2）中央，中间，中心，中点，中线，中枢，中介，中坚，中途，其中——这是对位置的界定。

（3）中的，中奖，中第，中计，中肯，中意，百发百中，击中——这是对目标的设定。

无论是哪种意义的表达，都有一个共同的寓意，就是都具有包容的属性。

考察日常生活，我们总是习惯性地说：把某件物品放在什么“中”，这就是一种包容，因为，我们所放置的东西，并不就一定是在这个具体空间的中心。

众所周知，在对自然界的认知过程中，最早的是人类看到日月星辰每天都从东方升起，西边落下，围绕着我们运行不息，觉得“我”就是宇宙的中心，就是主宰。于是，古人就认为地球是宇宙的中心，这就是最古老的“地心说”。这个命题，一度被认为是真理，是客观规律，于是在一个相当长的历史时期左右着人们的认识，支撑着人们的思想体系，以至于具有宗教般的力量。但是到了哥白尼时代，人们的思想认识发生了改变，随着人们视野的开阔，认识了太阳运动的规律，认识了太阳系，令人们兴奋又困惑的是，在太阳系中，太阳才是中心，地球只是太阳系中的一员，是围绕着太阳在运动，于是有了“日心说”。而为此，布鲁诺付出了生命的代价。后来，十九世纪末，人类的认识又有了突破，发现在广袤的银河系，太阳并不是中心，而地球更是如同一粒尘埃。……但是，并不能因此就说地球可以忽略，就可被排除在宇宙之外。

而事实是，地球就是以其独特的自然存在形态运行在浩瀚的宇宙之中。而根据现代天文学的理论，宇宙没有中心。但是，同样的命题也是成立的，也具有真理的内核，就是说，任何一个宇宙点都是中心。由此，我们可以得出这样一个结论：“中”是不断变化的，具有广博的包容性和深刻的哲学特质。因此，可以这样认为：“中”既可以被认为是中心，也可以被认为不是中心，但是，就是处在其中，是包容在一个更宏大的系统之中的独立存在。

根据时间来说，任何事物或事件，都具有历史性和现实性，同样也不可避免地带着未来性，是处在过去与未来之间，即现在。就是说：现在就是恒定的“中”，是永恒的中点。就是说，人或事件，永远都处在时间的中点，无法摆脱。我们永远都与时间在一起，永远都行走在时间之“中”。

由此可见，无论“中”是指空间方位，还是时间的序列，或者是作为一个设定的目标，对于一个确定的外在对象来说，“中”是时间与空间的广泛范围，既不确定又很具体；都是不容抹杀的存在，都具有存在的天然依据，既是中心，又是边缘，更是包容在一个相应系统中的内在，所不同的只是取决于着眼的角度与参照系统的不同。

※原文

君子之中庸也，君子而时中[1]。小人之中庸也，小人而无忌惮也。

※注释

1 君子而时中：君子能随时根据不同的情况，恰到好处地把握中正的原则，行事处世有度。时中：言行时时处处符合中庸之道。

※译文

君子的言行之所以合乎中庸的规范，是因为君子诚笃自律，处事有度，规范适中，能够在特定的时空情势下，对具体的问题做出恰当的处理。不注重修养的人，其行为之所以背离中庸，是因为他们的心智不能达到那种高度，他们对自己的行为失于检点约束，肆无忌惮，言行极端，无所顾忌。

※论引

郑玄说：“‘君子而时中’者，其容貌君子，而又时节其中也。‘小人而无忌惮’，其容貌小人，又以无畏难为常行，是其‘反中庸’也。”

孔颖达说：“君子之为中庸，容貌为君子，心行而时节其中，谓喜怒不过节也，故云君子而时中。小人为中庸，形貌为小人，而心行无所忌惮，小人将此以为常，亦以为中庸。”

朱子说：“君子之所以为中庸者，以其有君子之德，而又能随时以处中也。小人之所以反中庸者，以其有小人之心，而又无所忌惮也。盖中无定体，随时而在，是乃平常之理也。君子知其在我，故能戒谨不睹、恐惧不闻，而无时不中。小人不知有此，则肆欲妄行，而无所忌惮矣。”

※札记

以诚待人，不可势利

无论人们处在何种社会地位，承担哪种社会角色，在人格上都是平等的。无论权力大小、地位高低、财富多少，但是人都有尊严，都应受到尊重。这是人伦大道。如果忽视这个原则，往往令自己陷入被动。因为在与人的社会交往中，必然会遇到各个层次的人，如果只对各类“大腕”恭敬有加，却对小人物态度冷漠或予以戏弄，其结果必然是既没有赢得高高在上者的重视，也不会得到他的尊重。而平庸相处的人，对你人品的评价就会大打折扣，既失去了他对你的信任，又会被他鄙夷不屑。如此，只会既伤他人的自尊，又损害自己的德行。

在现实生活中，总会有各式各样的宴饮聚会：宴席上必然有主人、贵宾、陪客以及应邀出席的同事或是朋友。在这样的聚会中，往往体现出一个人的水准。人们常说：酒品如人品。这只是一个方面，更重要的是：在这个聚会中各个人物的神态与举止。势利的人，往往会逢迎贵客，或是以权势为中心，漠视他人，以至于以取笑他人而显示自己；自以为是的人，总是以自我为中心，高谈阔论；圆滑的人，则施展其外交手段，以期左右众人。这种“尊卑有别”的宴聚，往往令人感到尴尬，有时甚至会令人感到十分难堪。不经意间的一句话，或许就可能使聚会的人的自尊受到伤害，而令人心存反感，产生芥蒂。

人在社会中生存，很多时候都面临着这种两难的境地，那么如何妥善处理，如何做出“适中”的行为？谁也不能给出唯一的正确指导。只有自己权衡，依据情势而做出自己的行为。高明的人通过交际技巧渡过难关，聪明的人借用外力巧解难题，从而摆脱困境；一般的人只有默然处之，静观自守；智力略显迟钝的人，只有蒙受羞辱，以至于形成僵局。而不论自己处在何种态势，唯一可取的就是“诚”。只有心怀“诚”意，不存杂念，才会赢得支持，受到敬重。

中庸的处世思想，就是守“诚”。成全他人的自尊，成就自己的人品，维护共同的尊严，使自己不被自己的行为绊倒。

※史例阐释

为君子或做小人，取决于我们自己

《左传》记载：襄公二十五年，齐国内乱，齐庄公被其大臣崔武子逆弑。

齐庄公和崔武子的继室棠姜私通，经常到崔家去。并且齐庄公不听侍臣的劝阻，把崔武子的帽子赐给别人。崔武子由此怀恨在心。当时，正值齐庄公乘晋国动乱而进攻晋国。崔武子于是就想杀死齐庄公来讨好晋国，只是苦于没有机会。

夏季，五月，莒国由于是这次战役的同盟国，莒子就来到齐国朝见。十六日，齐庄公在北城设享礼招待他。崔武子借口有病，没有参加。十七日，齐庄公以问候崔武子为由，乘机又与棠姜幽会。姜氏进入内室，和崔武子从侧门走出去。齐庄公拍着柱子唱歌。齐庄公的侍人贾举因以前受到齐庄公的鞭打，也在伺机报复，崔、贾二人就勾结起来，寻找机会杀死齐庄公。于是贾举假传命令，禁止齐庄公的随从进入住宅内。贾举走进去后，关上大门。崔武子的卫队便立即包围了齐庄公。齐庄公登上高台请求免死，遭到拒绝；又请求允许自己在太庙自杀，仍然不被允许。甲士们说："君王的下臣崔杼病危，不能发号施令，我们也不能执行您的命令。这里靠近君王的宫室，陪臣的职责就是巡夜搜捕淫乱的人，此外没有接到其他命令。"齐庄公跳墙突围，被人用箭射中大腿，跌入院内，于是被杀。州绰、邴师、公孙敖、封具、铎父、襄伊、偻堙都被杀死，而贾举也未能幸免。申蒯，是管理渔业的人，和他的家臣一起殉义自杀。崔氏又派人在平阴杀死了鬷蔑。

晏子走到崔氏家的大门外边，他的属下说："也以自杀报答国君吗？"晏子说："是我一个人的国君吗？要我去死？"属下就又说："那么逃离吗？"晏子说："是我的罪过吗？我何必要逃走？"属下就问："那么现在回去吗？"晏子说："国君死了，回到哪儿去？"

晏子说："君民者，岂以陵民，社稷是主；臣君者，岂为其口实，社稷是养。故君为社稷死，则死之；为社稷亡，则亡之。若为己死，而为己亡，非其私昵，谁敢任之！"这是说，大臣应该为国家殉难，而不应该为国君个人死节。

他走进大门，头枕在齐庄公尸体的大腿上号哭，行礼，然后走了出去。

那些杀红了眼的刽子手说："一定要杀了他！"崔武子说："他是对国家、对人民有功的人，杀了不祥。"

孟子主张：若社稷不利于民众生存时，"则变置社稷"（《孟子·尽心下》）。《易·革》云："汤武革命，顺乎天而应乎人，革之时大矣哉！"可见"中"不是僵死不变的教条，而是顺应时势发展的活的灵魂。

第三章
道德的最高标准

※题解

中庸的道德体现

古希腊哲学家亚里士多德说，“中道行为使人成功”“美德乃是一种中庸之道”。“德行就是中道”(《尼洛马可伦理学》)，中庸就是人生至高无上的道德境界。

※原文

子曰：“中庸其至矣乎！民鲜[1]能久矣！”

※注释

1 鲜：很少。

※译文

孔子说："中庸是至高至极的境界啊，人们很少能够长久地奉行到底！"

※论引

郑玄说："中庸为道至美，顾人罕能久行。"

孔颖达说："叹中庸之美，人寡能久行，其中庸之德至极美乎！"

朱子说："过则失中，不及则未至，故惟中庸之德为至。然亦人所同得，初无难事，但世教衰，民不兴行，故鲜能之，今已久矣。"

※札记

真实地活着

人在社会群体之中生活，是社会中的一粒尘埃。

社会其实就是一个大市场，不平等的交易和意料之外的事情随时都有可能发生。而人的任何行为都必然受社会的制约，也影响着周围的一切。

为了生活，人们不可避免地要面对各种矛盾的冲击，受到各种因素的掣肘，要接受各种形式的挑战，更要应对各种条件下的竞争。因而，每个人都无法完全摆脱苦恼。

在这一切的行为取舍中，谁会时时处处都能做得最好？同样，谁也不可能不犯错误，谁也不可能把一切事情都做到完美。

我们生活中的大多数时光都在很普通的日子里度过，我们平凡而又渺小，我们只能是在自己的视野内做出符合自己现状的选择，能不能达到"中庸"，我们确实不知道。

谁都想把事情做得更好，谁都想取得成功，谁也不愿接受失败，但是，能够做到最终如愿的人并不很多。但是这并不表示，所有人都不能享受到幸福。

中庸是令人向往的境界，但是，没有达到中庸的标准，并不就说明我们一无是处。人生总是有这样或那样的烦恼，不论做什么事，总会有不同的评论，从各个角度，不同的层面上讲，有肯定的、否定的，甚至更有被误解的，这同样的行为，也表现在我们对待别人或别人所做的事情上。所以，我们应该让自己的心胸开阔一些，超脱一点，对别人宽容一些。尽可能地不要误解别人，对于别人的"误解"，也要能够给予宽容。

当然，无论如何，只要我们是真实而又努力地活着，就很好。因为生命需要我们自己精心的呵护与打造。

※史例阐释

博闻多识，并非人人都能达到

《晋书》记载了张华博闻释疑的故事。

张华，字茂先，范阳人，少好文义，博览文典。为太常博士，转兼中书郎。虽栖处云阁，慨然有感，作《鹪鹩赋》以自寄。“鹪鹩，小鸟也。生于蒿莱之间，长于藩篱之下，翔集寻常之内，而生生之理足矣。色浅体陋，不为人用，形微处卑，物莫之害，繁滋族类，乘居匹游，翩翩然有以自乐也。彼鹫鹗惊鸿，孔雀翡翠，或凌赤霄之际，或托绝垠之外，翰举足以冲天，觜距足以自卫，然皆负矰婴缴，羽毛入贡。何者？有用于人也。夫言有浅而可以托深，类有微而可以喻大，故赋之云尔。

何造化之多端兮，播群形于万类。惟鹪鹩之微禽兮，亦摄生而受气。育翩翾之陋体，无玄黄以自贵。毛弗施于器用，肉弗登于俎味。鹰鹯过犹俄翼，尚何惧于罿罻。翳荟蒙笼，是焉游集。飞不飘扬，翔不翕习，其居易容，其求易给。巢林不过一枝，每食不过数粒。栖无所滞，游无所盘。匪陋荆棘，匪荣茝兰。动翼而逸，投足而安。委命顺理，与物无患。伊兹禽之无知，何处身之似智。不怀宝以贾害，不饰表以招累。静守约而不矜，动因循以简易。任自然以为资，无诱慕于世伪。雕鹖介其觜距，鹄鹭轶于云际。从鸡窜于幽险，孔翠生乎遐裔。彼晨凫与归雁，又矫翼而增逝。咸美羽而丰肌，故无罪而皆毙。徒衔芦以避缴，终为戮于此世。苍鹰鸷而受绁，鹦鹉惠而入笼。屈猛志以服养，块幽絷于九重。变音声以顺旨，思摧翮而为庸。恋钟岱之林野，慕陇坻之高松。虽蒙幸于今日，未若畴昔之从容。海鸟，避风而至。条枝巨雀，踰岭自致。提挈万里，飘飖逼畏。夫唯体大妨物，而形瑰足玮也。阴阳陶蒸，万品一区。巨细舛错，种繁类殊。鹪螟巢于蚊睫，大鹏弥乎天隅。将以上方不足，而下比有余。普天壤以遐观，吾又安知大小之所如？”(见《文选》之卷十三)。

阮籍读了这篇《鹪鹩赋》，深为叹赏，认为张华具有王佐之才。

张华博览图籍，四海之内，若指诸掌。晋武帝经常咨问汉朝的治理方略及管理制度，所涉及的范围十分广泛。张华应对如流，并且语言生动精警，使听的人常常忘记疲倦。于是人们把他与春秋时期郑国的子产相比拟。张华官至太子少傅、司空。

张华博物洽闻。有人捡到一种奇异的羽毛，长约三丈，拿来请张华辨认。张华看见后，神情惨然地说：“这是海凫的羽毛。这种异鸟出现，就预示着天下将要发生变乱。”

陆机宴请张华，席间宾客满座，佳肴珍馐，丰盛精制，有一名菜“白鲊”。张华打开盛菜的器皿的盖子，说：“这是龙肉。”人们都不相信。张华说：“用苦酒浇醮，必定会有奇异的现象出现，一试便知。”一试，果然立即就有五彩光芒升起。陆机叫来进献白鲊的人询问。那人果然说："这是在园内堆积的茅草下面得到的一条白鱼。觉得鱼质与貌状都十分迥异。用来做菜，其味鲜美。因此就进献给您品尝。"

存放武器的库房，封闭管理十分严密。但是，库中忽有雉雊。人们感到十分怪异，就去请教张华。张华说："这是蛇变化为雉。"打开库房验证，雉的旁边果然有蛇蜕。

吴郡派公务人员报告说，临平江岸崩塌，有一只石鼓出现，槌擂却不发出声音。皇帝就召见张华。张华说："取蜀中桐材，刻制成鱼形的鼓槌，敲叩就会发出声音来。"果然如其所说，鼓声宏亮，响彻数里。

当初，孙吴政权还存在时，北斗星与牵牛星之间常有紫气。研究道术的人认为：这是东吴政权强盛巩固的天意，不可讨伐。只有张华认为这种说法是牵强附会，没有道理的。后来，东吴被平定，紫气更显明亮。张华了解到豫章人雷焕对天象征兆很有研究，于是邀请他来，到晚间共同登楼观察。雷焕说："这是宝剑所发出的剑气，位置在豫章郡的丰城县。"于是就任命雷焕为丰城县令，让他负责探寻。雷焕上任后，经过测算，挖掘牢狱房屋下的地基，于是找到了双剑。当晚，在斗牛二星之间就再也看不到剑气了。雷焕用南昌西山北岩下的土石磨拭剑，除去锈迹，剑光明亮耀眼。于是派遣特使，护送其中一剑，并将土石赠送给张华。留下另一剑作为雷焕自己的佩剑。张华认为南昌的土石不如华阴县的赤色土石，于是就用华阴土石一斤赠送给雷焕。雷焕再次用来磨拭，铁剑倍加精湛、锋利。

在曹魏政权时，殿前大钟忽然自动震响，令人惊骇。张华说："这是四川发生了地震，大钟感应而发出声音。"不到十天时间，蜀郡果然报告发生地震。

博学多识，处事完美，这是人人都追求的，但是，这并不是任何人都能轻易达到的。

第四章 凡事在于把握好微妙的限度

※题解

走过，还要悟到

人生的成就，取决于对那个神秘限度的把握。

人的一生是有限的，可用的时间更是极其有限，而真正用来做出创新的时间尤其少，因此，不要让时间白白地流逝。古人说：穷其一生，读好一本书。

生命的意义，不在于我们走了多远的路，也不在于拥有什么，而在于我们感悟到什么。

※原文

子曰："道[1]之不行也，我知之矣：知者[2]过之，愚者不及也。道之不明也，我知之矣：贤者过之；不肖者[3]不及也。"

※注释

1 道：即中庸之道。

2 知者：指智慧超群的人。知：同“智”。

3 不肖者：没有才能的人。

※译文

孔子说：“中庸之道不能施行的原因，我是知道的：聪明的人自以为是，行为过分；愚钝的人往往因智力有所不及，则处事不够到位。中庸之道不能得到弘扬的原因，我也知道了：贤能的人的所作所为超过了限度；没有才能的人根本就做不到。

※论引

郑玄说：“过与不及，使道不行，唯礼能为之中。”

朱子说：“知愚贤不肖之过不及，则生禀之异而失其中也。知者知之过，既以道为不足行；愚者不及知，又不知所以行，此道之所以常不行也。贤者行之过，既以道为不足知；不肖者不及行，又不求所以知，此道之所以常不明也。”

※札记

中庸就是事物本体属性的全部

古希腊的哲学家亚里士多德和中国的孔子都以各自的方式阐明了人类行为的两种倾向：过激与不及。指出正确的行为准则就是中庸。但是，先哲却语焉不详，并没有进一步指明什么是中庸，以及走向中庸的道路在哪个方向。于是，后世学者认为，“中庸”唯一正确的解释就是“适中”，从而将“中庸”大道导入一个狭隘的歧途，失去了中庸的天然品质。

其实，先哲们为了说明中庸的实用意义，只是从人们做事的一个方面对人的具体行为做出评判，并不是就事物全面发展的方向而言。由此可知，后人以为：中庸就是向着一个中点趋进，实为机械主义的理解。过激，只是指人们在所认识到的这个方向上走得很远，超过了时空的边界，于是不具备现实可行性；而不及，是指人们的认识不全面、不深入，没有达到事物发展的现实阶段。其实质是，他们都没有把握到事物的全貌，没有认识事物的必然发展规律。这是在一条路径上的踯躅，而不是对事物的全面把握。

通常的认识是：在正确与错误之间，没有中间地带存在。因此，在一些问题或原则的取舍上，就要求人们做出是支持或是反对的“旗帜鲜明的”抉择。正如所谓的非左即右，不允许有任何别的选择余地。而这正是一种“过激”行为，不符合“中”的原则要求。因为不论是“左”或是“右”，都是统一在一个具体的系统，没有“左”也就没有右，“左”是错误的，“右”也同样是谬误。从人类的认识发展来说，很多时候，人总是突破既定的局限，进入另一个局限，因而没有完全的正确，也没有彻底的错误，而是正确与错误的交织共生。

于是，机会主义者奉行折中，而自以为高明。其实最终陷入无所突围的死胡同，其主张谁也不能接受，致使灰头土脸，虽然意在两面讨好，实则不能左右逢源，谁都不予认同，受到来自双方的攻击，被讥为“摇摆分子”，被定名为“两面派”。

其实，对立的双方，都是在不同角度、不同立场上对同一事物的某一个侧面认识，但是，把双方的立场相加，仍然不是事物属性的全面的阐述。而中庸，就是全面。

所谓中，本质就是包容，具体地运用，就是中和各个方面的见解，寻求符合事物发展规律的方法。所谓庸，就是实用，就是实行。庄子在《齐物论》中说“为是不用而寓诸庸。庸也者，用也；用也者，通也；通也者，得也”，即行得通的方法或具有现实可行性的策略叫庸。只有行得通，才能取得成就。

中庸就是对事物的全面把握，是包容对立双方的认识在内的对全局发展的全面认识，是在更高的层次上，对各方面认识的中和。

※史例阐释

师旷之聪

师旷，晋国音乐大师，学识渊博，还是一位杰出的政治活动家和博古通今的学者。师旷大约生活在春秋末年晋悼、平年间，山西洪洞人。《洪洞县志》说：“师旷之聪，天下之至聪也。”传说他从小就喜欢音乐，因为认识到“技之不精，由于多心；心之不一，由于多视”的道理，就用艾叶熏瞎了眼睛，专心音律，最终成为一位杰出的音乐家。《庄子·齐物论》中说：师旷“甚知音律”，史称“乐圣”。师旷琴艺高超，又深通音律感应的哲理，赢得晋君信任，国事有疑，垂询咨问。因而师旷也就参与了晋国内政、外交、军事等一系列事务。韩非说，师旷“迹虽隐于乐官，而实参国议”。

《荀子·大略篇》中说：“言味者予易牙，言音者予师旷，言治者予三王。”

春秋时期，人们对乐律十分重视，怀有神秘的敬畏色彩，备受推崇。因而留下了很多师旷奏乐的神异故事。

传说师旷弹琴，“玉羊、白鹊翱翔”。古人以玉羊、白鹊为“玉音协和，声教昌明”的祥瑞。师旷曾为晋平公弹奏“清徵”，“有玄鹤列队翔集”“延领而鸣，舒翼而舞”；又奏“清角”，遂有玄云汇集起，风雨骤至，“裂帷幕，破俎豆，隳廊瓦”，令人惊心动魄。

《左传·襄公十八年》载：“师旷告晋侯曰：鸟乌之声乐，齐师其遁。”这一年，齐国举兵进攻鲁国，晋、鲁结盟，会合诸侯援鲁伐齐。晋平公对战争前景怀有疑虑，师旷说：“天空中的飞鸟鸣叫声，充满欢乐，表明齐国军队已经远远撤离了。”晋平公犹疑之际，派出的侦探回来报告说：齐军早已逃跑了。

同年，楚国发兵攻打郑国。当时，楚国强大而郑国弱小，形势严峻，晋国在外交上面临难以决断的问题。晋平公召来师旷询问。

师旷说：“我弹琴时演奏了南、北二地近来传唱的歌曲，从音律中感到，南方的歌曲力量不足，微弱不振，楚国必然无功而返。”

师旷常向悼、平二公陈说治国安邦之策，“因问尽言”。《韩非子·外储说》：“景公问政于师旷曰：太师将奚以教寡人？师旷曰：君必惠民而已。”可见其具有政治家的远见卓识和博大胸怀。最为著名的是师旷论“天下五墨”。

某天，晋平公宴乐之后，望着双目失明的师旷，感叹道：“太师聪明智慧，却不幸眼盲，处在昏暗的世界中无法看到外面世界的精彩。”

师旷说：“其实，这没有什么，并不是天下最严重的昏暗。天下的五种昏暗，却都侵蚀不到我。”

晋平公说：“你的话是指什么呢？”

“那么，让我逐件说给大王听吧。”师旷侃侃而谈，“各级官吏通过行贿来买官鬻爵、博取名利，利用公家权力圈钱谋利，而老百姓承受着沉重的生存苦难，走投无路，国君却对此不闻不问，这是第一种，叫昏庸；忠臣得不到重用，任用的人奸邪不忠，无能之徒高居要位，小丑支使、压制着贤德的人，君王却对此不知不晓，这是第二种，叫昏聩；奸佞贰臣玩弄两面派手段，瞒上欺下，却享受着尊荣，正直的言辞被压制，贤人遭受诬陷，被排挤，无处容身，君主却对此不觉不察，这是第三种，叫昏墨；国家积弱贫穷，经济积累空虚，虚假的数字自欺欺人，百姓负担沉重，面临着困苦破产的悲惨境地，然而君主却好大喜功，醉心于谄谀之词而不醒悟，这是第四种，叫昏暗；良知被出卖，原则被践踏，是非被混淆，法令被私用，执法者贪赃枉法，正义无处伸张，邪恶得不到惩治，老百姓无法安居，君主却对此不明不白，这是第五种，叫昏昧。国家陷入这样的境地，没有不颠覆的。相比之下，我的这点小不幸算得了什么？不至于危及国家的安全啊。”

※原文

人莫不饮食也，鲜能知味也。

※译文

人都是要吃饭的，但是很少有人能够真正品出生活的滋味。

※论引

孔颖达说：“饮食，易也；知味，难也。犹言人莫不行中庸，但鲜能久行之。言知之者易，行之者难，所谓愚者不能及中庸也。”

朱子说：“道不可离，人自不察，是以有过不及之弊。”

※札记

谁解其中味

《礼记·学记》曰：“虽有佳肴，弗食，不知其旨也。虽有至道，弗学，不知其善也。是故学然后知不足，教然后知困。知不足，然后能自反也，其此之谓乎！”

对于我们每天都要应对的庸常生活，陈旧而又千篇一律，没有新意，只是一个模式的复制，今天跟昨天一样，明天也似乎与今天没有什么不同。我们就是这样一天天度日，每天都是吃饭，睡觉，而后又吃饭，只是挨着日月，推移着时光，很少有人能够真正体悟出生活的滋味。

人活着的唯一目标，就是为了生活得更好，并为了“生活好”而努力着。但是真正体悟到“生活的美好”的人又有多少？

其实，幸福就深藏在这庸常的岁月之中，只有回过头时，才有一丝的遗憾或回味，一种时过境迁的、没有很好把握的落寞。

※史例阐释

生活的滋味

《晋书》载：苻朗是前秦皇帝苻坚的侄子，被苻坚称为“千里驹”。苻朗任青州刺史时，会稽王司马道子用江南美味设宴招待他。司马道子问：“与关中佳肴相比，江南菜是否合乎您的口味？”

苻朗说：“宴席味道不错，只是盐味稍欠火候，半生未熟。”后来司马道子查问厨师，证实的确如此。

朋友聚会，设宴相酬，苻朗尝了一口鸡肉，他说：“这是露天散养的土鸡。”随后，又端上一只烤全鹅，苻朗品尝后，准确无误地说出了这只鹅的羽毛的颜色。

《淮南子·说山训》说：“喜武非侠也，喜文非儒也；好方非医也，好马非驺也；知音非瞽也，知味非庖也。”

“文王嗜菖蒲菹，孔子闻而服之。缩颏而食之三年，然后胜之。”由于文王爱吃菖蒲腌制的菹酱，孔子也就效仿着皱眉苦吃了三年，不知道他品出的是什么境界，但是他终于习惯了食用这种滋味。可见，人具有很强的适应性，无论身处什么境地，只要长期坚持着，就能够接受。

“入口则知味，入腹则知性。”人们常说的五味，即酸甜苦辣咸，就是借指生活的滋味。只有经历了人生的甘苦，亲力亲为，才能理解生活的真谛所在，才能体悟生活中蕴涵着的深刻的美感和艺术。无论做什么，都应当深入追问下去，任何一个方向的深入，都会有所发现。体悟真理，求得真知，这就是中庸。

第五章
并非道不可行

※题解

天地正义是永恒存在的

天地正义是什么？谁的正义才是真正的正义？

各种色彩的旗帜下，都有一个理由，都标榜着“正义”。

天地之道是存在的，也在依照固有的必然法则运行着，导引着世界的发展。它深隐在各种现象的背后，以难以察觉的方式和自然之力影响着事物的发展方向，规定着前进的进程。

※原文

子曰：“道其不行矣夫！”

※译文

孔子说："那么，中庸之道难道就不可行吗？"

※论引

孔颖达说："夫子既伤道之不行，又哀闵伤之，云时无明君，其道不复行也。"

朱子说："由不明，故不行。"

※札记

道就是理

道就是万物存在的哲理，就是流荡在天地之间、恒常不息的浩然之气、自然之理。就像白天与黑夜的互相交替。《易》曰："一阴一阳之谓道。"又曰，"仁者见之谓之仁，智者见之谓之智，百姓日用而不知。"只有合乎理的行为，才是可行的，才能行得通。

道并不神秘，距离我们的生活并不遥远，它就深藏在我们的生活之中，与我们的生活切近而又相关。我们的每一个行为，都折射出道的光辉，只在于我们是否真正用心去做。三国时，刘备告诫说："勿以恶小而为之，勿以善小而不为。"

※史例阐释

中药之和

中药对于人体，就在于调和气血，调动人体的自然机能恢复正常与协调。

中药方剂配伍有君臣佐使之说。各味药草，其性味不同，作用于人体气血之间，功用也自然不同。要使它们得为所用，达到治病的目的，就需要一味和药。这就是甘草。

甘草，又名美草、灵通、国老，其气味甘、平、无毒，生河西川谷，积沙山及上郡。《本草纲目》曰："甘草味甘，大缓诸火，黄中通理，厚德载物之君子也。"又曰，"调和众药有功，故有国老之号。"甘草可解百毒，治百病，少有不用之方。

甘草之用，并非只是调和，而是和顺药性，通行为用。

第六章
敦厚中正

※题解

天地有知

《礼记·正义》曰：此一经明舜能行中庸之行，先察近言而后至于中庸也。

中庸不是折中主义，是处世的艺术。

在这个世界上，真相只有一个，可在不同的人眼中，会有不同的是非曲直。

不知道就不要臆说，不懂就不要胡说，不理解就不要否定别人。

学问是实实在在的求知，修养不是装出来的高深。

“好问以好察迩言。隐恶而扬善。执其两端，用其中于民。”“其大知也与！”

※原文

子曰：“舜其大知也与！舜好问而好察[1]迩言[2]。隐恶而扬善[3]，执其两端[4]，用其中于民。其斯以为舜乎[5]！”

※注释

1 察：洞察，辨别。

2 迩言：左右亲近者的话。也指浅近的话。迩：近。

3 隐恶而扬善：推行宽和忍让的德政以教化百姓，给人以自悟、自我修正的机会，从而使各种不良行为自然消解，美好的品行日渐养成，良好的风尚日益形成。

4 执其两端：把握正反两个方面行为所引起的有利与不利影响，从而引导事物向合乎中道的方向发展。

5 其斯以为舜乎：以其德化如此，故号之为“舜”。《谥法》云：“受禅成功曰舜。”又云，“仁义盛明曰舜。”意即道德充满之谓。

※人物简介

舜：姓姚，传说目有双瞳，取名重华。他生于诸冯，又称姚墟（今山西省永济市张营乡舜帝村）。孟子说：“舜生于诸冯，迁于负夏。”舜性至孝，孟子说：“舜，人也；我，亦人也。舜为法于天下，可传于后世，我犹未免为乡人也，是则可忧也。忧之如何？如舜而已矣。”尧用之，受禅为天子，建都蒲坂（今永济市蒲州镇），国号有虞氏，故又称虞舜。舜在位四十八年，是传说中我国上古时期著名的五帝之一。

※译文

孔子说：“舜真是一位伟大的智者啊！他善于咨问研究，又明察幽微，能够洞悉左右进言的人话语中的意图；对于别人的言行，怀着敦厚的包容心，隐藏互相诋毁的诽谤言语，赞扬他人的善行；把握事物发展的利害趋向，采纳合乎事物发展规律的真知灼见，用中正的方法引导民众。这就是舜之所以为舜的圣明之处啊！”

※论引

郑玄说：“近言而善，易以进人，察而行之也。‘两端’，过与不及也。‘用其中于民’，贤与不肖皆能行之也。其德如此，乃号为‘舜’，舜之言‘充’也。”

孔颖达说：“既能包于大道，又能察于近言，即是‘大知’也。舜能执持愚、知两端，用其中道于民，使愚、知俱能行之。”

朱子说：“舜之所以为大知者，以其不自用而取诸人也。迩言者，浅近之言，犹必察焉，其无遗善可知。然于其言之未善者则隐而不宣，其善者则播而不匿，其广大光明又如此，则人孰不乐告以善哉。两端，谓众论不同之极致。盖凡物皆有两端，如小大厚薄之类，于善之中又执其两端，而量度以取中，然后用之，则其择之审而行之至矣。然非在我之权度精切不差，何以与此。此知之所以无过不及，而道之所以行也。”

※札记

诸神在看着

我们的每一个行为，即使是一个细微的眼神，都会受到注视。无论存心如何，都会留下痕迹，也都将得到报偿。

当你在一个很低微的位置时，尽量少说话，或者不说话，只是听人们说，或是自己默默地思考。即便你身处尊位，又掌握了天地间至高无上的真理，也不要强迫别人接受，神也没有这个权力。这就是继伏羲、炎黄、尧舜治民之正统：以天地之心为心，以生民之举为举，“垂拱”而天下治。

在我们普通的生活中，人的命运是由自己的素质和自己朋友的能力共同成就的。因此，诚挚是成就人生的基础。因为，诚，使我们很好地发挥自己。同样，诚，能够使朋友给我们有力的支持。

听取朋友的良言，明察朋友的诤语，从而使我们的每种行为中正。

“舜其大知也与！其斯以为舜乎！”

※史例阐释

也谈诺贝尔文学奖的设立

瑞典著名的发明家和化学家阿尔弗雷德·伯恩哈特·诺贝尔（公元1833年—公元1896年）生前致力于炸药的研究，希望用自己的发明消灭战争，造福人类。他在临终前留下遗嘱，将自己的全部财产3122万瑞士法郎捐献出来设立奖励基金，以每年的利息作为奖金，授予“一年来对人类做出最大贡献的人”。瑞典政府设立了“诺贝尔基金会”，分设物理学、化学、生物学或医学、文学创作、民族和睦或和平五项奖，于每年12月10日，即诺贝尔逝世纪念日举行授奖仪式。

对于文学奖，诺贝尔在他的遗嘱中特别提出，是授予“在文学领域内创作了具有理想倾向的最佳作品的人”，指定由“斯德哥尔摩文学院”颁发。在他的遗嘱中特别规定了：“不考虑候选人的国籍，只要完全具备资格，无论是否是斯堪的纳维亚人，均应授奖。”

对这个遗嘱的解释，催生了不同时期人类文学创作的最高成就。那些有幸在有生之年获奖的作家，因为他们的作品为人类留下了光辉，因此被永载史册!!

也因为对这个遗嘱莫衷一是的解释，令后人议论纷纷。因而有人说:“被它发现的天才与被它埋没的天才几乎一样多!”但是，对于真正的大师来说，只要是写出了不朽的作品，即使没有获得诺贝尔奖，他们照样永恒，同样是人类的荣耀。

诺贝尔奖的设立是公正的，并没有附加任何歧视的条件。所以人们也只能说，该获奖的作品没有授奖是一个遗憾，但没有人说，某部已经获奖的作品不该获奖。这里没有冠军，但是他们都是所在时代中最为杰出的星斗，他们当之无愧。虽然有些许遗憾，但总比鱼目混珠要好得多。

任何质疑的理由，无论含有多少卓越的见解，比起设立的本意来说，都显得无力和不够精确。因为种种质疑，在提出之初就已经怀有了功利的杂质，其动机就值得怀疑。

文学创作不是体育比赛，因而不要为了获奖而写作，更不要因为没有获奖而怀疑评选者的公正或是诽谤奖项设立的合理性。但是，无论出于何种动机，在诺贝尔奖走过的百年历程中，我们得到的是美好的享受。

获奖自有获奖的理由，遗漏也必有被埋没的原因。只有写出伟大的作品，才是唯一的证明。这正是诺贝尔的伟大之处，体现的是其博大包容的精神——无极无止境。

第七章 拙守中庸，勿陷牢笼

※题解

拙诚，实为大智

这是一个简单的道理。

心怀诚笃的人生，是轻松美好的。坦诚相对，就可以去掉许多刻意的掩饰。

诚实有什么难以做到的呢？说一句谎话，需要编造十句谎话来掩饰，这是何苦呢？聪明反被聪明误，道理就在这里。

功利之心如罗网陷阱，于是人们尽显聪明，自以为高明，最终陷入了自己罗织的牢笼之中。古人说：“宁从拙中取，不于巧中求。拙显其诚，巧却诈伪。”

正确面对自己的无知，享受已经到手的幸福，争取可能得到的果实，规划明天的目标。这样美好的人生我们为什么不奉行呢？

※原文

子曰："人皆曰'予知'，驱而纳诸罟擭陷阱[1]之中，而莫之知辟也。人皆曰'予知'，择乎中庸，而不能期月[2]守也。"

※注释

1 罟擭陷阱：借指利欲诱惑的圈套。罟：捕鱼的网。《易·系辞》曰："作结绳而为罔罟。"擭：装有机关的捕兽的木笼。

2 期月：一整月或一整年。

※译文

孔子说："人人都说自己聪明，可是被驱赶到罗网陷阱中去，却不知躲避。人人都以为自己聪明，可是对中庸之道的选择与奉行却连一个月的时间也不能坚持。"

※论引

郑玄说："凡人自谓有知，人使之入罟，不知辟也。自谓择中庸而为之，亦不能久行，言其实愚又无恒。"

孔颖达说："禽兽被人所驱，纳于罟网、擭陷阱之中，而不知违辟，似无知之人为嗜欲所驱，入罪祸之中而不知辟。小人自谓选择中庸，而心行亦非中庸。假令偶有中庸，亦不能期匝一月而守之，如入陷阱也。"

朱子说："择乎中庸，辨别众理，以求所谓中庸。知祸而不知辟，以况能择而不能守，皆不得为知也。"

※札记

正视生活的压力

正确面对我们所面临的生活，采取适当的方法应对，使我们的心情轻松起来，没有负累地前进。其实，天下没有死胡同，一切皆是人为设置。天地总给一切事物都留有出口。因此，凡事总会找到解答，脚下总会有路走。

今日所忧之事，其实到了明天就会自然而解，并不如我们今天所想象的那样严重。"今朝有酒今朝醉，明日愁来明日忧"，其实不失为一种很好的解除生活压力的心理方法。人们所谓的未雨绸缪，其实都是杞人之忧。天地变化，不可测知，任何计划，最终都将被变化所遗弃。

命运是不可规定的，不可能沿着预想的轨道前进。如果命运是可以驾驭的，那么谁都可以长生不老，因为谁也不愿轻易死去。可是天下有谁逃避得了死亡的宿命呢？因此，不要自以为高明，也同样不要被面前的挫折所征服。

坚持走过今天，就会迎来明天的太阳。

※史例阐释

不要挡住我的阳光

古希腊著名哲学家第欧根尼，是犬儒学派的代表人物。他一生蜗居在一个木桶里，不走出半步，整天蜷缩在街角的阳光下冥想。

一天，征服者亚历山大大帝慕名前来拜访他。

对于这种别人奢求不到的殊荣，他却毫不在意，挥手让亚历山大让开。

他说："不要挡住我的阳光。"

阳光是属于每个人的，享受阳光是真正的天赋权利、自然权利。

你拥有强权或者财富，但是我拥有太阳。权杖是你的荣耀，阳光是我生命的元素，你的金币与我无涉，谁也没有理由向我炫耀，更没有资格凌驾于我的思想之上。何况强权可以夺来，也同样可以被夺去，财富也有用尽的时候，唯有太阳永恒照耀。

你可以享受你富有的生活，但是不能剥夺我呼吸空气的自由和沐浴太阳的美好心情。

第八章　愿美德长驻我们的心中

※题解

颜回三月不违仁

生命的长度是一个确定的常数，追求幸福是生活的常态。

在有限的生命区间内，如何增加生命的容量，提高生命的质量，成就生命的辉煌，这是所有人都在努力探求的基本问题。虽然方向各自不同，有人成功有人失败，但是，谁都不愿放弃。

谁的生活都不完美，然而正是因为这种存有缺憾的生活，才令人更感生命的珍贵。只要生命还在，生活就在继续。在追求完美的旅途上，我们体味着生活的多姿与魅力。

既然一生的旅途并不长久，那么，我们还有什么理由不能固守？

※原文

子曰："回之为人也，择乎中庸，得一善，则拳拳服膺[1]而弗失之矣。"

※注释

1 拳拳服膺：牢牢地放在心上。拳拳，牢握不舍的样子，引申为恳切。服：着，放置。膺：胸口。

※人物简介

回，即颜回（公元前521年—公元前490年），春秋末期鲁国（今山东曲阜）人；字子渊，一作颜渊，后世也称作“颜叔”“颜生”，是孔子的得意门生，以德行著称。颜回出身贫寒，生活清苦，但能安贫乐道，不慕富贵，虽箪食瓢饮，不改其乐。他性情恬静，好学笃诚，长于思考，“闻一知十”，深得孔子的赞赏。惜其年仅三十二岁就早早死去，后世尊称为“复圣”，唐太宗尊其为“先师”，宋真宗加封他为“兖国公”，元文宗又尊其为“兖国复圣公”，明嘉靖改称其“复圣”。山东曲阜今有“复圣庙”。

※译文

孔子说：“颜回就是这样一个人：他选择奉行中庸之道，每有所得，就切记不忘，并在行为上躬行实践，养成自己的美好品德，而不使之失去。”

※论引

孔颖达说：“颜回选择中庸而行，得一善事，则形貌拳拳然奉持之。奉持守于善道，弗敢弃失。”

朱子说：“奉持而着之心胸之间，言能守也。颜子盖真知之，故能择能守如此，此行之所以无过不及，而道之所以明也。”

※札记

解放自己

孔子说：“君子之中庸也，君子而时中。小人之中庸也，小人而无忌惮也。”君子与小人的区别，就在于是否“中”。当你在处理某一件事时，幸而做到了“中”，那么，就被人们称为“君子”；如果你不幸没有达到“中”，则沦为小人，就会受到人们的指责。

“时中”，不是时时事事都要求普通人达到中庸，而是对重大事情的处理，在原则和立场上，能够信守中庸，那么就是君子。如果不能做到，抱着投机的心理，出卖良知，那么就必然是真正的小人。

小人对于中庸，总是持着无所谓的态度，所以做事没有什么顾忌，为所欲为；所以他们总是显得自在而潇洒，正如现在的人们所鼓吹而奉行的“何不潇洒走一回”。

君子由于受到各种理念的约束，不愿违背良知，总是耿耿于原则，因此，从来不敢懈怠，也不敢放任一次，洁身自好，保持着人格的纯粹。

人们都可以随心所欲，不必顾虑什么，唯有我不能那样，只能是孤独地固守。所以说，君子太累，正所谓“大德累人”。

当然，当我们的修养达到一定的境界，中庸就成为自然的行为，正如孔子所说，“七十不逾矩”，无往而不中。那么，凡事自然就能做到“时中”。但是，这是难以达到的啊！圣人七十才得以“不逾矩”，平凡如我辈，又哪里能够做到时时事事得中？能够有时而中就已经难能可贵，就可称之为君子。

修养，就是向着“时中”的目标努力。“得一善，则拳拳服膺，而弗失之矣。”

※史例阐释

范仲淹食粥心安

范仲淹（公元989年—公元1052年），字希文，北宋吴县（今江苏苏州市）人，北宋著名政治家、文学家，宋真宗大中祥符八年（1015年）进士及第，官至枢密副使、参知政事。他为官以“先天下之忧而忧，后天下之乐而乐”自励，为政关心人民疾苦，体恤贫弱孤寡，政绩卓著。范仲淹主政期间，向宋仁宗提出了改革政治的十项主张，史称“庆历新政”，后因守旧派势力的攻击而失败。卒谥“文正”，世称范文正公。

范仲淹自幼孤贫，两岁丧父，贫穷无依，随母改嫁山东淄州长山县一朱姓富户家，改名叫朱说。范仲淹从小见识不凡，看不惯朱家兄弟奢侈浪费、无所事事的寄生生活。当他得知自己的真实出身后，毅然辞别母亲，脱离朱家，带着琴剑，独自前往南京求学。

他的求学生活极其艰苦，只能寄居寺院，每天只煮一锅稠粥，凉了以后划成四块，早晚各取两块，就算是一顿饭。有时一天只能吃上一顿，这种窘境，一般人是难以忍受的，但他对这种清苦生活却毫不介意，每天伴灯苦读，直到东方欲晓。

他的一位同学（是当时南京留守的儿子）看到后，深为敬佩，就回家告诉了父亲，于是留守（当时南京的最高行政长官）让人送给范仲淹许多饭菜。

几天过去了，那些饭菜原封未动，范仲淹根本就没有看那些食物一眼。那位同学问他为什么不接受，范仲淹说：“我内心十分感激你的厚意，只是我已习惯于粗茶淡饭，如果现在很容易地就享受到这种丰盛的美味，那么以后还能吃得下粥吗？”

第九章 可望而不可即的至高境界

※题解

向左还是向右

有着明确价值取向的事，是容易做到的，我们可以毫不犹豫地对自己的行为做出决定。但是，世间的事，并不都是如“一加一等于二”这样简单明了，很多事都有着极其复杂的因果联系和历史背景，并与客观世界有着千丝万缕的联系，那么，要做出合乎天道的抉择，则非常困难，几乎是不可能的。

※原文

子曰：“天下[1]国[2]家[3]可均[4]也；爵[5]禄可辞也；白刃可蹈[6]也；中庸不可能也。”

※注释

1 天下：指天子，君主。即天子统治下的统一的国家。

2 国：指由天子分封的诸侯国。

3 家：指由诸侯分封的卿大夫的领地。

4 均：进行治理，使达到公平和谐。

5 爵：爵位。即官职。《礼记·王制》曰："王者之制禄爵：公、侯、伯、子、男，凡五等。"禄：官吏的薪俸。辞：放弃。

6 蹈：踏。践踏。

※译文

孔子说："天下国家是能够进行公正治理的。但是，如果有违仁德，官爵俸禄也都可以义无反顾地放弃。当然，为了道义，即使是赴汤蹈火，也在所不辞。然而，中庸的境界却不容易达到。"

※论引

郑玄说："中庸难为。"

孔颖达说："白刃虽利，尚可履蹈而行之。唯中庸之道不可能也。"

朱子说："三者亦知仁勇之事，天下之至难也，然不必其合于中庸，则质之近似者皆能以力为之。若中庸，则虽不必皆如三者之难，然非义精仁熟，而无一毫人欲之私者，不能及也。三者难而易，中庸易而难，此民之所以鲜能也。"

※札记

至善，是奋斗的最高目标

对于我们来说，中庸既是可行的，也是切近的，可以而且完全能够付诸我们的行为实践，因为，对于某件事来说，我们可以找到一个较合理的解决办法。但是，要做到时时事事都合乎中庸这种至高的境界，则是不可能的。因为，我们总难免受到各种诱惑，受到各种杂念的干扰，也就不可能做到尽善尽美。即使我们自以为得意的事情，也会存在着这样或是那样的疏漏。因此，对于我们来说，只能是尽可能地接近"至善"这个目标。

※史例阐释

谈彩票中奖

在开设的各种形式的福利彩票或体育彩票或别的什么名目的彩票中，每一个购买号码的人，都是怀着中奖的愿望，没有谁纯粹是为了捐赠，或者只是去烧钱。人们都怀有一种中大奖的侥幸，是一种对运气的期望。但是，能够中大奖的人很少，每次开奖，只有少部分人获得回报，中头奖的人更少，而更多的人则什么也没有得到。

对于彩票这个事情来说，中奖的号码就是“的”，就是“中”，那些所有的号码，都如同射出的箭，虽然大多数箭失去了“中”，偏离了这个“中”的方向，但是，对于射箭的人来说，他们并没有错，他们只是向着自己心中认为的“中”瞄准，因而，就这个随机确定的“中”来说，他们也是中，因为一旦最终的中奖号码与他射出的那个“中”重合叠加，那么，他就“中”了。所以，任何一个号码也都是“中”，同样，任何号码也都不是中，只是时间与运势的重合。

谁也不能保证他每一次选的号码都必然中奖。

先哲说“中庸”不可能也。

第十章 谁是真正的强者

※题解

强者的品格

困难能够诱发我们生命中坚韧的潜力，危险可以激发我们生命中勇敢的天性。

强者是从逆境中奋斗出来的精英，与困难搏斗，是强者必备的特质。在人类的历史上，凡是有所作为的人，无不经历了不幸的挫折和痛苦的失败。也只有强者，才能走过坎坷，迎来光明的前途。

强者的品质是在逆境中塑造的，人生的困窘向人们昭示的并不纯粹就是灾难。我们应该自信，不论我们处在何种位置，境况如何，在这个世界上无人能够代替我们。当你处于人生的低谷时，可能就预示着命运的转机即将来临。成为强者，或者沦为弱者，取决于我们自己。

※原文

子路问强[1]。

※注释

1 强：勇敢刚毅。

※人物简介

子路（公元前542年—公元前480年），姓仲，名由，字子路，又称季路，春秋末年鲁国卞（今山东省泗水县东）人。他小孔子九岁，是孔门弟子中文武兼备的人才。子路出身寒微，性格刚毅、果敢，直爽勇武，豪侠重义，重诺守信，有“子路无宿诺”之称。他事亲至孝，百里负米，被列为历史上二十四孝子之一。他师从孔子，随孔子周游列国，先后到卫、宋、陈、蔡、楚等国，历经十余年，备受艰辛。公元前485年，子路接受卫国任命，任蒲邑（今长垣县）宰，勤政爱民，兴水利，重农耕，以粟馈众，治蒲三年，深受蒲人爱戴。孔子过蒲，三称其善。鲁哀公十五年（公元前480年），卫国发生“父子争国”的“辄之乱”，子路不顾安危，挺身履难，受到围攻，身上多处被刺伤，临死时说：“君子死，冠不免。”乃整冠结缨而死。时年六十三岁。

※译文

子路问什么是刚毅果敢的品质。

※论引

郑玄说：“强，勇者所好也。”

朱子说：“子路好勇，故问强。”

※札记

真正的强大

真正的强大，不在于身体上的孔武有力，而在于拥有不屈不挠的意志和光明磊落的胸怀。

※史例阐释

孝不顾身，忠不畏死

彭修，字子阳，毗陵（今江苏省常州市）人。他的父亲在会稽郡做一个低微的小吏，以此谋生。在他 15 岁那年，他的父亲带着彭修回老家休假。路上遇到一伙强盗打劫，彭修的父亲被强盗捆绑起来，行装财物被掠去，强盗们还百般侮辱彭修的父亲。因为彭修年纪小，强盗丝毫不以为意。彭修趁强盗头目大意的时候，抢过他的佩刀，抵在他的脖子上，厉声喝道："父辱子死，你也不顾命吗?"

强盗们大吃一惊，怔在原地，谁也不敢妄动。

强盗头子说："这个孩子是真正的义士，不要为难他，放了他们吧!"

后来，彭修做了会稽郡的功曹。

不久，盗贼头目张子林率众暴乱，经郡守的推荐，彭修被任命为吴县县令，率兵征讨乱贼。在决战中，彭修身先士卒，冒着箭雨冲杀，不幸被流矢射中，不治身亡。张子林因为彭修在当地很得人心，且剿讨更急，于是查出射死彭修的那个人，送交官府，其余乱贼或降或散，暴乱平定。

※原文

子曰："南方之强与，北方之强与，抑而强与?"

※译文

孔夫子说："你是指南方人的精明强干呢，还是指北方人的刚健强悍呢，或者你是指国家的强盛呢?"

※论引

郑玄说："三者所以为强者异也。"

孔颖达说："夫子将答子路之问，且先反问子路，言强有多种，女今所问，问何者之强，为南方，为北方，为中国，女所能之强也。子路之强，行中国之强也。"

朱子说："宽柔以教，谓含容巽顺以诲人之不及也。不报无道，谓横逆之来，直受之而不报也。南方风气柔弱，故以含忍之力胜人为强，君子之道也。"

※札记

什么是力量

正直无畏的人，是忠臣，但是其政治生命是短暂的。比如比干。

佞巧机变的人，是弄臣，虽然可以左右逢源，但是最终难逃清算。比如和珅。

明达睿智的人，是圣哲，用则兼济天下，退则独善其身。比如蘧伯玉。

他们同样都是有力量的，也同样面对着强大的力量。而往往自身力量的存在，与其面临的客观力量相等价。平庸者所面对的是庸常的生活压力，他已感无力承受；进取的人面对的是命运的砥砺，他必须披荆斩棘，努力向前，以求成就事业；智谋高远之士面临的是更为严峻的考验，他必须应对更为严酷的历史的挤压，只有奋力地展示其生命的潜在能量，才有出路。

力量就在于我们自身，在于我们的心灵。

※史例阐释

推诚置腹，仁义相待

王慧龙，后魏晋阳（今山西省太原市西南）人。他自称是司马德宗尚书仆射王愉之孙，散骑侍王郎缉的儿子。幼聪慧，其祖父以为是诸孙之龙，因此取名慧龙。当初，刘裕处境窘迫，王愉傲慢不敬，后来刘裕称帝，借故将王愉全家诛杀。王慧龙当时十四岁，被沙门寺各和尚所隐藏而得救。王慧龙后渡过长江，投奔他的叔祖。

泰常二年，王慧龙回到魏国，请求南征，陈请之中慷慨流涕，皇帝也为之感动，拜其为洛城镇将。刘义隆率军侵袭滑台，诏命王慧龙领兵征讨。双方数次交战，王慧龙多次挫败宋国的进攻，相持五十余日，诸将认为贼兵强大而畏怯，不敢争先，王慧龙设计用奇兵击破敌军。世祖亲赐宝剑良马钱物，提升他为龙骧将军，任命为荥阳太守。

王慧龙任荥阳太守十年，农战并举，政绩卓著，声闻朝野，震慑边远，百姓归附的超过万余户。

其后，刘义隆率领檀道济等大举侵犯，王慧龙力战，屡挫其锋。宋国就采用反间计，扬言说：王慧龙自认为战功无人可比却没有得到较高的爵位，密谋叛乱。世祖听到后说："必然不是这样的，这是'齐人忌乐毅'所使出的诡计。"于是又赐王慧龙亲笔信说："义隆畏将军如虎，欲从中加害，我早已识破这种奸计。传闻中的话，想必是不足介意的。"

刘义隆一计不成，又生一计，派遣刺客吕玄伯去暗杀王慧龙，以二百户的封赏、丝绸千匹，购买王慧龙的人头。吕玄伯伪装来投奔王慧龙，并说有机密相告，要求屏退警卫及其他人员。

王慧龙发生怀疑，命令搜查，发现他带着短刀。因事情败露，吕玄伯叩头请求处死，王慧龙说："各为其主。这是可以理解的，我也不忍加害你。"下属们都说刘义隆野心勃勃，不杀吕玄伯，后面难免会发生什么更严重的意外事件。王慧龙说："人的生死是由上天注定的，谁又能把我怎么样呢？况且，我以仁义之心对待他，还有什么必要担忧呢？”当即就把吕玄伯放了。当时人们很敬佩王慧龙的宽厚仁恕。

后来王慧龙因为遭到诬陷，心怀忧惧，抑郁而死。吕玄伯感激他的不杀之恩，终生留在王慧龙的墓侧相守，不忍离去。

※原文

宽柔以教，不报无道，南方之强也，君子居之。

※译文

用宽容柔恕的精神影响、教化人们，对于蛮横霸道的无礼行为不以牙还牙进行报复，这就是南方人所崇尚的自强的精神风尚，这是修养高尚的人的素质。

※论引

郑玄说：“南方以舒缓为强。”

孔颖达说：“反问既竟，夫子遂为历解之。南方，谓荆阳之南，其地多阳。阳气舒散，人情宽缓和柔，假令人有无道加己，己亦不报，和柔为君子之道。”

※札记

树立自强的信念

自尊就是自强。捍卫人格的尊严，才是真正的强。

《易经》曰：“天行健，君子以自强不息。”意思是说：天道运行雄健周到，周而复始，无止无息，无可阻挡，君子应自立自强，奋斗不懈。又曰：“地似坤，君子以厚德载物。”其意为：大地坦荡，气势恢弘和顺，容载万物，因此君子应当淳厚质朴，胸襟开阔，宽厚待人。自强不息，宽恕包容，没有深厚的修养如何达到呢？又有什么困境不可战胜呢？

生活中，一个坦荡真诚的人，能够尊重别人、善待别人，因而自然能够赢得别人的尊重和敬重。奋发努力，能够无条件地帮助朋友，永不屈待近邻的人，必定是一个自信自强的人，必定具有高尚的品格。在生活的严峻斗争中，最终将取得胜利，并将获得人们的肯定。

品格将影响一个人的命运。古希腊哲学家赫拉克利特说：“一个人的性格就是他的命运。”换句话说，就是“一个人的性格就是他的守护神”。

尊重别人，就是尊重自己，就是不可战胜的强者。

※史例阐释

相接以心，自信自强

吕祖谦（公元1137年—公元1181年），字伯恭，学者称之为东莱先生，婺州（今浙江省金华市）人，隆兴元年进士，曾任著作郎兼国史院编修官。他是南宋著名理学家，金华学派的主要代表。他治学严谨，学识渊博，著述宏富，与朱熹、张栻并称“东南三贤”。吕祖谦参与重修《徽宗实录》，编纂《皇朝文鉴》，著有《东莱集》《吕氏家塾读书记》《东莱左传博议》等。卒后谥曰成，故后世尊称其为吕成公。

吕祖谦处世治学，“心平气和，不立崖异，一时英伟卓荦之士皆归心焉”。他摒弃“道不同不相与谋”的偏见，“兼容并包”“博采众长”，与不同学派的学者广泛交往，“相接以心”。他在治学上讲究务实，追求经世致用，“不主一门”，“兼总众说”而成“一家之言”。陆九渊说，吕祖谦“外朴如愚，中敏鲜丽。晦尝致侮，彰或招忌，纤芥不怀，惟以自治。侮者终敬，忌者终愧，远识宏量，英才伟器”。

孝宗淳熙二年（公元1175年）六月，吕祖谦组织并主持了著名的“鹅湖之会”，意在通过学术交流调解朱熹、陆九渊两家学术分歧。南宋前期，学者辈出，流派纷呈，诸派囿于一己之见，各守门户，党同伐异，尤其是在南宋前期和中期颇具影响的陆九渊与朱熹的争论，由于彼此在本体论、认识论和修养论等方面的认识差异，因学术分歧而影响私人交往，几乎到了水火不相容的程度。吕祖谦组织这次交流会议，希望通过沟通交流，化解分歧，回归一体。在吕祖谦的努力调解下，倡导了宽和的学术气氛，形成了良好的研究氛围，促进了学术的发展。

吕祖谦说：“看史非欲闻见该博，正是要识前言往行，以畜其德。大抵事只有成己、成物两件。”吸取古代圣贤的优秀品质，“成己成物”，以达到“以畜其德”“以明其用”的目的。因此，“观史当如身在其中，见事之利害，时之祸患，必掩卷自思，使我遇此等事，当作何处之”。

朱熹说：“伯恭有耆龟之智而处之若愚，有河汉之辩而守之若讷，胸中有云梦之富而不以自多，辞章有黼黻之华而不易其出，此固今之所难……盖其德宇宽弘，识量宏廓。”

※原文

衽金革[1]，死而不厌[2]，北方之强也，而强者居之。

※注释

1 衽金革：枕着武器、盔甲睡觉。衽：卧席。金：指铁制的兵器，武器。革：指皮革制成的甲盾。

2 死而不厌：不畏牺牲，死而后已。

※译文

握着兵器，枕着甲盾，时刻准备献身搏斗，不畏强权，死而后已，这正是北方人所推崇的勇武精神，这是勇武好斗的人的性格。

※论引

郑玄说："北方以刚猛为强。"

孔颖达说："北方沙漠之地，其地多阴。阴气坚急，故人刚猛，恒好斗争，故以甲铠为席，寝宿于中，至死不厌，非君子所处，而强梁者居之。然唯云南北，不云东西者，郑冲云：'是必南北互举，盖与东西俗同，故不言也。'"

朱子说："北方风气刚劲，故以果敢之力胜人为强，强者之事也。"

※札记

英雄，荣耀与自由

每一个时代都有体现它精神的英雄，都有它的光荣，它的辉煌。

在三国故事中，曹操青梅煮酒论英雄。在他的眼中，所谓英雄，是指胸怀大志，腹有良谋，有包藏宇宙之机、吞吐天地之志的人。

曹操说："龙能大能小，能升能降；大的时候能兴云吐雾，小的时候能隐身藏形；升则飞腾于宇宙之间，隐则潜伏于波涛之内。现在正值春深，龙乘时变化，就像人得志而纵横四海一样。龙可比世之英雄。"

而英雄，总与显赫的荣誉、辉煌的业绩分不开。

无论曾做出多么辉煌的业绩，无数个英雄最终都七零八散地跌落在尘埃之中，只有天地永在。

能够长久留在后世人们心中的英雄又有几个？一切都是虚无，一切最终都会被遗忘，只有尘土和无边无际的大地长存。

那些写在过去史册上的英雄们，曾几何时，总是试图让后世的人们永远传颂他们的业绩，永远铭记他们的名字，并世世代代瞻仰他们。然而，如今他们的坟茔上荒草萋萋，人们早已把视线转移。那些当年显赫一时的名字已失去了当初的风采。

曾经的胜利和喝彩声，早已随着岁月远逝，而那些曾经承载了荣耀的陈迹也已经被剥蚀，颂诗在传唱了一段后，戛然而止了，换上了新曲。岁月无声地翻过它的书页，进入了下一个主题。

※史例阐释

侠行义举，刺杀奸佞

杜审言（约公元645年—公元708年），字必简，祖籍襄阳（今湖北省襄阳市），实为洛州巩县（今属河南）人。他是高宗咸亨元年进士。杜审言年轻时与李峤、崔融、苏味道一起被世人并称为“文章四友”。他自恃才高，与同僚不睦，以傲世见嫉，无意中得罪了两个小人——州司马周季重、司户郭若讷。于是他们暗中捏造罪状，陷害杜审言，罗织罪名，把他关进牢狱，判处死刑。这两人看到阴谋即将得逞，得意之下就摆起酒席庆祝。

杜审言的儿子杜并当时才13岁，就在袖子里暗藏利刃，在宴席上刺杀了周季重，杜并也当场遇害，被周季重的家将杀死。周季重临死时说：“杜审言有孝子，我不知道，郭若讷欺骗了我。”武则天听到杜并为父报仇的义烈事迹，十分惊叹，于是召见杜审言，授著作佐郎，迁膳部员外郎。苏颋被杜并刚烈孝勇的行为深深感动，亲笔为他做墓志，刘允济也撰写祭文对他进行旌表致祭。

※原文

故君子和而不流[1]，强哉矫[2]；中立而不倚，强哉矫；国有道，不变塞[3]焉，强哉矫；国无道，至死不变，强哉矫！

※注释

1 和而不流：性情平和，但是意志坚定，不会做出随声附和而轻易改变自己志向的事。

2 矫：勇武，坚强。

3 不变塞：不改变志向。塞：阻塞不通。

※译文

所以，君子和顺而不迁就，这才是真正的强。中立而不偏倚，这才是真正的强。

国家有道，不放弃穷困时的操守，这才是真正的强。国家无道，至死不改变志向，这才是真正的强。

※论引

郑玄说：“此抑女之强也。国有道，不变以趋时。国无道，不变以辟害。”

孔颖达说：“述中国之强也。不为南北之强，故性行和合而不流移，心行强哉，形貌矫然。若国有道，守直不变，德行充实，志意强哉，形貌矫然。若国之无道，守善至死，性不改变，志意强哉，形貌矫然。”

《礼记·正义》中说：“以其性和同，必流移随物，合和而不移，亦中庸之德也。国虽有道，不能随逐物以求荣利。今不改变己志，以趋会于时也。”

朱子说：“此四者，汝之所当强也。国有道，不变未达之所守；国无道，不变平生之所守也。此则所谓中庸之不可能者，非有以自胜其人欲之私，不能择而守也。君子之强，孰大于是。夫子以是告子路者，所以抑其血气之刚，而进之以德义之勇也。”

※札记

所谓“强大”

人这里所说的“强大”“坚强”，实指乃要坚持“中庸”之道。君子在生活中，有自己的处世原则，和而不同，中立不偏，坚守有道，便是一种强大；在大是大非上，能挺立洪流，不流俗，不媚俗，这也是一种强大。

※史例阐释

天行健，君子以自强不息

王隐，字处叔，陈郡（今河南省淮阳县）人。“以儒素自守，不交势援，博学多闻，受父遗业，西都旧事多所谙究。”东晋元帝建国之初，他被召为著作郎，令撰晋史。

其父王铨（公元253年—公元295年）为魏晋时人，“少好学，有著述之志，每私录晋事及功臣行状”。因社会动荡，王铨早逝，留给王隐的“遗业”，即《晋书》和《蜀记》资料或部分稿本。

建兴年间，东晋丞相军谘祭酒涿郡祖纳对王隐非常器重，二人雅趣相投，友谊深厚。祖纳爱好围棋，沉迷其中，不问事务。王隐每次予以劝止，祖纳都说："聊以解忧。"王隐说："古人生得其时，就借机施展抱负，建立宏图大业。如果生不逢时，就退居独处，修养心性，以立言著述成就自己。因此，无论是得志于仕途，或是失意于当世，对于事业的追求从不懈怠。现在，天下动荡，兴替忽急，晋朝的建立和巩固的历史过程中，还未及编写自己的史书，而在时代的每一个进程中，各种史料散失殆尽，无人有心预为设想。你的经历丰富，年轻时就进入政界，任职各地，对于中外政略得失成败尽皆耳闻目睹，为什么不把它记录下来，编撰裁夺，留传后世呢？应仲远作《风俗通》，崔子真作《政论》，蔡伯喈作《劝学篇》，史游作《急就章》，至今犹留传于世，其名因此而不朽。与他们同时代的人中难道没有人才吗？然而却大多默默无闻，正是因为没有自己的著作啊。因此，古人说'君子疾没世而无闻'。《易》说'天行健，君子以自强不息'。何况一部国史提供给人们的是国家命运的盛衰与政举的得失鉴戒呢，这才是一个有志之人应该从事的事业，何必每天借棋子来消磨岁月以排遣烦忧呢？"

祖纳喟然叹息说："不是我不赞同你的见解，只是心有余而深感能力不足啊。"

于是祖纳向皇上推荐王隐撰写国史。

晋元帝认为东晋刚刚建立，百废待举，政权还不稳固，无力顾及，暂时不必组织编写《晋史》。

到大兴初年，东晋的政权得到巩固，各种制度基本建立完备，政治稳定，于是征聘王隐为著作郎，负责编写《晋史》。

其时，著作郎虞预也闭门自己撰写《晋书》，由于他生长在东南，对于中原政权变迁及政治事件了解很少，多次拜访王隐，并借阅王隐所写作的书稿，窃取其中的内容，内心十分嫉妒王隐。

虞预出身豪门世族，交结权贵，共为朋党，从而排挤诽谤王隐，致使王隐被谗言陷害，免职回家。

由于贫困潦倒，生计困难，纸笔无着，王隐难以继续写作。于是他向征西将军庾亮求助，得到支持，最终才编写完成了《晋史》。

第十一章 固守正道，不屑炒作

※题解

道深存于我们的心里

道，就像种子，深深根植在我们的血脉里，在我们天性的滋润下茁壮成长。当然也或者由于我们的一念之差而使我们心中的“道”有所损伤，但是“道”永远不可磨灭，只是深深地保留着。在适当的条件下，又恢复生机，勃然而生。

朱子说：“以知仁勇三达德为入道之门。以大舜、颜渊、子路之事明之。舜，知也；颜渊，仁也；子路，勇也：三者废其一，则无以造道而成德矣。”

《礼记·正义》中说：“论夫子虽隐遁之世，亦行中庸。又明中庸之道，初则起于匹夫匹妇，终则遍于天地。”

是的，“道”与我们密切相关，孕育在我们的心里，终极于天地的无限。

※原文

子曰："素[1]隐行怪，后世有述焉，吾弗为之矣[2]。"

※注释

1 素：通"傃"，向来，平时。据《汉书》载，应为"索"。

2 弗为之矣：不屑于这样做，耻于这样做。

※译文

孔夫子说："思想极端，喜好阐发异见；行为奇异怪诞，常做出不合常理的举动。这种人虽然以此而能够得到后世一些人的称颂，但是我不屑于如此做。"

※论引

孔颖达说："无道之世，身乡幽隐之处，应须静默。若行怪异之事，求立功名，使后世有所述焉。如此之事，我不能为之，以其身虽隐遁而名欲彰也。"

《礼记·正义》中说："身隐而行诡谲，以作后世之名，若许由洗耳之属是也。"

朱子说："深求隐僻之理，而过为诡异之行也。然以其足以欺世而盗名，故后世或有称述之者。此知之过而不择乎善，行之过而不用其中，不当强而强者也，圣人岂为之哉！"

※札记

实实在在的努力才可长久

古人不屑于为了一时的热闹而炒作，只是身体力行，以自己的苦行传播天地的大道。道可兴，则趁势而济天下，道不可行，则独守其身。

然而，今人则不然。他们浮躁的心灵，耐不得寂寞，更向往虚浮的奢华。于是，为了扬名，人们用尽心思，进行着千奇百怪的炒作。他们的智慧不是用在悟道求知上，而是用在炒作上。因此，应运而生了新的职业：策划与包装。凡是经过了特定的制作，在一番精心的装扮之下，麻雀会在一夜之间变成孔雀，糟粕会变成精华。然而还未经过时光的考验，泡沫就破灭了，什么也没有剩下，只有一堆思想的灰烬，一切的道义便被颠覆，不可收拾。

※史例阐释

许由洗耳颍水之滨

许由，相传为我国上古（4000 多年前）时期的一位隐士，大约生活在帝尧时代。皇甫谧《高士传》有记载："许由，字武仲。尧听到他的贤德之名后，多次向他请教，后来在选择继任者时，想把天下禅让给他，许由不愿接受，于是逃到了中岳颍水南岸，在箕山隐居起来。帝尧又找到了他，请他任九州官长的职务。许由不想被这种世俗的名利诱惑，就到颍水之滨，以流注不息的河水清洗他被名禄之言玷污了的耳朵。这时，有位叫巢父的人牵着牛犊到河边饮水，看见许由在洗耳朵，就问原因。许由说：'尧想让我做九州官长，我讨厌听到这种话，所以在这里清洗自己被名位之语污染了的耳朵。'巢父说：'你如果隐居于高岸深谷之中，对人间的事端情形不了解，那么谁能看见你呢？你却心性不定，借故与世俗交游，想得到闻达而求得名誉，所以才有这种事的啊。这里的水也不能饮用了，免得脏了我牛犊的嘴。'于是牵着他的牛犊去上游饮水。后来许由就埋葬在这座山上，这座山从此就叫许由山。"

许由淡泊名利的崇高节操使自己赢得了后世的尊敬，他被尊奉为隐士的鼻祖。战国时代的思想家荀子称赞说："许由善卷，重义轻利行显明。"真名士与假明星具有天壤之别。

附：有关许由的资料记载：

《庄子·内篇·逍遥游》记述。尧让天下于许由，曰："日月出矣，而爝火不息，其于光也，不亦难乎！时雨降矣，而犹浸灌，其于泽也，不亦劳乎！夫子立而天下治，而我犹尸之，吾自视缺然。请致天下。"许由曰："子治天下，天下既已治也，而我犹代子，吾将为名乎？名者，实之宾也，吾将为宾乎？鹪鹩巢于深林，不过一枝；偃鼠饮河，不过满腹。归休乎君，予无所用天下为！庖人虽不治庖，尸祝不越樽俎而代之矣。"

汉蔡邕《琴操·箕山操》中载："许由者，古之贞固之士也。尧时为布衣，夏则巢居，冬则穴处，饥则仍山而食，渴则仍河而饮。无杯器，常以手捧水而饮之。人见其无器，以一瓢遗之。由操饮毕，以瓢挂树。风吹树动，历历有声，由以为烦扰，遂取损之。"

※原文

君子遵道而行，半涂而废[1]，吾弗能已[2]矣。

※注释

1 废：停止。

2 已：止，停止。

※译文

正直的人，循规蹈矩，遵循着道义规范，但是由于受到现实的左右，不能坚持到底，以至于中途改变，实在是可惜。我的原则是确定一个方向后坚持不懈地奋斗。

※论引

孔颖达说："君子之人，初既遵循道德而行，当须行之终竟。今不能终竟，犹如人行於道路，半涂而自休废。汲汲行道无休已也。"

《礼记·正义》中说："君子以隐终始，行道不能止也。"

朱子说："遵道而行，则能择乎善矣；半涂而废，则力之不足也。此其知虽足以及之，而行有不逮，当强而不强者也。圣人于此，非勉焉而不敢废，盖至诚无息，自有所不能止也。"

※札记

谁还能固守寂寞

面对滚滚红尘，各种名利与新潮接踵而止，令人目不暇接。那很多的"创造"令人兴奋、惊讶不已，而由此带来的收获更令人艳羡不止。于是人们不甘沉沦的进取之心便被炒得火热，跃跃欲试。

一时间，各种花边新闻充斥着人们的眼球，模糊了人们的视线，蒙蔽了人们的心灵。有人以"我与N个异性的故事"吸引人的注意，也有人以与某人的一张照片，招摇撞骗于世。

灵魂沦落到了什么事情都可做出的程度，就是不愿踏踏实实努力。

于是很多人就热衷于追风、追星，中途放下经营多年的事业，到处自我吹捧，也雇人吹捧，就是不愿付出实实在在的努力，使自己取得真正的成就。

※史例阐释

井底总会有水

曾经听过一则故事：有两个和尚，分别住在东、西两座山上的寺院里。他们同在山下的小溪取水喝。每天早晨他们挑着自己的水桶，从山上走下来，在溪边打满水，然后回到寺庙。有时见面后，互相证引，相互解难。

日子就这样一天天过去了。

突然，有一天，西山的和尚发现，东山的和尚已经有很多天没有下山挑水了。他感到很忧心，以为东山的和尚病了。他的善心促使他走进了东山的寺庙。

结果他发现，东山的和尚正坐在蒲团上诵经，精神很好，完全不像病了的模样。

他感到很奇怪，就问："为什么几天不见你下山打水，难道你已悟得佛道，感动上天，使其降下甘霖了吗？"

东山的和尚说："我每天都在挖一口井，现在终于挖成了，从此可以不用下山挑水了，只需要从井里打水就行了。"

西山的和尚说："让我看看你的井吧。"

于是东山的和尚就带着西山的和尚来到寺院后面的井边。井很深，根本望不见底。

东山的和尚取来水桶，打上水来。西山的和尚问，用了多长时间才挖成这口井？

东山的和尚说："我每天都在坚持挖，已经记不清用了多少时间，也没有刻意去记时间，我只是挖井，也相信只要坚持下去，不中途停止，总会有水的。"

于是，西山的和尚诚心拜东山的和尚为师。

※原文

君子依乎中庸，遁世不见知[1]而不悔，唯圣者能之。

※注释

1 见知：被知。见，被。

※译文

真正的君子修行处世遵循中庸之道，默默隐居，不为世间的浮华而改变志向，即使一生不被人所知也不后悔，这只有修养达到圣人境界的人才能做得到。

※论引

郑玄说："隐者当如此也。唯舜为能如此。"

孔颖达说："君子依行中庸之德，若值时无道隐遯于世，虽有才德，不为时人所知，而无悔恨之心，如此者非凡人所能，唯圣者能然。若不能依行中庸者，虽隐遯于世，不为人所知，则有悔恨之心也。"

《史记》中云："'舜耕于历山，渔于雷泽，陶于河滨。'是不见知而不悔。"

朱子说："不为索隐行怪，则依乎中庸而已。不能半涂而废，是以遯世不见知而不悔也。此中庸之成德，知之尽、仁之至、不赖勇而裕如者，正吾夫子之事，而犹不自居也。故曰唯圣者能之而已。"

※札记

用一生走好一条路

沿着自己选择的方向，坚持不懈地走到底，这种一往无前的无畏精神是令人钦佩的，也是为圣人所赞赏的，不要左顾右盼，也不要被别人的成就或是所得迷了自己的双眼，要有"路漫漫其修远兮，吾将上下而求索"的独立精神；要有心无旁骛，一心努力的坚持精神；更要有淡泊名利，即使默默无闻，终也不悔的牺牲精神。那种遭到挫折就张皇失措，遇到困难就改弦易辙的所谓明智的做法，是不值得称道的，这样的人最终也是不会有成就的。

倾注一生读好一本书，倾注一生走好一条路，倾注一生掘出一口井，倾注一生做好一个人。

※史例阐释

舜耕历山，人皆让畔

舜名重华，也叫仲华、重明，因为他眼睛里生有三个瞳子。舜生来就性情宽厚，是中国古代圣明的君主。《孟子·离娄下》中记载："舜生于诸冯，迁于负夏，卒于鸣条，东夷之人也。"

《吕氏春秋·孝行览·慎人篇》中说："舜耕于历山，陶于河滨，钓于雷泽。"这是说舜曾在历山辛勤躬耕，种植庄稼，在雷泽捕鱼狩猎，在黄河之滨烧制陶器……因品德高尚，在民间颇有威望，人们都愿意与他为邻。他在历山耕田，当地人不再因为田畔而起争执，互相谦让。

尧任命舜主管人伦教化，天下的人都奉行父义、母慈、兄友、弟恭、子孝的道德，风俗因此美化。于是政教大行，八方宾服，四海咸颂舜功。被立为天子之后，舜巡狩四方，整顿礼制，"行厚德，远佞人"，因而《史记·五帝本纪》中称"天下明德皆自虞帝始"。舜以自己的言传身教和身体力行来影响和感化众生，始终与人民同甘苦、共患难。

第十二章
君子之道广大而深微

※题解

在细微处下功夫

在细微处养成我们的风格，于细微处成就我们的品牌。

体贴入微，体现的是我们心灵中的人性；纤毫毕现，暗示的是事物的本质特征；蚁穴之兆，昭示的是变化发展的规律。

细小之处不忽视，专注之处见精神。只有从细微之事做起，从最基本处入手，才能够取得大的成功。有人说："把大事留给上帝吧，我们只注重细节。这世间所有伟大的壮举都不如生活中一个真实的细节更有意义。"

谁能将细节做得完美，谁就拥有了成就人生的钥匙。

※原文

君子之道费而隐[1]。

※注释

1 费而隐：广大无涯而又深微精妙。费：本作“拂”。隐：精微，奥妙。

※译文

君子之道，广大深微。

※论引

郑玄说：做出隐退的决定时，所必然依据的迹象。道不费则仕。

孔颖达说：“君子之人，遭值乱世，道德违费则隐而不仕。若道之不费，则当仕也。”

※札记

每一枚叶子上都洒满阳光

我们可以长久依赖的是什么？

眼睛看不到的东西，只有用心灵才能感知。大自然的呼吸，深藏在我们的心灵里。

不同的人从不同的角度来看同一件事物，所得到的体悟是截然不同的，没有两个人的理解是一样的，因为他们的心灵各不相同。有些人看得更多些，所感知的更为深刻。但是很少有人能够看得全面。

将自己视线所及的每件事物都收藏在我们的心中，让岁月像溪水一样流过我们的指缝，将新的快乐带入我们的生活，使我们的生活变得有价值。

※史例阐释

乐恢举荐

乐恢，字伯奇，京兆长陵（今陕西省咸阳市）人。他的父亲是县里的小吏，因为得罪了县令，被县令拘禁，要杀害他。乐恢当时仅十一岁，俯伏在官署门前昼夜悲哭。县令因感动而同情他，就放出了他的父亲。

乐恢拜博士焦永为师，学习经术。焦永出任河东太守，乐恢跟随到官府，但他闭门精心读书，不与官场人士交往。后来，焦永因事受牵连，被弹劾审查，其他弟子都因为参与有关事件而被拘禁，只有乐恢保持清白，没有做过一件违法的事。于是，他因为能够笃守节操志向而成了知名儒生。

后来乐恢在本郡任职，太守犯法被诛杀，众多亲戚故人没有一个前往奔丧，只有乐恢为他服丧。为太守送葬后，乐恢仍然担任功曹，推选、举荐坚持标准，从不阿附权势。同郡杨政多次当众诋毁乐恢，后来乐恢秉公举荐杨政的儿子为孝廉。乡里人人称赞他公正廉直。

无论我们处在何种位置，都要有自己的精神世界，在蓝天和旷野的背景中，让我们的德行就像一根标杆，高高直立。

※原文

夫妇之愚，可以与知焉；及其至也，虽圣人亦有所不知焉。夫妇之不肖，可以能行焉；及其至也，虽圣人亦有所不能焉。天地之大也，人犹有所憾。故君子语[1]大，天下莫能载焉；语小，天下莫能破[2]焉。

※注释

1 语：说。

2 莫能破：不能再做出分解。

※译文

凡夫俗子虽然愚昧，也能够理解；至于它高深神妙的境界，即便是圣人也不可能彻底精通。普通的人虽然不够贤明，也能够奉行；但它高深精微的境界，即便是圣人也不可能达到。大地是如此广大，人们仍然觉得有所缺憾。因此，君子论及“大”，整个天下都无法承载其广大；君子谈论“小”，其微小的程度就达到了不可再分解的程度。

※论引

郑玄说：“匹夫匹妇愚耳，亦可以其与有所知，可以其能有所行者。以其知行之极也，圣人有不能，如此舜好察迩言，由此故与。天地至大，无不覆载，人尚有所恨焉，况于圣人能尽备之乎。所说大事，谓先王之道也。所说小事，谓若愚、不肖夫妇之知行也。圣人尽兼行。”

孔颖达说：“天下之事，千端万绪，或细小之事，虽夫妇之愚，偶然与知其善恶，若蒭荛之言有可听用。道之至极，如造化之理，虽圣人不知其所由。天地至大，无物不养，无物不覆，载于冬寒夏暑，人犹有怨恨之，犹如圣人之德，无善不包，人犹怨之，是不可备也。中庸之道，于理为难，大小兼包，始可以备也。君子语说先王之道，其事既大，天下之人无能胜载之者。若说细碎小事，谓愚不肖，事既纤细，天下之人无能分破之者。言事似秋毫，不可分破也。”

朱子说：“君子之道，近自夫妇居室之间，远而至于圣人天地之所不能尽，其大无外，其小无内，可谓费矣。然其理之所以然，则隐而莫之见也。盖可知可能者，道中之一事，及其至而圣人不知不能。则举全体而言，圣人固有所不能尽也。”

侯氏曰：“圣人所不知，如孔子问礼问官之类；所不能，如孔子不得位、尧舜病博施之类。”

朱子说：“人所憾于天地，如覆载生成之偏，及寒暑灾祥之不得其正者。”

※札记

以真挚与热忱去迎接生活

在通向中庸的道路上，我们所经过的正如我们去灵山朝拜的路途一样，有陡峭险峻、绵延不断的高山，也有平缓坦荡、一望无垠的平原，有大河奔涌的阻拦，也有肥沃美丽的田野……村落、草地、果园，还有郁郁葱葱的树木，充满着美妙诱人的神韵。我们的心灵展翅欲飞，而忽视了脚踏实地的努力。我们生存的空间是无限广大的，谁也不可能一眼望到尽头。在人生的旅途上，唯有切切实实地行走，踏踏实实地迈步，勤勤恳恳地奋斗，来不得半点虚伪与做作，或许才能有收获。

离我们最近的邻居，不是别的，正是大自然给予我们的万物的气息，大门外的那棵大树和从远处飞来拜访我们的小鸟以及它们的歌声，还有风中吹送的花朵的芬芳。天地间那最远的精灵总是最先造访，而离我们最近的人，却总是隔着什么，有时很久也难以见面，更别说与我们同心。每天早晨，我们所接受的是太阳的光芒，而不是他人的祝福。

无论我们的目光投向哪个方向，总会看到太阳的照耀。

※史例阐释

保留零状态

孔颖达（公元574年—公元648年），字冲远，冀州衡水（今河北省衡水县）人。他是唐代著名经学家、教育家。他八岁就学，每天背诵经典千余言，及至长成，尤其精通《左氏传》《郑氏尚书》《王氏易》《毛诗》《礼记》等经典，并且擅长算术历法。

唐太宗曾问孔颖达：“《论语》说‘以能问于不能，以多问于寡，有若无，实若虚'是什么意思?"孔颖达回答说:"圣人施行教化,目的是使人们谦虚谨慎。就是说虽然自己很有能力,但也不应骄傲自满,仍然虚心向那些能力不如自己的人学习他们的长处。自己的才艺虽然很多,但是人们自己总嫌少,仍向才艺不多的人求教,以期有所进步。自己虽然'有',但是表现在外的却给人以'无'的感觉;自己虽然很'充实',但却表现出很'虚空'的状态。不仅平民百姓,帝王的品德也同样应该如此。帝王内心蕴藏着神妙的玄机智慧,但是神态上却显得沉默平静,让人感到深不可测、度不可知。正如《易经》说的'以蒙养正,以明夷莅众'。如果所处地位尊贵至极,但却爱炫耀自己的聪明,以自己的才华凌侮别人,又刻意掩饰自己的过失,听不进别人的劝告,那么,必然造成上下之间感情隔阂,情意背离。这样,君臣的情意不能相通,心意各不相同,不能同心同德,那么必将导致上下离心。古往今来,身死国灭的朝代无不因为这个原因啊。"

唐太宗深以孔颖达的回答为得体,非常赞赏。

※原文

《诗》云:"鸢飞戾天,鱼跃于渊[1]。"言其上下察[2]也。

※注释

1 鸢飞戾天,鱼跃于渊:引自《诗·大雅·旱麓》,意在赞美周文王。"鸢飞戾天",比喻恶人远去。"鱼跃于渊",比喻善人尽用,如鱼之得水。鸢:鸱类,老鹰。戾:到达。

2 察:明察,昭著,明显。

※译文

《诗经》说:"鸢鸟在天空飞翔,鱼儿遨游在深水里。"这是说天性不同。

※论引

郑玄说:"圣人之德上至于天,则'鸢飞戾天';下至于地,则'鱼跃于渊',是其著明于天地也。"

孔颖达说:"圣人之德上至于天,则'鸢飞戾天',是翱翔所得。圣人之德下至于地,则'鱼跃于渊',是游泳所得。言圣人之德,上下明察。"

朱子说:"子思引此诗以明化育流行,上下昭著,莫非此理之用,所谓费也。然其所以然者,则非见闻所及,所谓隐也。"

程子曰:"此一节,子思吃紧为人处,活泼泼地,读者其致思焉。"

※札记

地球的居民

在这个星球上居住的不只是人类，还有各种动物和植物，以及那些基本元素。

我们虽然有很多邻居，但是我们却永远无法摆脱心灵的寂寞。

我们距离我们的邻居，就像我们的家距离南极一样遥远。

我们每一个人都拥有自己的太阳、月亮和星星。在这个完全属于我们自己的小天地里，我们应该朝气蓬勃，从容优雅地生活；努力理解生命的意义，努力实践它永恒的精神价值。

每个黎明都充满千姿百态、变幻无穷的美。从初升的旭日中，我们会发现每天都有新的快乐，最终都能找到最甜蜜、最柔和、最纯真、最让人心灵震撼的伴侣。

※史例阐释

垂钓是一种生活的情致

当年，垂暮之年的姜子牙为了自己的理想而垂钓于渭水。他在耐心地等待命运中的那个时机到来。

庄子垂钓于濮水，楚王请他去做官。他却说："我宁可做自由行走在污泥中的拖尾龟，也不愿意被人宰割而成为庙堂上的供品。"作为哲人，他在垂钓生命的真谛，自由自在。

史料记载：《吕氏春秋》说："太公钓滋泉而遇文王。"

《括地志》说："姜太公钓渭，鱼腹有璜，文曰周受命，吕来佐。"

相传周文王飞熊入梦，预示将得帝王之师。于是他轻车寻访，遇姜太公直钩垂钓于渭水之滨。更为奇特的是他垂钓的方式"背水肩竿，直钩短线，距水三尺而钓"。于是异而礼之，同载回宫，拜为帝师，成为千古佳话。

可见，垂钓是有层次的，对于真正的垂钓者来说，垂钓不仅仅是生活的意义，而且是一种心情的传导，是一种修养的境界。

※原文

君子之道，造端[1]乎夫妇；及其至也，察乎[2]天地。

※注释

1 造端：发端，开始。

2 察乎：明察。

※译文

君子之道，是从最普通的人们中开始孕育，而其最高的境界，昭著于天地。

※论引

郑玄说："夫妇，谓匹夫匹妇之所知、所行。"

孔颖达说："君子行道，初始造立端绪，起于匹夫匹妇之所知所行者。虽起于匹夫匹妇所知所行，及其至极之时，明察于上下天地也。"

※札记

美满的婚姻是成就人生的基础

无论成就大小，重要的是生活得称心。生活能够称心如意，那么一切就会显得美好，面前就是坦途。否则，总会有各种危机，令人穷于应付，焦头烂额。

对于芸芸众生来说，无论他们再怎么努力，也只能使彼此的空间距离缩短到一定的程度，却无法使他们的心灵靠近到没有距离。只有相爱相期的人，无论中间隔着怎样的空间和时间，心意却是相通的。

相聚的时间总是如此短暂，人生也仅仅只有几十年，缘分更是短浅，匆匆一瞥就将离去，一切都不会驻足太久。那么我们有什么理由不珍惜呢？让曾经的苦涩，在岁月的酿制下，变得甜美……

※史例阐释

风雨沧桑，我心依旧

刘庭式，字得之，宋代齐州（今山东省济南市）人，举进士，通判密州，后监太平观，老于庐山。他为人忠厚质朴，诚实守信。

刘庭式未考中进士之时，家人商议为他订娶同乡农家女为妻，双方家里已经同意，只是还未送纳聘礼。后来，刘庭式科试进士及第。不幸的是，在这期间，那位农家女因为罹患疾病而致失明。女方家世代躬耕，十分贫苦，现在自感门第不相配，不敢再提婚约，免受冷遇。这时，有人劝说刘庭式另娶他人之女。刘庭式说："我当初在心里已经同意了，现在怎能因为对方失明就违背自己原来的心意呢！"于是二人最终结为连理。婚后夫妻感情真挚，家庭和睦。生育几个子女后，妻子不幸病故。刘庭式内心伤痛，不愿续娶。当时，刘庭式任密州通判，苏轼为太守。苏轼对他说："哀生于爱，爱生于色。现在你的爱缘于何处，哀痛又以什么为寄托呢？"刘庭式说："我只是知道失去了爱妻。如果因为美色而滥情示爱，因为相爱而心怀伤感，那么人老色衰，爱就失去依据而消失，哀伤之情也就淡忘无迹。由此说来，那些忸怩卖俏，秋波暗送，轻佻风流，倚市相招的女子都可以娶为妻室吗？"苏东坡对他的为人十分敬重，于是据此为他写了一篇文章专门给予称颂。

第十三章　道，深含在我们的生活之中

※题解

道，小至无极，大则无际。

“大事”是由很多具体的“小节”铸成的。“千里之行，始于足下。”每个人的人生之路，每一步所留下的脚印，都“记录”着一个个“细节”的艰辛与奋斗，是不可抹去的历程。只有一步一步地迈进，才会使自己到达远方的目标。

从大处着眼，从小事着手，是我们处世的基本姿态。任何轰轰烈烈的事业都该从隐微处着手。我们总是慨叹历史在转折之机的微妙，对那些决定时刻的微妙变化扼腕不已，而试图作出假设。其实，正是这些具体的细节，使历史的走向发生着质的变化，成为无法更改的必然选择。每个人都有自己的方式，以自己的真实面对生活。

这世界被喧嚣所充斥。不论赞成还是反对，都有理由。真理并不只有一个，任何一个方向都有其必然的结论。《礼记·正义》中说：“中庸之道去人不远，但行于己则外能及物。”每一座山都有顶峰，每一条路都有终点，重要的是我们必须付出切实的努力，扎扎实实地从小事和小节做起，向着既定的目标义无反顾地奔赴。

不事功利，方可成就人生极致。

※原文

子曰："道不远人。人之为道而远人[1]，不可以为道。"

※注释

1 人之为道而远人：有的人以为自己修行中庸之道，于是就自以为高人一等，而不能听取他人的见解，从而使自己远离并孤立于人群之外。

※译文

孔夫子说："道不远离人。人所施行的道却远离了人，那就不能作为道了。"

※论引

郑玄说："道即不远于人，人不能行也。"

孔颖达说："中庸之道不远离于人身，但人能行之于己，则中庸也。人为中庸之道，当附近于人，谓人所能行，则己所行可以为道。若违理离远，则不可施于己，又不可行于人，则非道也。"

朱子说："道者，率性而已，固众人之所能知能行者也，故常不远于人。若为道者，厌其卑近以为不足为，而反务为高远难行之事，则非所以为道矣。"

※札记

"道"与生活

"道"就在于我们的内心。从自己的心里开始，从使自己的家人和睦快乐开始，从爱我们的邻居开始……每天从这样具体细小的事情开始，修养我们的心性，使我们的德行辐射向遥远。就如阳光，从燃烧自己开始而温暖了大地。不能让自己周围亲近的人悦服，又如何能够使自己的德行服远呢？

本杰明·富兰克林说："诚实和勤勉，应该成为你永久的伴侣。"忠实于自己，但也不要欺骗别人。我们对每天生活的感受总是这样："没什么特别的东西。"居然忘记了我们自己的早餐，以及深含在早餐中的意义。

大"道"就在我们眼前，就在我们身边。所谓"车到山前必有路"，"道"与我们须臾不离。

※史例阐释

尊人以礼，也是自我尊重

陆慧晓，字叔明，南齐吴郡吴县（今上海市松江）人。他清介正平，不随意交游。举秀才，因为母亲年高而回家奉养十多年。太祖辅政，除为尚书殿中郎，累官南兖州刺史。

陆慧晓为晋熙王冠军长史、江夏内史，行郢州事。历辅五政，治身清肃，即使与部下相见议事，临别都起身以礼送行。有人对他说："长史的职务是很高贵威严的，不应该过分自谦。"陆慧晓回答说："我生性讨厌那些不遵守礼仪规范的人，所以，我不允许自己不以礼待人。"

"礼"是重要的，是对他人的尊重，也是自尊自信。

※原文

《诗》云："伐柯，伐柯，其则不远[1]。"执柯以伐柯，睨而视之，犹以为远。故君子以人治人[2]，改而止[3]。

※注释

1 伐柯，伐柯，其则不远：引自《诗经·豳风·伐柯》，是赞美周公的诗。伐柯：砍伐木料，制作斧柄。柯：斧柄。《周礼》云："柯长三尺，博三寸。"则：样式，标准，规定，法则。指斧柄的形式样板。

2 以人治人：树立楷模，引导并约束他人，遵循既定的做人规范，治理众人。

3 改而止：改正错误就行。

※译文

《诗经》说："砍削木材，制作斧柄，式样就在眼前。"握着斧柄，削制斧柄，按理不会有什么大的差距，但是，如果你斜眼端详，就会发现存在着很大不同。所以，君子因人而宜，根据不同情况采取不同的办法进行治理，只要改正错误就行。

※论引

郑玄说："持柯以伐木，将以为柯近，以柯为尺寸之法，此法不远人，人尚远之，明为道不可以远。人有罪过，君子以人道治之，其人改则止赦之，不责以人所不能。"

孔颖达说："欲行其道于人，其法亦不远，但近取法于身，何异持柯以伐柯？人犹以为远，明为道之法亦不可以远。即所不原于上，无以交于下；所不原于下，无以事上。况是在身外，于他人之处，欲以为道，何可得乎？明行道在于身而求道也。”

朱子说：“人执柯伐木以为柯者，彼柯长短之法，在此柯耳。然犹有彼此之别，故伐者视之犹以为远也。若以人治人，则所以为人之道，各在当人之身，初无彼此之别。故君子之治人也，即以其人之道，还治其人之身。其人能改，即止不治。盖责之以其所能知能行，非欲其远人以为道也。张子所谓‘以众人望人则易从’是也。”

※札记

明确前进的方向

人生需要一个很好的规划，没有方向的人生是盲目的，也就不会有什么成就。人生的规划必须是立足于每天切实的奋斗与积累：知识关系、金钱或者阅历。空想没有意义。

任何人都有自己的生存方式，都会找到最适当的方向。无论做什么事，首先必须确定自己的方向，寻找一个可供参照的坐标，并在自己的方向上努力不懈。

我们自己该做的事情，就应脚踏实地地从开始做起，并力求使每一个细节精美。

※史例阐释

在志节与财贿的天平上

王符（公元85年—公元162年），字节信；安定临泾（今甘肃省镇县）人，东汉哲学家。他与马融、窦章、张衡、崔瑗等友善。他年少好学，有节操，性耿介，因为出身微末又不苟同于世俗，因此饱受歧视和压制，不获升迁；后愤而隐居，终生不仕。王符著《潜夫论》三十余篇，以讥当世得失。

王符耕读隐居，不随世俗俯仰，不攀附引荐，不欲彰显其名。据说度辽将军皇甫规退休后，回归乡里，安度晚年。同乡父老前来看望欢叙，这时有位曾经用钱财行贿而得到雁门太守职务的同乡，也离职回家，他来到皇甫规家拜见，递进名片，皇甫规躺着并不让座，太守受到冷遇，很感局促。这时皇甫规突然开口说：“你在雁门当太守时，日子过得很滋润吧？”太守呐呐无所答。

这时，家僮进来通报说，有个叫王符的人来拜访将军。皇甫规早慕王符的大名，深深佩服王符的志操品节。听到他现在来访，立即从床上坐起，都来不及系扣外衣的带子，穿着拖鞋就急急出外迎接。见面拉着王符的手回到屋里，两人同坐，语意投契，引为知己。太守尴尬地站在一边，手足无措，似被忘记，无人理睬。

于是，一时坊间传言："徒见二千石，不如一缝掖。"

※原文

忠恕违道不远[1]，施诸己而不愿[2]，亦勿施于人。

※注释

1 忠恕违道不远：能够以忠恕处世，那么距离中庸之道就不远了。忠：尽己之心。恕：推己及人。违：离开，违背。

2 施诸己而不愿：别人施加给自己而自己不愿承受的行为。

※译文

忠恕离道不远，施加于自身感到不愿意的事，也不要施加于他人。

※论引

孔颖达说："忠者，内尽于心。恕者，外不欺物。身行忠恕，则去道不远也。他人有一不善之事施之于己，己所不愿，亦勿施于人，人亦不愿故也。"

朱子说："尽己之心为忠，推己及人为恕。自此至彼，相去不远，非背而去之之谓也。道，即其不远人者是也。施诸己而不愿亦勿施于人，忠恕之事也。以己之心度人之心，未尝不同，则道之不远于人者可见。故己之所不欲，则勿以施之于人，亦不远人以为道之事。张子所谓'以爱己之心爱人则尽仁'是也。"

※札记

谁也不能给予我们什么

谁也无权给予别人什么生活，硬塞在我们手中的，并不是我们所需要的。我们所需要的，同样没有人愿意给予我们。我们所能做的，就是修养自身。

我们无权将自己的意图强加给别人，同样也不要把自己的幸福建立在对他人的依赖上，更不能把自己的欢乐建立在他人的痛苦上，尤其不能将自己的痛苦转嫁到别人的身上。

谁也不能代替我们的生活。不要抱怨命运，也不要嫉妒他人，人生取决于自己的努力。不必奢求得到什么报答，只要诚心去做就行。为了得到回报而去做事，那是一种交易，根本就不具备诚的本义。只有心地透明，只是因为应该做而去做，无所妄求，才是诚的体现，才是德行。

上天最终会给一切人因果报应，只在于我们种植了什么。

※史例阐释

良知的审判

顾雍，字元叹，三国时吴郡吴县（今江苏省苏州市）人。年少时，他曾向蔡伯喈学习弹琴和书法。“专一清静，敏而易教。”经州郡举荐，他二十岁时就被任命为合肥县令，治绩卓著。孙权被委任为会稽太守时，未赴任，以顾雍为郡丞，代行太守职责，处理政治、经济、军事等要务；任职期间，郡内大治，边界安定，百姓乐业。孙权自立为吴王，顾雍升迁为大理奉常、领尚书令，封阳遂乡侯。

吕壹、秦博为中书，掌管各地官府及州郡报送来的文书，位高权重。因此，他们利用手中的权力渐渐妄为起来，作威作福，从中渔利。他们利用手中所掌握的机密文书，平报罪犯，纠察奸佞，以至于肆意罗织罪名，使那些耿介忠直之人也被牵连，并且生造隐私，诬陷、诋毁大臣，陷害无辜。最终丞相顾雍也被他们诬陷，其他大臣更是受到严厉的责罚。后来，吕壹被揭发罪行，关押在廷尉。顾雍亲自审理此案，吕壹以罪犯的身份被带到审判席上，顾雍态度平和，以事实为依据对他进行审问。审理结束时，顾雍又问吕壹：“你的心里难道没有什么想法要说吗？”吕壹只是叩头，无话可说。当时尚书郎怀叙当庭厉声辱骂吕壹，顾雍责备他说：“官有正法，何至于此！”

※原文

君子之道四[1]，丘未能一焉：所求乎子，以事父，未能也；所求乎臣，以事君，未能也；所求乎弟，以事兄，未能也；所求乎朋友，先施之，未能也。庸德[2]之行，庸言[3]之谨；有所不足[4]，不敢不勉，有馀不敢尽[5]；言顾行，行顾言，君子胡不慥慥[6]尔。

※注释

1 君子之道四：指孝、忠、弟、信四个方面的行为。

2 庸德：中庸笃诚的道德。

3 庸言：中庸平实的言语。

4 不足：不圆满、不完美的方面。

5 有馀不敢尽：有能力做到的方面也不敢随便夸耀。

6 慥慥：忠厚诚笃，言行一致。

※译文

君子之道就表现在孝、忠、弟、信四个方面。孔丘我至今仍然没有能够做到其中的一项：作为儿子，应该对父亲做到的一切，我没有做好；作为臣民，应该对君王尽到的责任，我没有做好；作为弟弟，应该对兄长做到敬重，我没有做好；作为朋友，应该先做到的事情，我没有做好。在我们日常的生活中，应当努力实践我们的德行，日常的言行举止应当做到谨慎。对于我们的德行所存在欠缺不足的地方，不敢不勉励自己作出努力；即使我们有把握做好的事情，也不敢无所顾忌地说大话；说话要努力与自己的行为相符，行为应当努力实践自己说过的话，能够做到这样，君子怎么会认为他不忠厚、诚笃呢？

※论引

郑玄说：“圣人而曰我未能，明人当勉之无已。”

孔颖达说：“此四者，欲明求之于他人，必先行之于己，欲求其子以孝道事己，己须以孝道事父母。恐人未能行之。夫子，圣人，圣人犹曰我未能行，凡人当勉之无已。譬如己是诸侯，欲求于臣以忠事己，己当先行忠于天子及庙中事尸，是全臣道也。欲求朋友以恩惠施己，则己当先施恩惠于朋友也。自修己身，常以德而行，常以言而谨也。己之才行有所不足之处，不敢不勉而行之。己之才行有馀，于人常持谦退，不敢尽其才行以过于人。使言不过行，恒顾视于行。使行副于言，谓恒顾视于言也。既顾言行相副，君子何得不慥慥然守实言行相应之道也。”

朱子说：“子、臣、弟、友，四字绝句。道不远人，凡己之所以责人者，皆道之所当然也，故反之以自责而自修焉。行者，践其实。谨者，择其可。德不足而勉，则行益力；言有余而切，则谨益至。谨之至则言顾行矣；行之力则行顾言矣。君子之言行如此，岂不慥慥乎，赞美之也。凡此皆不远人以为道之事。张子所谓‘以责人之心责己则尽道’是也。”

※札记

嘤其鸣矣，求其友声

人在社会中生存，总是处在各种关系网之中。我们在社会中是否顺利，实质上是所罗织的关系之网的密度和广度的反映。而在这种关系网中的人，我们互相称之为朋友。因此，从一定意义上可以说，人的命运是由朋友决定的。换句话说，人活在朋友之中。

朋友，就是陪着我们走过或长或短一段路的人。可以是与我们一起共事的人，也可能是与我们有一面之交的人，还可能是与我们道义相知的人……

在我们的生活中，朋友是体现我们个人价值的重要依据。没有朋友，就将寸步难行。没有朋友的人，其人生是失败的。因而，在我们的身边，就不断地有朋友来，也不停地有朋友离去。有新结识的朋友，也有原来的朋友来告别。无论是怎样的朋友，毕竟我们相识了。无论我们原来的观点如何，但只要采取合作的态度，互相支持、互相帮助、互相关照，就是真朋友，就是值得深交并可信赖的。朋友的信任，是一个人在社会上生存的基本条件。朋友都不能信任，还可以信任谁呢？

在我们短暂的一生中，我们更多的时光是与朋友一起度过的。因此，应当彼此珍惜。

※史例阐释

走在未知的路途上

阮籍（公元210年—公元263年），字嗣宗，三国魏陈留尉氏（今属河南省开封市）人。他是魏晋名士、诗人，与嵇康、刘伶等人为友，为竹林七贤之一。史载阮籍“容貌瑰杰，志气宏放，傲然独立，任性不羁，喜怒不形于色。或闭户读书，累月不出；或登临山水，经日忘归。博览群籍，尤好《庄》《老》。嗜酒能啸，善弹琴”。他曾任散骑常侍、步兵校尉，世称阮步兵。阮籍率意而为，常常独自驾着车子，不由径路，漫无方向，直到车子行不通的尽头，于是恸哭而返。当他登临广武楼，极目寮望楚、汉战场遗迹时，喟然叹道：“世无英雄，遂使竖子成名！”

曾听执法的人说，有人弑杀自己的母亲，阮籍说：“嗨，杀父还可以说得过去，何至于杀母呢！”在一块坐着的人们都奇怪他怎么能如此失言，说出这样有违人伦大道的话来？皇帝说：“弑杀父亲，这是大逆不道，是天下极端不容的恶行，你怎么认为是可以说得通的呢？”阮籍说：“禽兽只知认母而不知道有父，杀父，正如禽兽同类啊。杀母，实在是连禽兽都不如。”众人于是觉得他的话有道理。

第十四章
君子之行，安然守正

※题解

活出真实的自己

生活是建立在自己的奋斗之上的，谁也不能替代我们自己生活。凡事在于自己的努力，不要幻想着天降馅饼的美事，也不必苛责他人应该如何，更不要乞求他人的恩赐。

生活的一切烦恼，皆根源于心存奢望。不要存有非分之想，也不要到处伸手，但决不能无原则地退缩。

让繁星缀满夜空，让灵魂回归心灵，愿德行使我们得以永生。

※原文

君子素其位而行[1]，不愿乎其外[2]。

※注释

1 素其位而行：安于现实，按照自己的身份地位处事。素：现在，处在。

2 不愿乎其外：安守本分，坦然中正，不存非分之想，无分外之妄求。愿：倾慕，羡慕。其外：指本位之外的东西。

※译文

君子安于现状，只认真做好分内的事，不做职权以外的事，不存非分之想。

※论引

孔颖达说："向其所居之位，而行其所行之事，不愿行在位外之事。《论语》云：'君子思不出其位也。'"

朱子说："君子但因见（现）在所居之位而为其所当为，无慕乎其外之心也。"

※札记

恪尽职守

在工作中，一心一意，专心致志，积极用心地做好每件事，每天保持精进。主动地与领导、同事沟通请教，克服工作中遇到的每个难题，便是"恪尽职守"。

※史例阐释

庄子不相楚

庄子淡泊名利，超脱世俗，不为欲望所羁绊，心念与天地万物为一体。

楚威王想拜庄子为相，就派遣使者带着丰厚的礼物和很多金钱迎接庄子。

庄子笑着对楚国使者说："千金之礼，这是厚重的礼物呵；卿相，是尊贵的地位呵。只是你难道看不见郊庙仪式上所献祭的牺牲吗？养育多年，给它披着精美的饰物，送到太庙。这时，虽然想做一只普通的自由生活的小猪，又怎么可能呢？你还是赶紧返回吧，不要污辱我的人格！我宁愿在这尘世的平庸艰辛中自由自在地生活，也不愿意被国家的权势所驱使。我终身不愿做官，以保持自己的天性。"

※原文

素富贵，行乎富贵；素贫贱，行乎贫贱；素夷狄[1]，行乎夷狄；素患难，行乎患难。君子无入[2]而不自得焉。

※注释

1 素夷狄：生在教化未及之边远偏僻的地方。夷：指东方的部族；狄：指北方的部族。

2 无入：无论处境如何。入：处在。

※译文

出身富贵，就以富贵人的方式处事；生于贫贱，就做贫贱人的事情；处于边远落后的地区，就安心在边远地区做事；身处艰难困苦之中，就从艰苦之中努力。君子无论处境如何，都能够安然而处，自得其乐。

※论引

孔颖达说：“乡富贵之中，行道于富贵，谓不骄、不淫也。乡贫贱之中，则行道于贫贱，谓不谄、不慑也。乡夷狄之中，行道于夷狄，夷狄虽陋，虽随其俗而守道不改。乡患难之中，行道于患难，而临危不倾，守死于善道也。”

朱子说：“素其位而行也。”

※札记

安分守己

现实中的人往往不能正确认识自己，因而迷失了方向，却又不甘于寂寞，“这山望着那山高”，不愿忍受平凡，不愿安于现状，也不想踏踏实实地努力，只是一味地想象着改变自己的命运。于是经不住诱惑，轻率冒险，结果不但没有得到预期的幸福，反而使一切变得更糟。任何巧取或是强夺，都是没有用的。任何事业的成功都是在对现实的基础上并经过艰苦努力而取得的。

※史例阐释

惠施之忧

惠施在梁国任宰相。庄子便想到梁国去拜访自己的朋友。惠施自认为自己的学识与才能都不及庄子，深恐庄子来了，自己的相位会被庄子抢去，因此心中十分忧虑，于是就派人在京城里寻找庄子。

庄子了解到惠施这样的心态后，便主动去见他。

庄子说："你知道南方有一种大鸟叫鹓雏吗？它从南海起飞，到达北海，中途如果没有遇到梧桐树，绝不栖息；如果看不见甘泉，绝不饮水；如果找不到楝实，决不肯啄食。然而，当它飞行经过一株古树上空时，树上的一只老鸱口里衔着一只死老鼠，看见鹓雏远远飞来，以为鹓雏要抢它的死老鼠，紧张得张牙舞爪，大声呵斥：'去！'试图阻止鹓雏接近自己，但是鹓雏哪有兴致去抢它的死老鼠呢？只是沿着它的路途飞过。可笑的是老鸱却把这只死鼠当作唯一的宝贝，以为谁都想抢呢！"

无论我们得到多少，拥有什么，都不必存有患得患失的心理，更不要猜度别人。安于本分，得也正当，失也平常。得到是暂时的寄放，失去是永远的解脱，只有心灵的平静才是永远的追求。

※原文

在上位不陵[1]下；在下位不援[2]上；正己[3]而不求于人，则无怨。上不怨天，下不尤[4]人。

※注释

1 陵：通"凌"，欺侮。

2 援：攀附，巴结。本指抓着东西往上爬，引申为为了往上爬而投靠有势力的人。

3 正己：端正自己的品行。

4 尤：怨恨，抱怨。

※译文

处在高位，不欺凌下属；地位低微，也不处心积虑地攀附权贵；静心修行自己的品德而不必刻意求助他人，那么也就没有怨怼之心。上不怨愤苍天，下不怨恨他人。

※论引

孔颖达说："若身处富贵，依我常正之性，不使富贵以陵人。若以富贵陵人，是不行富贵之道。若身处贫贱则安之，宜令自乐，不得援牵富贵。若以援牵富贵，是不行贫贱之道。若身入夷狄，夷狄无礼义，当自正己而行，不得求于彼人，则被人无怨己者。《论语》云：'言忠信，行笃敬，虽之夷狄，不可弃。'苟皆应之患难，则亦甘为，不得上怨天下尤人，故《论语》云'不怨天，不尤人'是也。"

朱子说："不愿乎其外也。"

※札记

不卑不亢　不怨天尤人

常言道："在人之上，要把别人当人；在人之下，要把自己当人。"说的就是不卑不亢、不欺下媚上的道理。人格的独立完善，在于能把自己这上与下的位置摆放好。

※史例阐释

鱼之乐

惠施在家接待他的老朋友庄子，二人一同到花园散步，曲径通幽，小桥流水，回廊亭榭，极尽奢华。他们漫步桥上，庄子看见桥下流水潺潺，水中鱼儿自在地游来游去，心里怡然而乐，由衷地说："这里的鱼儿真快乐啊，自由自在地畅游，是真正的美景呀！"

惠施反问说："你又不是这水里的鱼儿，怎么知道鱼儿们是快乐的呢？"

庄子说："你也不是我，你怎么会知道我不知道鱼儿们的快乐呢？"

大自然给一切生命以自由生息的环境，不偏好，也不刻意扼杀。人类作为万物之一，更当善体天道，与周围的人和谐生存。

※原文

故君子居易以俟命[1]，小人行险[2]以徼幸[3]。

※注释

1 君子居易以俟命：君子修身守正，怡然自处，等待时机，实现自身的使命。居易：安于现状。易：平安，安然无妄。俟命：等待天命。俟：等待。命：天命，即万物存在与发展的必然性。

2 行险：做出冒险的行为。

3 徼幸：企图依靠偶然因素获得成功或意外地免除不幸。徼：谋求。幸：指所得不当。

※译文

因此，君子安于现状以等待天命降临，小人急功近利、铤而走险，妄图攫取非分之想。

※论引

孔颖达说："君子以道自处，恒居平安之中，以听待天命也。小人以恶自居，恒行险难倾危之事，以徼求荣幸之道。《论语》曰：'不仁者，不可以久处约'是也。"

※札记

把握时机

人生之路也就是命运之道，该如何举步，这是每个人都必须回答的问题，也是必须以毕生的实践去求证的。不同的人，会选择不同的道路，从而将自己引入不同的人生方向：君子或小人。

任何人都祈求完美的生活，谁也不愿固守贫穷困顿、流离失所的生活，但是如何获取体现的却是人品。孔子说："富与贵是人们都想得到的。但是，如果是不择手段而获得的，那么心里是不能安然处之的；贫与贱同样是人们都不愿承受的，但是，如果采取不正当的途径摆脱，那么这也是不能接受的。"

对富贵与贫贱的取舍，是君子和小人的分界点。君子处穷仍然固守道义，"居易以养其德，穷通不变其志"。小人则不择手段，为所欲为。通过自己诚实的劳动所取得的报酬，是合乎道义的。"不义而富且贵，于我如浮云。"

※史例阐释

坚持应该坚持的

韦贯之，名纯，唐代京兆（今陕西省西安市）人。他少举进士，贞元初，登贤良科，授校书郎，后调任礼部侍郎，升任同中书门下平章事，迁中书侍郎。穆宗立，拜河南尹。

韦贯之曾与户部侍郎杨於陵、左司郎中郑敬、都官郎中李益同为考策官。韦贯之选取三人奏为最佳之选。其文辞所论，恳切深刻，切中时弊，无所顾忌。其他几位考策的官员一致认为文辞激切介直，有失温婉敦厚，所以都不认同。韦贯之坚持自己的意见，独自署名呈报皇上。因此，触怒了朝廷的特权阶层，不久就被贬为巴州刺史。史书说："贯之为相，严身律下，以清流品为先，故门无杂宾……贯之自布衣至贵位，居室无改易。历重位二十年，苞苴宝玉，不敢到门。性沉厚寡言，与人交，终岁无款曲，未曾伪词以悦人。身殁之后，家无羡财。有文集三十卷。"

※原文

子曰："射有似乎君子[1]；失诸正鹄[2]，反求诸其身[3]。"

※注释

1 射有似乎君子：用射箭比喻君子"正己而不求于人"的道理。射：射箭。

2 失诸正鹄：失去射中靶子的机会。正鹄：箭靶中心的圆圈。画在布上的叫"正"，画在皮上的叫"鹄"。

3 反求诸其身：反躬自省，从自己身上寻找原因。

※译文

孔夫子说："君子立身处世就像射箭一样，射而不中，并不怨责箭靶不正，只是反省自己，寻找改进的方向。"

※论引

郑玄说："反求于其身，不以怨人。"

《礼记正义》说："以上虽行道在于己身，故此覆明行道在身之事，以射譬之。"

孔颖达说："凡人之射，有似乎君子之道。射者失于正鹄，谓矢不中正鹄。不责他人，反乡自责其身，言君子之人，失道于外，亦反自责于己。"

朱子说："画布曰正，栖皮曰鹄，皆侯之中，射之的也。"

※札记

"射礼"的精义

《射义》说："射之为言者绎也，或曰舍也。绎者，各绎己之志也。"意思是：射的意思就是绎啊，也有人说是舍的意思。绎，就是根据自己的志向，瞄准目标，不断校正自己的方向，努力取得成功。因此，孔子说："发而不失正鹄者，其惟贤者乎！"

《礼记·射义》中记载，在一个阳光明媚的日子里，孔子和他的学生在矍相的园圃中举行射礼。当时，前来围观的人层层叠叠密集如墙，盛况空前。确定裁判时，孔子让子路手执弓矢邀请围观的人参加，子路说："败军之将，对国家灭亡负有责任的大夫，以及为了某种利益而卖身成为别人后嗣的人不能入内，其他人请进。"于是，大约有一半人惭愧地退出。比赛结束后，进行旅酬仪式，孔子就让公罔之裘和序点邀请人入席就座。公罔之裘举起酒杯说："凡是青壮年中有孝悌之行的人，六七十岁崇尚奉行礼仪的人，不受世俗影响，静心修身不懈的人，请就座。"只有一半人留下。接着，序点又举杯说："好学不倦，守礼不变，八九十岁甚至一百岁仍然言行合于道义的，请就座。"于是，只有很少的几位留下。由此可见，只有德行超群的人，才配参加射礼，才有资格担任评判之职。儒家提倡修身、齐家、治国、平天下的道德境界，强调修身是根本。射礼作为正心修身、反躬自省的一种方式，在于陶冶情操，培养品格。在《穀梁传·昭公八年》中，范宁注说："射以不争为仁，揖让为义。"这是乡射礼的妙义的深刻注解。

人生不可能一帆风顺，有得意之日，就会有逆境之时；有竞争，就必有胜败。如何正确面对，是成就人生的必备素质。《射义》说："射求正诸己，己正然后发，发而不中，则不怨胜己者，反求诸己而已矣。"关键在于确立自己良好的心态。发而不中，其根本原因在于自身，应当"反而求诸己"，寻找自身的不足，努力修正自己。古人的优雅大度，令人仰慕，而今天的国人多了浮躁，少了自信与大度。任何一项体育竞技，胜则洋洋自喧，大国自大；败则悻悻然，更有当场谩骂动粗者，令人不堪。由此可见，实该多加倡导射礼的精神。

※史例阐释

修身正己，是成就一切功业的出发点

李法，字伯度，汉中南郑（今陕西省汉中市东）人。他博览群书，精通经史，性情刚直有节操。汉和帝永元九年，他参加贤良方正对策考试，后被任命为博士，很快又升任侍中、光禄大夫。大约一年多时间后，李法上疏，议论政略得失，认为政令苛刻、繁杂琐细，不便于百姓执行，有的也违背了永平、建初时期所确立的制度；直言宦官权力太重，势力炽盛，干预朝政；后妃们太受宠爱，影响社会风俗；并且指责史官失职，记载不能尊重事实真相，将致后世有识之士在考证历史时，据此寻功计德，

不能得到确实的依据。

汉和帝十分生气，以言论失据的失言之罪，诏令官府治其罪，并因此免去他的一切职务，贬为平民。李法默然承受，回到家乡，谢绝一切交游，闭门读书，固守节操。从前交情深厚的老朋友和学生来看望李法，言谈之间，他们很关心他拂逆皇帝心意的原因，李法总是避而不谈。朋友们坚持询问，他才说："我这个见识短浅的老百姓，哪里有资格侍奉君主呢，敬事职守，忧虑有所失误，因而行为不当。孟子曾经说过：仁德的人处世就像射箭，首先站直自己的身体，然后才能发射，如果没有射中箭靶，那么也决不抱怨那些胜过自己的人，只是反省自己罢了。"

在家八年后，李法又被征拜为议郎、谏议大夫。李法仍然直言无隐，不改往日风格。后来，他出任汝南太守，政绩卓著，深为百姓称颂。

第十五章
从最基本处做起

※题解

在起始与终结之间

修养不是一朝一夕就可达到的，必须经过长时间的学习和岁月的磨砺。

“天下之事，制之在始；始不可制，制之在末。”（苏洵《上文丞相书》）万物发展的过程都是天意，并非人力所能改变。我们所能做到的就是改变自己，从自己做起，从最近处着手，使自己顺应天地的规律，适应自然，顺其自然。

不经历过程，只注重结果，不经历播种与成长只要收获，不只是空想，更是强迫，必然什么也得不到。

一切的成功，都离不开经过，都是脚踏实地做出来的必然结果。

做就是务实，就是过程。只有经历了过程，才会有丰美的收获。

※原文

君子之道，辟[1]如行远必自迩，辟如登高必自卑。

※注释

1 辟：通“譬”。

※译文

君子之道，就像要去远方，必须先从脚下起步；又宛如要登上高山，必定先从低处开始。

※论引

郑玄说：“行之以近者、卑者，始以渐致之高远。”

孔颖达说：“行之以远者近之始，升之以高者卑之始，言以渐至高远。不云近者远始，卑者高始，但勤行其道于身，然后能被于物，而可谓之高远耳。”

※札记

脚踏实地　踏实做人

事要一件一件地办，路须一步一步地走。老子说：“合抱之木，生于毫末；九仞之台，起于累土；千里之行，始于足下。”人类是天地间孤独的旅行者。“不积跬步，无以至千里；不积小流，无以成江海。”（《荀子·劝学篇》）从最卑微的事做起，为最低微的人服务。

中庸，就是我们努力想抵达的境界。

※史例阐释

伟大孕于平凡，成功在于积累

费祎，字文伟。江夏郡县（今河南信阳）人。少孤，依族父伯仁。刘备定立蜀国，费祎留守益州，与汝南许叔龙、南郡董允齐名。他初与董允俱为太子舍人，后官至黄门侍郎、侍中、尚书令等，为三国时蜀国名臣。

许靖不幸丧子，董允与费祎准备同赴许靖家吊祭。董允禀告父亲董和并请求派车，董和就派了一辆又窄又小的车子给他们。董允觉得难堪，心里很不舒服。费祎并不在意车子的新旧，自己先从前面上车。到了吊祭处，诸葛亮等都前来吊祭，他们所乘坐的车子都十分豪华漂亮。董允的神色显得更加不自然，感到很失体面，然而费祎却泰然自若，礼仪得当。回到家后，董和就向驾车人询问董允和费祎的表现，知道了他们各自的神情心态后，就对董允说："你和费祎哪个更优秀，过去我难以确定，从今以后，我心里有数了。"

※原文

《诗》曰[1]："妻子[2]好合[3]，如鼓[4]瑟[5]琴[6]。兄弟既翕[7]，和乐且耽[8]。宜[9]尔室家，乐尔妻帑[10]。"

※注释

1《诗》曰：引自《诗经·小雅·常棣》。本意赞美文王。

2 妻子：妻子与儿女。

3 好合：和睦，和谐。

4 鼓：弹奏，演奏。

5 瑟：中国古拨弦乐器。它共有二十五根弦，每弦一柱，形状与琴相似，但无徽位，春秋时流行的乐器。

6 琴：共有七弦，又称"七弦琴"或"古琴"，始于周代，至汉代定型。

7 翕：和顺，融洽，聚合。

8 耽：《诗经》原作"湛"，安乐。

9 宜：美满。

10 妻帑：妻子和儿女的统称。帑：通"孥"，指儿女。

※译文

《诗经》说："家庭和睦，就像弹奏琴瑟，和谐美好。兄弟关系融洽，祥和又快乐。让你的家庭美满幸福，使你的妻子儿女幸福如意。"

※论引

郑玄说："此《诗》言和室家之道，自近者始。"

孔颖达说："行道之法自近始，犹如诗人之所云，欲和远人，先和其妻子兄弟，故云妻子好合，情意相得，如似鼓弹瑟与琴，音声相和也。兄弟尽皆翕合，情意和乐且复耽之。耽之者，是相好之甚也。宜善尔之室家，爱乐尔之妻帑。"

※札记

从切近行道

我行道要从切近的地方做起，要治理天下，首先和睦自己的家庭。这与《大学》所说“平天下”首先从“修身”“齐家”做起是一样的道理。

行道与平时的生活息息相关，生活就是我们的“道场”，从一点一滴中修养诸己，从小事中体现我们的为人处世之道，于有形中现无形，于无形处见有形，才是我们追求的目标。

※史例阐释

“富贵未必可重，贫贱未必可轻”

宋弘，字仲子，东汉京兆长安（今陕西省西安市）人。他历任侍中、太中大夫、大司空，家无资产，以清行著称。宋弘性情温顺，善于识人。他举荐桓谭、冯翊等贤能之士三十多人，后多为朝廷重臣，有的官至相位。光武帝刘秀对他十分信任和器重，封宣平侯。

光武帝建武二年，宋弘升任大司空。当时，光武帝的姐姐湖阳公主丧夫新寡。光武帝同姐姐谈论群臣事迹德能，意在观察她的心意。湖阳公主说：“宋弘持重威严，仪容倜傥，品德高尚，器度弘达，其他大臣远远不及他。”光武帝说：“那么，就由我设法去办吧。”稍后，光武帝召见宋弘，让湖阳公主坐在屏风后。光武帝对宋弘说：“民间谚语中有句话说，‘贵易交，富易妻’，这是人之常情吧？”宋弘说：“我也听说有句话说：‘贫贱之交不可忘，糟糠之妻不下堂。’”光武帝回头对屏风后的湖阳公主说：“看来这件事不好办了。”

※原文

子曰：“父母其顺矣乎。”

※译文

孔夫子感叹说：“家庭美满幸福，兄弟和顺，父母就感到称心如意啊！”

※论引

郑玄说：“谓其教令行，使室家顺。”

孔颖达说：“父母能以教令行乎室家，其和顺矣乎。言中庸之道，先使室家和顺，乃能和顺于外，即上云道不远，施诸己。”

《礼记·正义》说：“因上和於远人，先和室家。”

朱子说：“夫子诵此诗而赞之曰：人能和于妻子，宜于兄弟如此，则父母其安乐之矣。子思引《诗》及此语，以明行远自迩、登高自卑之意。”

※札记

愿心中永远没有忧伤

不论我们的生活是贫穷还是富裕，不论我们是平庸还是显赫，也无论我们是耕种着祖传的土地，还是手握着权柄或占据着高位，这都不是生活的本来意义。只有爱，才是一切。只要我们生活幸福，兄弟和睦友爱，那么就是对我们父母的最大安慰。

在这世间，任何东西都是易逝的，只有亲情流淌在我们的血液之中，融汇在我们生命的每一个瞬间，陪伴我们走向永远。

※史例阐释

让爱铸成我们的人生

鲍宣，字子都，西汉渤海高城（今河北省盐山市）人。他好学，明经，举孝廉为郎，大司空何武聘任鲍宣为西曹掾，不久又举荐鲍宣为谏大夫，迁豫州牧。鲍宣直言敢谏，指出百姓有七亡七死而无一生，忧国忧民之心昭然，后任司隶。王莽执政，鲍宣被迫自杀。

鲍宣娶富豪桓氏的女儿少君为妻。当初，鲍宣曾经拜少君的父亲为师，少君父亲惊异于鲍宣在贫苦条件下刻苦学习的精神，非常感动，认为鲍宣是一个有志有为的人，所以同意把女儿嫁给他。少君出嫁时，嫁妆十分丰厚，但是鲍宣的心里很不安，他对妻子说：“少君啊，你从出生起就生活在富裕骄奢的环境中，习惯了用精美的妆饰打扮，可是我出身贫寒，地位低下，没有能力拿出相当的彩礼，也不敢收下这样的厚礼。”少君说：“我的父亲就是因为您品德高尚，遵守法度礼仪，才把我嫁过来侍奉您。现在我是您的妻子，自当听从您的意愿。”鲍宣高兴地说：“能够得到你这样的理解，这实在是我的心愿啊。”于是少君把娘家陪送的物品、首饰等全部送还，自己换上平民穿的粗布衣裳，同鲍宣坐着鹿车回到了家里。拜见婆母家人之后，少君就提着水桶出门挑水。从此，她改变了自己的生活习惯，恪守作为妻子应该具备的品德，为乡邻宗族所称赞。

第十六章
与大自然和谐共处

※题解

明鬼神之道无形，而能显着诚信

《礼记正义》说：明鬼神之道无形，而能显着诚信。中庸之道与鬼神之道相似，亦从微至着，不言而自诚也。

自然的轮转变迁是人类难以抗拒的，面对世间的所有生灵，它不偏不倚，用最公平的方式对待世间的一切。当我们人类与自然面对面的时候，你既不可以与之为敌，也不可以一味地退缩防御，而应坚守中庸之道，懂得何时当进，何时当退。

当我们向大自然无厌地索取，甚至威胁到它生存的时候，我们就要关闭贪婪的心门，给它休养生息的机会；当大自然用它好斗的性格向人类进行挑衅时，我们就要运用人类的智慧去与之勇敢地战斗。

自然有知，天地可鉴，为了人类走得更远，我们可以向自然祈祷它的庇护，希望我们人类能与大自然和谐共处，一起走在风平浪静的道路上。

※原文

子曰："鬼神[1]之为德，其盛矣乎。"

※注释

1 鬼神：指已故祖先的魂灵，具有一定神通能力，可在一定程度上干预世间事件发展进程、影响人的命运的神灵。"鬼"就是"归"，归属，回归的意思。古代迷信的说法认为人死后魂灵不灭，称为鬼。神，就是神祇，古代神话及宗教中所传说的超乎自然、主宰物质世界的精灵。

※译文

孔夫子说："鬼神的功德恩泽，是十分隆盛广大的！"

※论引

程子曰："鬼神，天地之功用，而造化之迹也。"

张子曰："鬼神者，二气之良能也。"

朱子说："以二气言，则鬼者阴之灵也，神者阳之灵也。以一气言，则至而伸者为神，反而归者为鬼，其实一物而已。为德，犹言性情功效。"

※札记

审视我们的心灵

《周易》说："君子洗心，退藏之密。"在我们心中，那些看不见、听不到、摸不着的神秘存在，总是令我们感到恐惧。因为其无所不在的魔力，使我们无处着落的灵魂感到它们无处不在，我们不知道它们会何时降临，我们更感到时时受到注视，因而我们的行为有所顾忌而不至于为所欲为。它们是我们良知的忠实看守，是我们灵魂的守护者。

※史例阐释

上天总会以独特的方式给我们帮助

王荐，字希贤，元代福建福宁（今福建省霞浦县）人，性孝而好义。

王荐的父亲曾经病得很严重，王荐在夜间向上天祈祷，愿缩短自己的生命以增加父亲的寿数。父亲咽气后却又苏醒过来，告诉围在身边的亲戚朋友说：“刚才有个神仙，穿着黄衣服、戴着红头帕，恍恍惚惚中他告诉我说：‘你的儿子很孝顺，上帝命令再赐给你十二年寿命。’”醒来，病就好了，此后果然又活了十二年。王荐的母亲沈氏得了一种口渴病，她告诉王荐说：“我口渴想吃瓜，哪里能找到呢?”当时，正是寒冬，王荐求告乡邻，但是谁家都没有。买不到瓜，王荐心里很痛苦，他便到深山荒岭中去找野生的瓜果，当他走到奥岭上时，天空大雪纷飞，道路被雪覆盖，无法前行。他倚着大树躲避风雪，想起母亲所遭受的病痛，不禁悲从中来，于是面对苍天痛哭不已。忽然，他看见山岩上有一株绿色的瓜秧缓缓垂挂下来，藤蔓上长着两只鲜瓜。他异常惊讶，于是摘下这两只瓜，回家敬奉给母亲。他母亲吃了这两只瓜之后，口渴病当即消止。

※原文

“视之而弗见，听之而弗闻，体物而不可遗[1]。”

※注释

1 体物而不可遗：存在于万事万物之中而没有遗漏。体物：体察万物。遗：遗忘，遗漏。

※译文

审视却看不见，倾听也无声息（但世间万物无一不是鬼神所化育），所以体察天下万物是不能遗弃鬼神的。

※论引

郑玄说：“体犹豫生也，可犹所也。不言所遗，言万物无不以鬼神之气生也。”

孔颖达说：“万物生而有形体，鬼神之道，生养万物，无不周遍而不有所遗，言万物无不以鬼神之气生也。”

朱子说：“鬼神无形与声，然物之终始，莫非阴阳合散之所为，是其为物之体，而物所不能遗也。其言体物，犹易所谓干事。”

※札记

笑对命运的安排

“常言道强闯少不免逆流，人柔弱似水却可以载舟；常言道斗争紧握了拳头，拳头若放开却可以拥抱四周……”

正如这首歌唱得一样，生活中的悲欢离合与喜怒哀乐是变幻无常的，当我们无意间被玫瑰花刺伤的时候，才发现在这条崎岖的小路上竟有如此美丽的花朵；当我们面朝黄土背朝天地辛勤劳作时，才发现自己播下的种子竟破土而出，禁不住感受到了一丝收获的喜悦。

每个人的命运也是如此，免不了会有一些不愉快的事情与我们不期而遇，甚至让我们彷徨失措，不知该何去何从。此时，就需要我们敞开心扉，以乐观豁达的态度笑对命运的安排，因为世界绝不是我们想象的那般绝望，只有熬过黎明前的黑暗，才会看到那丝亮丽的曙光。

※史例阐释

上天必会赐予我们需要的一切

汤霖，字伯雨，元代龙兴新建（今江西省南昌市）人。他幼年丧父，事母至孝。

一日，汤霖的母亲突患急病，浑身发热，远近闻名的医生都被请来诊治，却没有生效，病情不见好转。他母亲于是拒绝服药，对汤霖说：“只有找到冰凌外敷内服，才能治好。”当时，正值盛夏，天气热得像火炉在烘烤一样，汤霖到处寻找也无法得到一小块冰凌。急切惨淡，愁苦无处可诉之际，他哭倒在池边，泪流不止。忽然，汤霖听见池中吱嘎有声，他用衣袖擦干眼泪观看，发现有冰块在水中漂浮移动。他急忙捞出冰块敬献给母亲，母亲很快康复。

※原文

“使天下之人齐明盛服[1]，以承祭祀[2]。洋洋[3]乎如在其上，如在其左右。”

※注释

1 齐明盛服：祭祀之前沐浴斋戒，穿上礼仪规定的制服。齐：通“斋”，斋戒。明：洁净。盛服：穿上参加隆重仪式的服装。

2 以承祭祀：承担祭祀的仪程。承：承当，侍奉。祭祀：指祭祀鬼神。

3 洋洋：浩大流动的样子。

※译文

让天下的人都虔诚斋戒，清心寡欲，穿着庄重整齐的服装，参加祭祀。鬼神的德泽浩瀚广大，无所不在！似乎就在空中，似乎又拥围在左右。

※论引

孔颖达说：“鬼神能生养万物，故天下之人齐戒明絜，盛饰馀服以承祭祀。鬼神之形状，人想象之，如在人之上，如在人之左右，想见其形也。”

朱子说：“能使人畏敬奉承，而发见昭著如此，乃其体物而不可遗之验也。孔子曰：‘其气发扬于上，为昭明焄蒿凄怆。此百物之精也，神之著也’，正谓此尔。”

※札记

一切由我们自己选择

上天把通向中庸美德的道路暗示给了我们，只是要我们努力躬行而已，它所能帮助我们的，就是坦诚地将这美好展示给我们，一切由我们自己选择，能否抵达，在于我们内心存有多少虔诚，在于我们的心灵对于中庸向往的程度，并不强求，只是默默地期待着，祝愿着我们能够早日颖悟。

中庸深含在我们的日常生活之中，并没有什么特别鲜明的色彩，但是却深刻地影响着我们的一切。

※史例阐释

先祖的英灵在天空中俯视着我们

许衡（公元 1209 年—公元 1281 年），字仲平，号鲁斋，元代著名的理学家、政治家、教育家，世称“鲁斋先生”。官至集贤阁大学士。

许衡一生重视礼义，提倡孝道，为人至孝。在他晚年生命垂危的时候，家族人到家庙祭祀祖先。他说：“只要我活一天，就不能不参加祭祀祖先的大礼。”于是，由家人搀扶着，恭恭敬敬地按照礼仪的规范祭奠，祭祀的礼仪结束，撤去供品，家人按照祭礼的规定分食祭肉等食物。看到家族和睦，他心里十分高兴，怡然自乐，泰然瞑目而逝。

※原文

《诗》曰[1]：“神之格思，不可度思，矧可射思？”

※注释

1《诗》曰：引自《诗经·大雅·抑》。原为西周卫武公讥刺周厉王。神明的力量，不可测度，又怎敢有所怠慢呢？格：来临。度：推测，揣度。矧：音 shěn，况且，怎能。射：音 yì，指厌弃，懈怠不敬。

※译文

《诗经》说："神的意志，不可预测，怎敢怠慢不敬呢？"

※论引

郑玄说："神之来，其形象不可亿度而知，事之尽敬而已，况可厌倦乎。"

孔颖达说："诗人刺时人祭祀懈倦，故云神之来至，以其无形不可度知，恒须恭敬，况于祭祀之末可厌倦之乎？言不可厌倦也。引《诗》，明鬼神之所尊敬也。"

※札记

选择的机会

神话是来自远古的传说，有想象出来的，也有真实的，是神的箴言。

一个人坐在太阳下，静静地思索。

佛说：放下了，就拥有了。

是的，当你放下手中的东西，你便拥有了整个世界，因为你有了选择的余地和选择的权利，是一种自由、充满富有的快乐。当你的手中握有一件东西时，你只能拥有这一件，如果你愿意舍弃，那么你就有了选择的机会。

人的成就在于机遇，而对机遇的选择，就会将我们的人生引向不同的方向和结局。

天地无欺，人又怎么欺瞒得了上天呢？

※史例阐释

王庸孝行感天地

王庸，字伯常，元代雄州归信（今河北省雄县）人。他的孝行远近知名。他的母亲患病，王庸每夜面向北斗星祈求，以求上天保佑母亲，以至于头叩出了血，他的至诚孝心终于感动了上天，母亲的疾病渐渐痊愈。后来母亲去世，王庸哀痛欲绝，露宿墓前，为母守孝，每天晨夕哀哭凄切。一天，雷雨骤至，邻居急忙抱着寝席前来，为他遮蔽风雨，令邻居惊异的是，他看见王庸所坐的地方非常干燥，未被雨水打湿。邻居对此感叹不已。

王庸家贫，祭献供品匮乏，后来就有数十窝蜜蜂来到他家落户，他每年可得很多蜂蜜和蜂蜡，他用蜂蜜和蜂蜡来换得供品，祭献于母亲灵前。

※原文

“夫微[1]之显，诚之不可揜[2]如此夫。”

※注释

1 微之显：内在的本质表露出来。鬼神的事隐匿虚无，但却又似乎有所应验。微：隐微。显：显明。

2 揜：音 yǎn，掩盖。

※译文

“虽然隐微，但却在现实中有着明显的应验。由此可见，事实真相不可掩盖。”

※论引

郑玄说：“神无形而着，不言而诚。”

孔颖达说：“鬼神之状微昧不见，而精灵与人为吉凶。鬼神诚信，不可揜蔽。善者必降之以福，恶者必降之以祸。”

朱子说：“阴阳合散，无非实者。故其发见之不可揜如此。”

※札记

谛听心灵的低语

日中则西斜，月圆则必缺，物盛而即衰，这是天地不易之道。即使在人生最为辉煌显要的时刻，也要清醒地意识到那终究要来到的没落和屈辱就在前方等待。

溪水、花草、山谷……大自然为我们提供了生存所需要的一切芬芳，也暗示我们万物的变化都不可违背。每一朵山野中的玫瑰，都蕴含着大自然的意志与思想。

天地的一切变故，事先必有征兆。人世间的一切变故，也必有先兆。关键在于我们的心灵能否及时发现，并采取可行的应对措施。聪明者顺应天地的警告，采取相应的应对之策，从而避开灾祸；愚昧者固执而不变，终受祸端。因此，尽最大努力把自己的伞撑开，不要让那流言蜚语落到自己的头上。

寂静和沉稳是大自然的本性，让我们的心灵深深地融入她的怀抱，同步律动。让我们望着温暖而宁静的天空，感知自己脉搏的跳动，倾听自己心灵的呓语。

让那遥远星座的光芒照耀在我们的身上。

在静夜之中，敞开我们的心灵，倾听来自天籁的声音，那种肃穆与神秘，昭示着天地间永恒不变的呼吸。那种来自于冥冥中的昭示，警示着我们，即使在天地沉睡的时候，神明的眼睛仍在炯炯注视。自然界中的万物，也在蓬勃地活动着，一刻也没有停歇。

那么，就让冥冥中的絮语，将万物的秘密告诉我们。

※史例阐释

鲜鱼的故事

胡光远，太平（今陕西宜川县）人。他事母至孝，为世人所称道。

母亲死后，胡光远就在母亲的墓旁搭建了一间草庐守墓。

一天夜里他梦见母亲说想吃鲜鱼。清早醒来，他想起梦中的情境，不禁悲痛自责，作为儿子，却无力满足母亲的心愿。到哪里能找到几尾鲜鱼祭奠母亲呢？他歉疚不已，对着苍天怆然痛哭。突然，胡光远看到坟墓前面摆着五尾鲜鱼，鱼背上留有牙齿啮咬的痕迹。邻居觉得十分奇怪，都来观看。这时，有只水獭跳出草丛，迅速钻到河中，浮水而去，大家这才知道这是水獭送来的。

第十七章 生命取决于奋斗

※题解

快乐使人健康，奋斗使人长寿

对于平庸的我们来说，谁的德行都不足以服天下，只有通力合作，在帮助别人成就事业的同时，使自己的人格趋于完美。

那种自以为“老子天下第一”的想法是可笑的，最终失败的只能是自己。在给他人设置障碍的同时，也给自己种下了荆棘和羁绊，必将也使自己寸步难行。

生命的质量取决于自己的奋斗。《礼记·正义》说：“明中庸之德，故能富有天下，受天之命也。”

※原文

子曰：“舜其大孝也与！德为圣人，尊为天子，富有四海之内[1]。宗庙飨之[2]，子孙保之[3]。故大德[4]必得其位，必得其禄，必得其名，必得其寿。”

※注释

1 富有四海之内：拥有全国的财富。四海：指全国。

2 宗庙飨之：在宗庙里享受祭献。宗庙：古代天子、诸侯祭祀其先王、先祖的地方。郑玄注："庙之言貌也，死者精神不可得而见，但以生时之居，立宫室象貌为之耳。"《古今注》曰："宗谓祖宗，庙号以祖有功而宗有德，故统称之曰宗庙。周制天子七庙，诸侯五，大夫三，士一。"《礼记·王制》说："自大夫以下皆称家庙，无庙号之可称也。"飨：祭献的形式之一。

3 子孙保之：受到子孙后代的敬重、追念。

4 大德：伟大而卓越的品德。

※译文

孔夫子说："舜真是一位天下最孝顺的人啊！他因高尚的德行被人们称作圣人，他贵为天子，拥有天下的财富。在宗庙里供奉着他的像，子孙后世永远追念他的功业。因此，有大德的人，必定会得到相应的地位，必定会得到相应的俸禄，必定会得到相应的荣誉，必定会得到相应的寿命。"

※论引

郑玄说："以其德大能覆养天下，故'必得其位'。如孔子有大德而无其位，以不应王录，虽有大德，而无其位也。《援神契》云：'丘为制法，上黑绿，不代苍黄。'言孔子黑龙之精，不合代周家木德之苍也。《演孔图》又云'圣人不空生，必有所制以显天心，丘为木铎制天下法'是也。"

※札记

品德的馨香

大度无私的人最受人们的欢迎和拥戴。有什么样的德行，就会有什么样的位置，就会得到上天的助力，就会得到相应的报偿。

德位相辅相依。没有无德之位，也没有无位之德。德行最终会令我们处在适当的位置。

强权与财富都不足凭恃，只有诚实是永远的通行证。

以自己的德行，为天地立心，为生民请命。

※史例阐释

看清命运的安排

苏轼，字子瞻，眉州眉山人。幼时母程氏亲授以书，闻古今成败，即能悟出精义要略。程氏读东汉《范滂传》，慨然叹息。苏轼对母亲说："轼如果也像范滂，母亲愿意吗？"程氏说："你如果能像范滂那样，我为什么不能像范滂母亲那样呢！"

嘉祐二年，苏轼参加礼部考试，主考官欧阳修读到苏轼《刑赏忠厚论》时，异常惊喜，意欲评判为第一，只是以为是自己的学生曾巩所作，所以确定为第二。在随后的考试中，苏轼以《春秋》对义高居第一，殿试中乙科。考试结束，苏轼带着自己的文章去拜见欧阳修，欧阳修对梅圣俞说："吾当避此人出一头地。"

治平二年，英宗意欲依据唐朝的先例任命苏轼为翰林，知制诰。宰相韩琦说："以苏轼的才华，实为远大之器，未来必然成为天下栋梁。重要的是在于朝廷予以培养，从而使天下的读书人莫不畏慕降伏，都愿为朝廷所用，然后选取任用，那么人人都不再有异议了。现在突然任用，那么天下贤能有为之人士未必心服，反而不利于他发挥所学啊。"英宗说："那么暂且让他参与编写起居注如何？"韩琦说："记注与制诰相似，也不可轻意授任。不如在馆阁中给予一职任用，使他得到锻炼试用。"后来苏轼知道了韩琦的这番话，慨叹道："韩公真正是爱惜人才是以德泽啊。"

苏轼曾经留在禁中值班，奉召进入便殿议事。宣仁皇后问道："卿前年任什么官职？"苏轼说："臣任常州团练副使。"皇后说："现在任何职？"苏轼说："臣今待罪翰林学士。"皇后说："为什么会得到如此快的升迁？"苏轼说："有幸知遇太皇太后、皇帝陛下。"皇后说："不是这样的。"苏轼说："那么就是大臣推荐的吧？"皇后说："也不是这样的。"苏轼大惊说："臣虽然无德才，但也不敢借用其他不正当的途径获得晋升啊。"皇后说："这是先帝的圣意啊。先帝每当吟诵你的文章，必定感叹地说：'奇才！奇才！'只是未能来得及任用。"苏轼听到这里情不自禁地失声痛哭。宣仁皇后与哲宗也同时流泪，左右人员也都被感染而黯然落泪。

当初嘉祐六年时，苏轼、苏辙兄弟二人经欧阳修推荐，参加制科考试，苏轼以三等、苏辙以四等的成绩分别考中进士。在宋朝，制科的成绩分为五等，从来就没有以一、二等的成绩考中的先例，一般都以三等为最高分。当时仁宗满心喜悦地对皇后曹氏说："朕为子孙选得两位宰相。"就是指苏轼和苏辙。

神宗尤其叹赏苏轼的文章，读之常常忘进膳食，称其为天下奇才。二位君主都赏识苏轼，然而苏轼却最终不得大用。史官论述说："欧阳修先识其才，使其名于是传闻天下，难道不正是说明苏轼的才华是不可掩盖的？这正是天下至公之道的体现。"

苏轼虽有宰相之才而终无宰相之位，从表面上看是命运的安排，其实是人事的安排，虽然《忠厚之至论》让人叹为观止，但亲疏关系却凌驾在了真才实学之上，又岂能完全归结于命运和时运的不济？

※原文

故天之生物，必因其材而笃焉。故栽者培之，倾者覆之。

※译文

因此，上天滋养万物，必定是依它们的天性而成就它们。应该树立的就培育它，应该反对的就淘汰它。

※论引

郑玄说："善者天厚其福，恶者天厚其毒，皆由其本而为之。"

孔颖达说："天之所生，随物质性而厚之。善者因厚其福，舜、禹是也；恶者因厚其毒，桀、纣是也。故四凶黜而舜受禅也。道德自能丰殖，则天因而培益之。若无德自取倾危者，天亦因而覆败之也。"

朱子说："气至而滋息为培，气反而游散则覆。"

※札记

太阳的恩赐

罗素说：我们的生命是大地生命的一部分，像所有动物一样，我们也从大地上吸取营养。

当我们走进大自然，投入它宽广无垠的怀抱时，大自然以它独特的温情抚慰我们充满忧伤而又疲惫的心灵。站在这季节的交汇处，望着山中历经沧桑的松柏，以及那经历了千百年风吹雨打的岩石，顿生一种天地苍茫的失落感，前行或后退，都不情愿，只想在这一刻静止成为永远。物竞天择，适者生存，这是自然的法则。

※史例阐释

我们的土地不只生长庄稼，同样收获心愿

吴明彻，字通昭，南朝秦郡（今江苏六合县北）人。梁武帝即位，授其为安南将军。他以军功迁江州刺史，领豫章太守，迁吴兴太守，进封南平郡公，位至司空。

吴明彻幼年父母双亡，成了孤儿，但他天性至孝，缅怀深笃。年仅十四岁，就常常感念双亲的坟茔未能得到修葺而内疚，然而由于家里贫穷，无力办理。于是，他下决心勤力耕种，寄希望于土地的收获，使他达成心愿。但是那年正值大旱，庄稼得不到雨露的滋养，被晒得焦枯。吴明彻内心伤痛，深感天道不平，每天都到田里看护着幼苗，向天倾诉心中的苦衷与不平。几天后，有人从田里回来说："幼苗返青复活了。"吴明彻不相信，以为是那人有意安慰自己，半信半疑中，来到田地里，看到禾苗果然绿意葱茏，心里感到欣喜不已，从此更加勤恳地劳作。秋天到来，庄稼获得大丰收，吴明彻用自己的劳动所得修缮了父母的坟墓，终于达成了自己的心愿。

※原文

"《诗》曰[1]：'嘉乐君子，宪宪令德！宜民宜人[2]，受禄于天。保佑命之，自天申之！'故大德必受命。"

※注释

1《诗》曰：引自《诗经·大雅·假乐》。本意赞美周成王的功颂。宪宪：《诗经》作"显显"，显明兴盛的意思。令：美好。

2 宜民宜人：既被民众爱戴，又受到诸侯的拥戴。民：平民。人：士大夫以上阶层的人。

※译文

《诗经》说："高尚优雅的君子，彰显的是光明美好的德行，让人民安居乐业。愿上天赐予他长久的福禄，也愿上天保佑他长寿，因为他承担着上天赋予的使命。所以，有大德的人承受天命。"

※论引

孔颖达说："诗人言善乐君子，此成王宪宪然，有令善之德。"

朱子说："受命者，受天命为天子也。"

※札记

用诚实和正义武装自己

做人必须诚实，必须具有坚持正义的勇气和勇于承担责任的精神。诚实使我们心灵明澈，不必背负虚伪造作的重负，以我们的坦诚抵挡诱惑和蓄意欺诈的侵袭。坚持正义，就是替天行道，因而不必向恶行屈膝逢迎，从而使我们的人格挺起笔直的脊梁，承担起自己的责任。上天也必然给我们以佑护与福泽。

※史例阐释

心灵的指引

阮孝绪，字士宗，陈留尉氏人。他天性沉静，以孝行著称。

阮孝绪在钟山讲论经学，母亲忽患疾病，家中兄弟商量后准备派人去告诉他，让他回家看望母亲。母亲说："不用去，孝绪至性通灵，心里自然会有感应，他一定会很快回来的。"

这天阮孝绪突然感到心惊忧急，立即起程赶回家，乡亲邻居都十分惊异感叹。

大夫为其母亲所开的药方中，主药是野生人参，像这样贵重的药材，当地的药铺中没有存货，人们都说，从前这种药生长在钟山。于是，阮孝绪就又亲自进入钟山之中无人涉足的险要处寻找。几天之内，他踏遍了高峰深谷，都没有找到。他的心里忧急悲伤，更加急切地搜寻，这时忽然看见一只小鹿在前面奔跑，又回过头看着他。阮孝绪心有所感，就跟随在小鹿后面，来到一个险峻的地方后，小鹿忽然不见了。阮孝绪抬头环望，突然发现人参就在前面的山崖间。得到人参后，将其入药，母亲的病很快痊愈了。人们感叹说：这是孝绪的孝心感动了天地啊！

第十八章 肩负起我们的使命

※题解

悠远肃穆的钟声

任何人都处在时间链环的中间，肩负着自己的使命，必须对历史承担义务，必须对未来负起责任。缅怀先祖，开辟未来，我们责无旁贷。

无论我们境遇如何，都不可忘记祖宗的功德，是他们给我们传承了姓氏这一荣耀，使我们自出生就有了与他人不同的名号。

※原文

子曰："无忧者，其惟文王乎！以王季为父，以武王为子，父作之[1]，子述之[2]。"

※注释

1 父作之：父亲开创基业。作：开创。

2 子述之：儿子继承父王的遗志，完成先王未竟大业。述：继承。

※人物简介

王季：一作公季，又名季历，是周太王古公亶父的小儿子。古公长子太伯，次子仲雍，幼子季历。季历的儿子姬昌出生时，“赤爵衔丹书入于酆，止于昌户”。古公预言：“我世当有兴者，其在昌乎？”意欲传位给昌，于是太伯、仲雍逃到南蛮之地，断发文身，让位给弟季历。“季历贤”，继承父王古公遗业，修明政治，“为殷牧师”（《后汉书·西羌传》），征伐西戎，开疆拓土，周日渐强盛，成为西方诸侯长。

文王即周文王姬昌，周王朝的实际奠基者。古公亶父之孙，季历之子。商纣时姬昌为西伯，建国于岐山之下，“遵后稷、公刘之业，则古公亶父、公季之法，笃仁敬老慈少，礼下贤者，日中不暇食以待士，士以此多归之”。得太颠、闳夭、散宜生、鬻熊、辛甲等贤臣，国势日强。后因崇侯虎的谗毁，被纣王囚禁于羑里（今河南汤阴北），困于忧思，“益《易》之八卦为六十四卦”。闳夭以有莘氏美女及奇物宝马献给殷纣，纣“乃赦西伯，赐之弓矢斧钺，使西伯得征伐”。释归后，姬昌献出洛西的土地，请求废除炮烙的酷刑。积善行仁，政化大行。晚年拜姜尚为军师，先后征伐犬戎、密须、耆国、邘、崇等国，“三分天下有其二”。迁都于丰（今陕西长安县），取得了有利的战略出击地，为讨伐商纣奠定了基础。姬昌在位50年，他死后，太子发继位，是为武王。武王完成了文王讨伐商纣的遗愿，取得天下，建立了周朝，追尊姬昌为文王。

武王即周武王姬发（？—公元前1044年），西周的创建者。周文王次子。公元前1056年文王死，姬发继承父志，重用姜尚、周公、召公等人治理国家，周朝日益强盛。商朝统治却日益腐朽，残酷暴虐，民不聊生。武王九年（公元前1048年）举行了历史上著名的盟津（孟津）观兵，大会诸侯，前来会盟的诸侯达800个，订立盟约，检阅军队。武王十一年（公元前1046年），联合庸、蜀、羌、髳、卢、彭、濮等族，集众誓师，再次渡过盟津，向商纣进攻。甲子日双方在牧野（今河南新乡牧野村）会战。纣王的军队一触即溃，纷纷倒戈，临阵反叛，周军攻入商都朝歌。纣王自焚而死，商朝灭亡。武王夺取了全国政权，建立了西周王朝。姬发在位19年，谥号武王。

※译文

孔夫子说：“没有烦忧的，可能只有周文王吧！因为贤明的王季是他的父亲，英勇的武王是他的儿子。他守住父亲王季开创的基业，又有周武王这样的儿子继承了他的遗志，完成了他未竟的事业。”

※论引

郑玄说："圣人以立法度为大事，子能述成之，则何忧乎？尧、舜之父子则有凶顽，禹、汤之父子则寡令闻。父子相成，唯有文王。"

孔颖达说："文王以王季为父，则王季能制作礼乐，文王奉而行之。文王以武王为子，武王又能述成文王之道，故'无忧'也。"

朱子说："此言文王之事。书言'王季其勤王家'，盖其所作，亦积功累仁之事也。"

※札记

无论胜败，都同样不朽

成就事业者，在于坚持不懈。无所成名者，只是由于懒惰而已。

如果你不能全身心地投入到自己的目标或继承前人的事业，那么你无论怎样扑腾，都是盲目的，不可能取得什么成就，也必将沦为平庸之辈，从而无法在人类历史上留下任何印记。那么，怎样的人生才是理想的美好人生呢？不要空想世界会为你而改变，也不要以为自己就是个人物。人生的大智慧就是学会适应，让自己融入社会，真正成为其中不容忽视的一分子，然后尽自己的力量，使这个世界有所改变，并使自己的人生因此而精彩。

在我们所有的人生经历中，一切的荣辱成败，都与这样的几个名字有关：我们的祖先和我们的后辈。因此，无论处在何种境遇中，都不应忘记自己的责任。

※史例阐释

我们仍然负有使命

司马迁，字子长，夏阳（今陕西省韩城市）人。他十岁诵读古文，二十岁遍游各地名山大川。司马迁初任郎中，后官至太史令。他为李陵辩冤，受腐刑，后发愤著成《史记》。

司马谈任太史时，向唐都学习天文历法方面的知识，向杨何学习《易》理知识，向黄子学习自然科学知识……任职时间约在建元、元封期间。其子司马迁当时任郎中。

这年，天子赴泰山封禅，司马谈则留滞不得随行，感到耻辱，忧愤致病。正巧儿子司马迁返回述职，拜见父亲于黄河、洛水之间。司马谈握着司马迁的手，流着眼泪说："我的祖先任周朝的太史官。祖祖辈辈都显赫于世，闻名于虞舜、夏禹时期，亲自掌管天官的职责。后世渐渐衰落，传承到现在，难道就断送在我的手里吗？你如果再任太史，就要继承我们祖先的事业。当今天子封禅泰山，我却不得参与，这是命运所致啊！这是命啊！我死之后，你必定为太史。任太史之后，你千万不要忘记我想写的而没有来得及完成的论著呀。况且，孝道，就是由侍奉亲人开始，努力侍奉君主以成就事业为中道，最终得以立身，扬名后世，从而告慰父母，这是最大的孝行啊。天下人之所以都称颂周公，是因为他能够光大文王、武王的功德，弘扬周南、召南所建立的淳厚风俗，致达太王、王季的愿望，缅怀追远以至于公刘，而尊崇后稷。而从幽王、厉王之后，王道渐失，礼乐废衰，孔子修订重振，删订《诗》《书》，编纂《春秋》，至今为天下人奉行的准则。自鲁哀公十四年所记获麟事到现在四百多年了。在这四百年间诸侯相互争战兼并，历史记载几近散失殆尽。现在汉朝建立，国家统一，君主英明，忠臣义士协力辅佐，我作为太史官而不著书记载，废弃天下的珍贵史料文稿，内心十分不安，你当深为顾念不忘啊！"

司马迁伏在父亲的怀中哭着说："儿子虽然不是很聪明杰出，请您详述祖先的功烈德泽，我当谨记在心，不敢致令缺失。"司马谈死后三年，司马迁任太史令，查阅了大量史料，摘引了珍藏在皇宫中的各种秘籍所记载的史实，开始着手写作《史记》，上溯自黄帝，下至于汉武帝。从而为中国历史留下了一部辉煌巨著，被鲁迅先生称为"史家之绝唱，无韵之离骚"。

远古祖先的基因铭刻在我们的心灵中，深植在我们的灵魂里，永远地涌动在我们的血液里，我就是那个伟大生命的继续。

※原文

武王缵[1]太王、王季、文王之绪[2]，壹戎衣而有天下[3]，身不失天下之显名，尊为天子，富有四海之内，宗庙飨之，子孙保之。

武王末[4]受命[5]，周公成文武之德，追王[6]太王、王季，上祀先公以天子之礼。

斯礼也，达乎诸侯、大夫及士、庶人[7]。父为大夫[8]，子为士[9]，葬以大夫，祭以士。父为士，子为大夫，葬以士，祭以大夫。期之丧[10]，达乎大夫。三年之丧，达乎天子。父母之丧，无贵贱，一也。

※注释

1 缵：继承。继续。

2 绪：端绪，理清头绪。

3 壹戎衣而有天下：一战而统一天下。戎衣：军服，指军队。引申为战争。是说一旦穿起征战的甲胄，就一战而歼灭殷商。

4 末：指周武王的晚年。

5 受命：接受天命。

6 追王：后代加封先祖以“王”的称号。

7 庶人：即平民。具有自由身份的农业生产者，其地位低于“士”。

8 大夫：古代贵族等级中的一级，其地位在国君之下，低于卿，高于士。

9 士：是级别最低的贵族阶层。在商、周、春秋时期，“士”多为卿、大夫的家臣，以食田或俸禄为生。《国语·晋语四》：“大夫食邑，士食田。”

10 期之丧：一周年的守丧期。期：音jī，指一整年。丧：丧礼，对亡故的殓殡奠馔和拜跪哭泣的礼节，古称“凶礼”，为古代“四礼”之一。

※人物简介

太王：即太王古公亶父，周文王的祖父。据史载，他是周族始祖后稷的第十二代传人。“复修后稷、公刘之业，积德行义，国人皆戴之。”由于戎、狄侵扰，古公曰：“有民立君，将以利之。今戎狄所为攻战，以吾地与民。民之在我，与其在彼，何异。民欲以我故战，杀人父子而君之，予不忍为。”于是率族人迁居岐山（在今陕西）下的周原，国号为周《诗经·大雅·绵》云：“古公亶父，来朝走马。率西水浒，至于岐下。”《禹贡》记述：“既载壶口，治梁及歧。既修太原，至于岳阳。”古公卒，少子季历继位。周武王灭商，建立周朝政权后，追尊古公亶父为周太王。

周公：姬旦（？—公元前1105年），亦称叔旦。周文王的儿子，周武王的弟弟。因其采邑在周（今陕西岐山北），封爵上公，故称为周公或周公旦。他多才多艺，是西周初杰出的政治家和军事家。协助周武王灭商，建立西周政权。武王死后，成王年幼，周公摄政，辅佐周成王，率师东征，平定“三监”叛乱。他建立典章制度，制礼作乐，还政成王。周公一生经历了文王、武王、成王三代，为国呕心沥血，相传“一沐三握发，一饭三吐哺”。他为周朝的社会安定、政权巩固做出了重大贡献，其言论见于《尚书》中。孔子十分推崇他，终生倡导的是周公的礼乐制度。他的人格精神被后世作为效仿的最高典范。

※译文

武王继续着太王、王季、文王既定的功业，一战而统一天下。周武王秉承天命，以有道伐无道的正义行动，使他自身不至于失掉显耀于天下的美名，而被天下人尊崇为天子，拥有天下的财富，他的伟业功德，在宗庙中世代享受祭祀，子孙后代永远追念祭奠。

周武王接受天命做天子的时候，年纪已经老了。周公辅助成王成就了文王、武王的德业，追加王的封号给太王和王季，以天子的礼仪追祀先祖诸王，从而确立并完善了周朝的礼仪制度。

周朝的这个礼制，普遍地推行使用于诸侯、大夫，以及士人和老百姓之中。周礼规定：父亲的身份是大夫，儿子作为士人，就按照大夫的规格举行葬礼，以士人的规格举行祭礼；父亲的身份是士人，儿子身为大夫，就以士人的规格举行葬礼，以大夫的规格举行祭礼。为旁系亲属守丧一周年，普遍适用于大夫及平民；直系亲属的丧期，必须延至三周年，这个丧祭礼仪适用到天子。父母双亲的丧祭礼仪，不论身份高贵卑贱，都是一样的。

※论引

郑玄说："追王大王，王季者，以王迹起焉。先公，组绀以上至后稷也。斯礼，达于诸侯、大夫、士、庶人者，谓葬之从死者之爵，祭之用生者之禄也。"

孔颖达说："武王能缵继父祖之业，以王天下也。周公尊崇先公之礼，非直天子所行，乃下达于诸侯、大夫、士、庶人等，无问尊卑，皆得上尊祖父，以己之禄祭其先人，犹若周公以成王天子之礼祀其先公也。父既为大夫，祭以士礼，贬其先人而云尊之者，欲明以己之禄祀其先人也。欲见大夫之尊，犹有期丧，谓旁亲所降在大功者，得为期丧，还着大功之服，故云'达乎大夫'。若天子、诸侯旁期之丧，则不为服也。正统在三年之丧，父母及适子并妻也。唯父母之丧，无问天子及士、庶人，其服并同。"

朱子说："上祀先公以天子之礼，又推太王、王季之意，以及于无穷也。制为礼法，以及天下，使葬用死者之爵，祭用生者之禄。丧服自期以下，诸侯绝；大夫降；而父母之丧，上下同之，推己以及人也。"

※札记

不敢忘本，不敢违仁

仁是礼的实质，礼是仁的表现形式。仁通过礼表现出来，为人所接受，礼因为仁的内在品质而更体现出诚笃。

人之所以为人，就在于知道生命之根，传统之承，从而以我们的孝行报答养育之恩。因此，古人设立祖宗庙宇，使人们永远与祖宗相联系，因为这是我们血脉相承的渊源，是我们的根本。

“命运是上天注定的”，这只是一时无奈的感慨。因此，我们必须对自己的人生和生命负责。古希腊大哲学家苏格拉底说：“人啊人，认识你自己。”只有认识自己，善待自己，尊重自己，我们才会活出自己生命的尊严与魅力。

※史例阐释

命运与我们的灵魂同在

裴潾，唐代河东闻喜（今山西省闻喜县）人。他笃学，善隶书，以荫仕。裴潾初为左补阙，后任为起居舍人，贬江陵令，累官至兵部侍郎。

宪宗皇帝惑于方术之士的游说，让柳泌炼制丹药，以求长寿。他进献给皇上所用的方剂是温中理气的药物，导致皇上出现心绪烦躁、口渴的症状。裴潾进谏说：

“消除天下弊害的人，就能永远享受到天下的利益。愿与天下人共乐的人，就能长久享受到天下安乐的福祉。因此，上自黄帝、颛顼、帝喾、尧、舜、禹、汤、文、武，全都以自己的盖世功勋德泽拯救天下苍生，因而上天就回报他们享有长寿之福，并且使他们的声名永远流传不朽。陛下倡导以孝道敬祭宗庙，以仁德抚养百姓，除凶平暴，而致太平，敬贤重士，礼遇终始。神圣的功烈和至圣的美德，前无古人。陛下诚能躬行不辍，那么天地祖宗都会庇佑您，使陛下受到亿万百姓永远的拥戴。而今方术之士如韦山甫、柳泌之流借丹术自命为神奇，并相互吹捧引荐，诡称为陛下延长寿命。我认为凡是真正有道行的人，都隐姓埋名，不求为世所知，哪里肯主动巴结权贵，出卖自己的技艺？现在这些人之所以围在您身边，并非胸有道术，而是为了谋求利益。他们自我吹捧所炼丹红具有神奇效验，其目的就是贪求权力、财贿。一旦骗局败露，则立即逃跑。这种人的医术，陛下难道能相信吗？这种人炼制的药物，陛下难道可以服用吗？……况且他们炼制的所谓丹药，多由性质酷烈的金石等物，经过长时间烧炼而制成，所含的致毒成分谁也不清楚有多少，所引发的后遗症并不是容易控制化解的。秦汉之君很多也都相信方术之人，如卢生、徐福、栾大、李少君之流，都是行诈使骗之徒，什么事也干不成。其事记载在史书中，可做佐证。

《礼仪》中规定：‘君之药，臣先尝之；父之药，子先尝之。’因此，陛下今后要服用的药，就让一大臣先尝试，以一年时间为限，就可见出真假。”

皇上听了，十分生气，就把裴潾贬为江陵县令。

第十九章　礼法制度是治国平天下的根本

※**题解**

李泽厚说“礼”

关于礼的讨论，我们在这里引用李泽厚先生在《论语今读》(三联书店　2004年3月版)的讲述，供读者参考：

“礼”如是花朵，也需先有白绢（心理情感）作底子才能画出。总之，内心情感（仁）是外在体制（礼）的基础。荀子说：“凡礼，事生饰欢也；送死饰哀也；祭礼饰敬也；师旅饰威也”。“饰”字很有深度，值得琢磨；一方面“礼”是表示、传达情感，同时又是给情感以确定的形式而成为仪文典式。“仁内礼外”从而“仁先礼后”，似成定论。但此内“仁”又从何处得来？成了最大的问题。孟子归之先验善端，却难离感性；朱子归之“天理”，又似成他律。反不如荀子舍仁谈礼，由外在规范而内在心性，倒更明白一贯。我以为，礼乃人文，仁乃人性，二者实同时并进之历史成果，人性内容（仁）与人文仪式（礼）在源起上本不可分割：人性情感必须放置于特定形式中才可能铸成造就，无此形式即无此情感，无此“饰”即无此“欢”此“哀”此“敬”此“威”也。“礼”之可说是艺术，亦在此。

※原文

子曰：“武王、周公，其达[1]孝矣乎！夫孝者，善继人之志，善述人之事者也。”

※注释

1 达：通“大”。

※译文

孔夫子说：“周武王、周公，是真正做到大孝道的人啊！所谓孝道，就是能够很好地继承前人的遗志，更好地继续前人未完成的功业。”

※论引

孔颖达说：“若文王有志伐纣，武王能继而承之。《尚书·武成》曰：‘予小子，其承厥志。’文王有文德为王基，而周公制礼以赞述之。故《洛诰》云‘考朕昭子刑，乃单文祖德’，是善述人之事也。此是武王、周公继孝之事。”

朱子说：“承上章而言武王、周公之孝，乃天下之人通谓之孝，犹孟子之言达尊也。武王缵大王、王季、文王之绪以有天下，而周公成文武之德以追崇其先祖，此继志述事之大者也。下文又以其所制祭祀之礼，通于上下者言之。”

※札记

从孝敬祖先开始

孝者，教也，以孝教化心灵。

孝行，就是不忘本，就是感恩，就是爱心。

如果没有孝敬之心，何来爱国忠诚之志？

孝，就是继承先祖未竟的美好志向，使他们高尚的德行通过后代的传承得以发扬光大，使他们伟大的事业在后世的努力下能够完成。

当然，对于我们平凡的一生来说，我们可以没有轰轰烈烈的事业或成就，但是我们却可以付出我们切实的努力，平安度过一生。能够让祖先欣慰，不让祖先背负恶名，就是我们的孝心。

※史例阐释

让历史因为我们而更添光辉

裴子野（公元469年—公元530年），字几原，河东闻喜（山西闻喜县）人，南朝梁史学家、文学家。他与兄黎，弟楷、绰，并有盛名，世称“四裴”。裴子野少好学，善属文，梁武帝时为著作郎，掌国史及起居注，又兼中书通事舍人，朝廷的诏令符檄皆由裴子野起草发出。他官至中书侍郎、鸿胪寺卿，有《宋略》《丧服集注》《众僧传》等书传世。

裴子野出生后由祖母抚养，生性固执孤僻。九岁那年，祖母亡故，裴子野泣血哀恸，家人十分惊异他对祖母的感情。长大后，他任右军江夏王参军，因父亲去世辞职。依礼守孝居丧三年，每至父亲的墓地，他都禁不住思念哭泣，泪洒处绿草即枯，并有白兔围绕在他旁边。

裴子野的曾祖父裴松之当初为宋太中大夫，宋元嘉年间受诏命续修何承天编纂的《宋史》，没有完成就弃世而去，以为憾事。因而裴子野经常想着继续完成曾祖父的事业。齐朝永明末年，沈约撰写的《宋书》问世。裴子野于是据以修订删改，编成《宋略》二十卷。

《宋略》一书叙述刘宋兴亡的历史，简捷得当，明畅易晓；文风质朴，笔力遒劲，有秦汉遗风。裴子野在书中自述“人皆成于手，我独成于心”，他以自己的努力成就了祖上未竟的事业。

※原文

春秋[1]修其祖庙，陈其宗器[2]，设其裳衣[3]，荐其时食[4]。

※注释

1 春秋：代指一年四季。这里指祭祖的季节。

2 陈其宗器：陈列祭祀器具。陈：陈列。宗器：祭器。古代举行宗庙祭祀礼仪时所用的器物。一说祖宗传下来的礼乐器具。

3 设其裳衣：陈设祖宗生前穿过的衣服。裳是下衣，衣是上装。

4 荐其时食：祭祀时进献应时的鲜美食物果品。荐：进献，献上。时食：古代祭祀祖先所敬献的时令鲜食。

※译文

每年祭祀的时候，都整修祖宗庙宇，陈列祭祀器具，陈设先祖的衣裳用品，进献时令鲜美的食品浆果。

※论引

朱子说："祖庙，天子七，诸侯五，大夫三，适士二，官师一；宗器，先世所藏之重器，若周之赤刀、大训、天球、河图之属也；裳衣，先祖之遗衣服，祭则设之以授尸也；时食，四时之食，各有其物，如春行羔、豚、膳、膏、香之类是也。"

※札记

寻找心灵的寄托

究竟是什么原因促使我们的先人建造了这么多庙宇和祠堂？

坦荡的田野里，长满了庄稼和花朵，也同样隆起高高的坟冢，以此昭示后世，这里面的主人曾是如何功勋卓著，显赫不可一世。

阳光隔着远远的时空照射下来，一些地方被照耀着，另一些地方被阴影覆盖着。于是，岁月和思想留下了它们独特的痕迹，以其无法想象的神圣方式。

整个大地沉默着，一种更加深邃和庄严的感情在心间升起，在空中弥漫，笼罩了一切，神的箴言漫空而来，震彻心灵。

托马斯·布朗曾经说："我们祖先发现他们的陵墓留在我们心中的不过是些短暂的回忆；同时他们也悲哀地告诉我们，我们也将很快被我们的后代遗忘。"

人总要有所追求，我们内心深处的灵魂也需依靠，其目的只是为了寻求心底的一丝安宁，一点坦然。

※史例阐释

做自己灵魂的主宰

谷永，字子灵，汉代长安（今陕西省西安市）人。他博通经书，为太常丞，累迁光禄大夫。他数次上疏，凡论四十余事，多议朝政得失。

成帝后期信奉鬼神，又因为没有子嗣继位，所以很多人上疏议论祭祀、推荐方术之士祈禳祷告。所荐人士多为诡诈无赖之徒，却都得以留待京师，等待召见，各种费用骤然增多，但却没有任何效果。于是谷永上疏进谏说："我听古人说过：明彻天地之性，就不会被神怪的传言所迷惑；了解万物之情，就不会被奇闻异类所欺骗。诸如那些背弃仁义正道，不遵从经典教诲，而盛传鬼怪神灵的奇妙，大肆吹嘘祭祀方术的神奇，其实，这全是荒诞无稽的骗术。如果真正如他们所说的那样，他们何不自己先行满足，达成心愿？何至于浪迹世间，求贷于人呢？至于他们所说的修道成仙，服食不死之药，可以腾云驾雾，朝种暮获之类的事更是荒诞不经，全是奸邪之徒惑乱人心的伎俩。听他们说起来天花乱坠，好像是真的，转眼就可实现。可事实上却是捕风捉影，终属虚幻。因此，英明的君王拒而不听，睿智的圣人拒绝与他们交往。……《论语》说：'子不语怪、力、乱、神。'希望陛下拒绝此类欺哄，防止居心叵测的奸诈之徒窥伺朝政。"皇上深以为他说得对。

※原文

宗庙之礼，所以序昭穆[1]也；序爵[2]，所以辨贵贱也；序事[3]，所以辨贤也；旅酬下为上[4]，所以逮贱也[5]；燕毛[6]，所以序齿[7]也。

※注释

1 序昭穆：排列昭穆的位次。这是古代的一种宗法制度，左为昭，右为穆。宗庙的次序规定：以始祖庙的牌位居中，左方依次是二世、四世、六世，称为昭；右方依次是三世、五世、七世，称为穆。《周礼·春官·小宗伯》："辨庙祧之昭穆。"此指祭祀的时候，排列出父子、长幼、亲疏的次序。

2 序爵：祭祀时，参加祭奠的人员按官爵大小，以公、侯、卿、大夫四等排列先后。

3 序事：按在祭祀礼仪中担任的职务排列先后次序。事：职务。

4 旅酬下为上：旅酬之礼，来宾弟子、兄弟之子各自举觯向兄长敬酒，相互劝饮。旅：向同席众人敬酒一周。酬：以酒相劝，互相对饮。郑玄注："先自饮，乃饮宾，为酬。"下为上：依序次，由排在下位次的向上位者敬酒。

5 所以逮贱也：祖宗的恩泽惠及处在下位的卑贱者。逮：及。

6 燕毛：祭祀完毕举行燕饮，则以毛发的颜色区别老少长幼，排定宴会的坐次位置。燕：通"宴"，宴会。毛：毛发，头发，意为长幼。

7 序齿：依据年龄大小确定宴会的坐次或饮酒的顺序。齿：年龄。

※译文

宗庙祭祀之礼，就是把父子、长幼、亲疏的关系排列出来，意在明确辈分与祭祀的次序；把官职爵位的高下明确出来，使身份贵贱清楚易辨；记述功业事迹及在祭祀时所承担的执事职位，那么德能功烈就自然分辨清楚，从而让后世能够明白了解前人的功德；祭礼后的宴饮礼仪规定，晚辈必须先向长辈举杯敬酒，意在使祖先的恩泽惠及后人；宴饮时坐次的排定，按头发的颜色来决定，意在使后人明白尊老携幼的常识。

※论引

孔颖达说："若昭与昭齿，穆与穆齿是也。祭祀之时，公、卿、大夫各以其爵位齿列而助祭祀，是'辨贵贱'也。"

朱子说："有事于太庙，则子姓、兄弟、群昭、群穆咸在而不失其伦焉。爵，公、侯、卿、大夫也。事，宗祝有司之职事也。盖宗庙之中以有事为荣，故逮及贱者，使亦得以申其敬也。"

※札记

礼仪，人类和谐共处的金钥匙

荀子曰："人无礼，则不生；事无礼，则不成；国家无礼，则不宁。"意思是说，做人如果不讲究礼仪，就不能受到尊重，那么自己的生存环境就会很受局限；做事如果不遵循礼仪规范，就会令人感到反感，也就不可能取得成就；国家如果不能建立礼法制度，那么就会陷入混乱，不能得到安宁。由此可见，礼仪之于人生、国家的重要。人而无礼，就将寸步难行；国而无礼，必起祸乱。

孔子说："不学礼，无以立。"礼仪是一切美德的基础，一个人之所以被人尊重，就在于奉行礼仪，尊重他人。行为粗俗意味着放弃了自己做人的尊严。

"治定之化，以礼为首。"齐家治国以推广孝德为先务，以合乎礼仪为可贵。礼的根本在于诚敬，设立宗庙的实质在于尊严。

建立和谐融洽的社会关系，是成就事业的关键。古往今来，神圣的功业、崇高的事迹，都是建立在礼仪的基础之上，因此，"礼义之立，治国之先务也"。

※史例阐释

礼仪的威严不容轻侮

申屠嘉，汉代梁（今河南省汝州市）人。他累官至都尉，历任淮阳太守，文帝时晋升御史大夫，封故安侯。申屠嘉为人廉直，不受私谒。景帝时，晁错用事，穿宗庙墙垣。申屠嘉将奏诛之。晁错恐惧，先向帝请罪。及嘉奏，景帝说："我让他这样做的，晁错没有罪责。"申屠嘉深以为恨，回家后吐血而死。

申屠嘉初任丞相。当时上大夫邓通受皇帝宠信，赏赐丰厚。文帝经常在邓通家饮酒欢宴。一次丞相申屠嘉上朝奏事，而邓通坐在皇上旁边，举止轻慢无礼。申丞相报告完重要事务后，接着说："陛下宠信大臣，可以让他富贵，但是必须遵守朝廷的礼仪法纪，因此不能不予以整肃。"皇帝说："你不要说了，我亲自处理。"申屠嘉回到丞相府，签发文书，命令邓通来见，如果拒绝不来，就立即杀掉他。邓通心里害怕，先去见文帝。文帝说："不要害怕，你去见丞相，然后我派人接你。"邓通到丞相府，摘下帽子，光着脚，叩头谢罪。申屠嘉泰然自若地坐着，故意不予理睬，然后大声斥责说："朝廷是高祖皇帝建立的，是有礼仪法度的。你只是一名小小的侍臣，竟敢在大殿之上轻慢无礼，这是大不敬之罪，按律当处死。"即命令卫士将其推出去斩首。邓通吓得魂不附体，磕头求告，血流满面，申屠嘉仍然不放过。文帝估计丞相已经教训到一定程度了，就派人带着手书的证件去召邓通，并向丞相致谢说："他是平时陪我娱乐游戏的侍臣，请丞相放过他吧！"邓通见到文帝后，放声大哭说："丞相几乎杀掉我。"

※原文

践其位[1]，行其礼，奏其乐，敬其所尊，爱其所亲。事死如事生，事亡如事存，孝之至也。

※注释

1 践其位：站在与自己身份相应的位置上。践：践踏，引申为站在。

※译文

各人站在排定的位置上，行使祭祀的礼节，奏起祭祀的音乐，对于所应尊敬的祖先加以尊敬，对于所应爱戴的祖先予以爱戴；侍奉去世的祖先就像他还活着一样，侍奉亡故者如同生前一样，这就是孝的最高境界。

※论引

郑玄说："孝子升其先祖之位，行祭祀之礼也。"

朱子说："所尊所亲，先王之祖考、子孙、臣庶也。始死谓之死，既葬则曰反而亡焉，皆指先王也。此结上文两节，皆继志述事之意也。"

※札记

找准自己的位置

礼，是约束人行为规范的标准，是品格修养的体现。从自己的位置出发，遵循相应礼法制度的约束，不做出僭越的行为，也不逃避自己的责任。

“凡人之所以贵于禽兽者，以有礼也。”(《晏子春秋》)礼义是人区别于动物的重要标志。侍尊以礼，事亲以孝。无礼不尊，非礼不孝。

礼的本质就是中庸，使我们的行为合乎规范，促使我们的人生走向美好。

※史例阐释

做好我们该做的事

丙吉，字少卿，西汉鲁国（今山东省曲阜市）人。他为人忠厚，不罚善。他治律令，任廷尉右监，赐爵关内侯；迁御史大夫，封博阳侯。任职期间，他关心百姓疾苦，崇尚宽大，谦让好礼，世称贤臣。

对于官属掾史，丙吉务求掩盖他们的过错，传扬他们的好处。丙吉的车夫嗜酒，曾跟丙吉外出视察，醉酒呕吐在车上。随从的官员请示丙吉，建议辞退这个车夫。丙吉说：“因为酒醉的小失误而赶走可用之士，这让他以后如何立身处世呢？就宽容他这次吧，只不过是玷污了丞相车上的垫褥罢了。”这个车夫原是边境之郡人，熟知边塞突发紧急事务时的呈报方式。他有次外出，恰巧遇见边郡递送紧急公文。于是就紧跟着来到公车探听消息，得知敌人侵入云中、代郡。他急速赶回相府，向丙吉报告了这一紧急情况。一会儿后，皇上召见丞相、御史，询问边境敌人入侵情况及应对之策，丙吉从容答对。御史大夫因仓促间不明情况而受到皇帝的责备；而丙吉被皇上嘉勉说“忧边思职”，这都得力于车夫的机敏啊。丙吉于是感叹说：“士无不可容，能各有所长。假使我事先没有听到车夫说这件事，哪里还能受到什么褒奖呢？”

丙吉在视察的路上，遇到群殴事件，多人死伤，横尸路边。丙吉经过时，不闻不问。前行不远，看见有人在赶着耕牛急走，牛已气喘急促，吐出舌头。丙吉命令停住车子，让随行人员去问：“耕牛奔跑几里路了？”掾史觉得丞相处事有失妥当，也有人因此而出语讥讽。丙吉说：“群聚斗殴，致相死伤，这是长安令、京兆尹的职责，应当由他们负责禁止、防备、追捕和审理，到年终奏请实行赏罚就行了。宰相的职责并不在于亲自过问处理打架斗殴这类小事。现在正值春天，天气还不很热，我害怕如果牛行走不远就如此喘息，那么，这就意味着气候失调，不合节令，担心将会影响百姓的生产和生活，因此我必须查问清楚这件事，这才是我视察的真正目的。”掾史心悦诚服。

※原文

郊社之礼[1]，所以事上帝也。宗庙之礼，所以祀乎其先也。明乎郊社之礼，禘尝[2]之义，治国其如示诸掌乎[3]。

※注释

1 郊社之礼：祭祀天地的礼仪。冬至这天，在南郊举行祭天仪式，称为“郊”；夏至这天，在北郊举行祭地仪式，称为“社”。

2 禘尝：祭祀祖先的礼仪。禘：天子举行的宗庙大祭，五年一次，极为隆重。追祭太祖之所自出于太庙，而以太祖配之。尝：为宗庙四时祭祀仪式之一，每年秋季举行，称秋尝。《礼记·王制》：“天子诸侯宗庙之祭，春曰礿，夏曰禘，秋曰尝，冬曰烝。”此泛指小型的祭祀活动。

3 治国其如示诸掌乎：治理国家则是容易的，就如同看清自己的手掌一样容易。示：通“视”。

※译文

祀天祭地的礼仪，是因为感恩皇天后土；宗庙祭献的仪式，是因为感念祖先。明白了郊社之礼的用意、应时祭献的意义，那么治理天下国家，也就像看着自己手掌上的东西那样容易明白啊！

※论引

郑玄说：“物而在掌中，易为知力者也。序爵、辨贤，尊尊、亲亲，治国之要。”

朱子说：“四时皆祭，举其一耳。礼必有义，对举之，互文也。”

※札记

握在我们手心中的是什么？

美好的人生，不是别人所能给予的，而是在于自己的创造。

谁都喜欢收到礼物，而不论什么时候收到礼物，总感到高兴，因为礼物并不仅仅只是礼物，而是一种在意，一种惦念，一种心的牵挂，更是一种关心，一种尊崇。

因为奉献了礼物，所以相互的关系就自然感到亲近，交流也就显得融洽和谐；所求之事自然就容易说得出口，祈求神灵的佑护也就觉得理所当然了。

给予与取得，总是相依相存。

荀子说："礼以顺人心为本。"关键在于心怀真诚。因此，不要刻意地安排和蓄意地谋划。人在做，天在看，面对无限诱惑的世途，我们要守住自己的道德底线。

※史例阐释

坚定地执行我们的原则

王涣，字稚子，广汉（今四川省中江县）人。他少好侠，尚气力；晚而改节，敦儒学，习《尚书》，读律令，略举大义；后举茂才，迁兖州刺史，拜侍御史，历官洛阳令。死后，百姓为之立祠纪念。

王涣为广汉太守陈宠的属官功曹时，就表现出了当机立断、依法处置的办事能力，即使那些有权有势的豪强也不敢轻易放纵，一旦犯法违禁，王涣绝不放过。从此，郡内秩序井然，太守陈宠的声望大振。不久，太守陈宠调往京师任大司农。和帝问道："你采用什么方法使广汉郡得以治理？"陈宠说："我任用功曹王涣选拔使用有德才的人，任用主簿谭显拾遗补缺。我只是奉命宣读皇上的诏书。"和帝听后，非常高兴。

王涣从此名声显扬。

第二十章　治理国家的最基本的方法和原则

※题解

从我们的心灵出发

“为政在人，取人以身，修身以道，修道以仁”；仁，深植于我们的内心。

为政之道在于任人，任人的关键在于修养自身，修身的关键在于内心的至诚。

诚就是言行一致，不自欺也不欺人。诚就是实事求是。

中庸就是诚，不矫饰，不虚伪。坚持自己独立的节操，不阿附，也不偏执。

※原文

哀公问政。

子曰：“文武之政，布在方策[1]。其人存[2]，则其政举；其人亡，则其政息[3]。”

※注释

1 布在方策：记载在书中。布：陈述。策：通“册”，书写用的竹简。

2 其人存：倡导某项政策的人处在相应的位置。人：指处于一定位置的执政者。

3 息：停止。

※人物简介

鲁哀公（？—公元前468年），名蒋，鲁定公的儿子。公元前495年，他继立为鲁君，在位二十七年。谥号“哀”。

※译文

鲁哀公向孔子请教治国之道。

孔夫子说：“周文王、周武王的政事，都详细地记载在典籍上，是可资借鉴的。执政的人在位，那么他所推行的政事就会得到很好的实施；执政的人不在位，他倡导的事业也就废弛了。”

※论引

孔颖达说：“文王、武王为政之道，皆布列在于方牍简策。虽在方策，其事久远，此广陈为政之道。若得其人，道德存在，则能兴行政教，故云‘举’也。其人若亡，道德灭亡，不能兴举于政教。若位无贤臣，政所以灭绝也。”

朱子说：“有是君，有是臣，则有是政矣。”

※札记

论政

景公时，雨雪三日。被狐白裘，坐于堂侧，谓晏子曰：三日雨雪，天下何不寒？晏子曰：夫贤君饱则知人饥，温则知人寒。公乃去裘。

从上面的故事来看：老百姓如果因为得不到快乐，而埋怨国君，实在是不对的。然而一个领导人，没有做到与民同乐，也是不对的。一个领导人，以人民的快乐为自己的快乐，老百姓也就会以领导人的快乐为快乐。领导人能把人民的忧苦看作自己的忧苦来解决，那么老百姓也会把国君的忧烦，看成为自己的忧烦去尽忠。

所以，如果领导人以天下人的快乐为快乐，以天下人的忧苦为忧苦，而说他不能行王道于天下，那是绝对不可能的。

※史例阐释

给别人以信任

陈元，字长孙，东汉苍梧广信（今广西梧州市）人。他少传父业，专攻《左氏春秋》，为之训诂，锐精覃思，以才高称名；与桓谭、杜林、郑兴俱为学者所宗。陈元后拜为郎，迁司空，以病归乡里。

大司农江冯上书朝廷，认为应当让司隶校尉督察三公。陈元上书说："据我所知，自古以来，以大臣为师，必定称帝；以大臣为友，必定称霸。因此，周武王以姜子牙为师，齐桓公称管夷吾为仲父。近世如高皇帝优待礼遇相国，太宗给予宰辅以专权。只是到了王莽，汉家中世衰落，以至于王莽独揽大权，窃取国柄。正因为如此，他以自己的行为得出结论：不信任大臣。从而剥夺公辅的职责，损害宰相的权力和威望，把全部权力都集中到自己手里，以刺探检举百官为明察，以诬陷攻讦为忠直。以至于仆从揭发君长，子弟检举父兄。网密法峻，大臣手足无措。纵使如此提防自专，却仍然不能禁止董忠之谋，最终没能逃脱被世人所杀的命运。因此，作为统治人民的君王，其祸患在于自我骄矜，而不在于大臣专断。失于自任，而不在于任人。所以，文王日夜劳心，周公吐哺礼贤，却根本没有听说过用刺探、检举、督察的方法来治理国家的先例。现在，天下动荡，国家未能统一，百姓们徘徊顾盼，民心未定。陛下应该努力实行文王、武王所创制的典章法度，继承祖先的德泽，劳心下士，屈节待贤，而不应当让官府督察三公。"他的意见为皇上所采纳。

※原文

人道敏政[1]，地道敏树[2]。夫政也者，蒲卢[3]也。

※注释

1 人道敏政：人对于政令的反应是敏锐的。人道：人的天性。是与"天道"相对应的古代哲学概念。敏：迅速，敏锐。

2 地道敏树：土地对于种子的反应是及时的。地道：即地利，土地的本质。它也是与"天道"相对应的古代哲学概念。树：栽培树木，种植百谷。

3 蒲卢：沈括以为蒲卢就是蒲苇，即芦苇。水生植物，生长迅速，柔韧顺变。这里用以说明为政之道，比喻君子从政得到贤臣辅佐就会很快取得成功。又《诗经·尔雅》云："蜾蠃，蒲卢。"即今之细腰蜂，即土蜂。《诗经》曰："螟蛉有子，蜾蠃负之。"蒲卢，取桑虫之子以为己子。

※译文

人们对于政令的反应是敏锐的，就像土地对于种子的反应一样，及时迅速。因此说，政事，就像芦苇一样，是容易推行的，也是易于摧折的。

※论引

郑玄说："人之无政，若地无草木矣。蒲卢取桑虫之子，去而变化之，以成为己子。政之于百姓，若蒲卢之于桑虫然。"

孔颖达说："为人君当勉力行政。为地之道，亦勉力生殖也。人之无政，若地无草木。地既无心，云勉力者，以地之生物无倦，似若人勉力行政然也。善为政者，化养他民以为己民，若蒲卢然也。"

朱子说："以人立政，犹以地种树，其成速矣，而蒲苇又易生之物，其成尤速也。言人存政举，其易如此。"

※札记

宽容，使人心悦诚服

权威与财势不足凭恃，只有我们的德行能够令人心悦诚服，并能够使人乐于接受。

对于一个国家或一个地方的治理，并不在于制定了多少法令或制度，关键在于执政者的良知与德行。"民为邦本，本固邦宁。"百姓安定，国家就必然稳定发展，国力也就强大。

中就是包容，是与非两个方面共存共生的和谐状态。庸就是依时依事所做出的取舍。

无论做什么事，不论我们的初衷如何，只有诚能够取得最终的成就；也只有诚，才有可能得到永恒的友谊，获得长久的合作，才有可能使我们所推行的事业取得成功。

※史例阐释

灌瓜县令

春秋时代，梁国和楚国邻界。梁国任命宋就去任县令。

当地的气候适宜种植瓜果，两国的种植习惯也相同，都在自己的土地上种了瓜。

这年天气干旱，瓜苗正在成长时受到灾害，梁国人精心管理，勤于灌溉，于是，瓜苗长势明显好转。

楚国人管理粗疏，只是一味靠天，不主动地进行抗灾自救，对瓜田既不灌溉也不勤加管理，所以幼弱的瓜苗已趋枯萎。看到这种状况，楚国人心里很不是滋味，于是产生了嫉恨心理。他们就在夜间去毁坏梁国人的瓜田。

梁国人很愤怒，打算报复，一场村民间的争斗即将发生，很可能因此酿成大的动荡，影响边界的安定。

这时，梁国县令宋就召集村民，他说："作为邻居，不应当睚眦必报，使积怨加深，应当和睦相处，互相照应。只有双方和谐相处，保持安定，大家才能都安居乐业，才能共同有一个丰硕的收获。"

梁国人接受了他的意见，于是他让梁国人在浇灌自己的土地的同时，也灌溉楚国人的瓜田。当楚国人从戒备中回过神来，看到梁国人不但没有报复，反而毫无怨言地暗中帮助他们浇灌瓜田，于是很受感动，双方便消除了旧怨，不再对立，友好相处。从此梁、楚两国建立起了友好关系。

为政其实就像耕种一样，只要栽上树苗，撒上种子，都会生根发芽，开花结果。

※原文

故为政在人。取人以身。修身以道。修道以仁。

※译文

因此，治理国家的关键在于人才。选贤任能的前提在于提高自己的品德修养。品德修养必须立足于道。修道必须从仁义做起。

※论引

郑玄说："在于得贤人也。明君乃能得人。"

孔颖达说："君行善政，则民从之，故欲为善政者，在于得贤人也。君欲取贤人，先以修正己身，则贤人至也。欲修正其身，先须行于道德也。欲修道德，必须先修仁义。"

朱子说："此承上文人道敏政而言也。为政在人，家语作'为政在于得人'，语意尤备。人，谓贤臣。身，指君身。道者，天下之达道。仁者，天地生物之心，而人得以生者，所谓元者善之长也。言人君为政在于得人，而取人之则又在修身。能修其身，则有君有臣，而政无不举矣。"

※札记

让我们的仁德弘扬光大

家事国事天下事，事事都得重视。只有处理好家事，才有可能处理好国家的事，也才有能力承担天下的大事，而修身则是终身的根本大事。“邦之兴，由得人也；邦之亡，由失人也。”（唐·白居易《辩兴亡之由策》）意思是说：国家的兴盛，在于得到了有才能之人的扶持；国家的灭亡，是由于失去了贤德之人的辅佐。

所谓领导，就是领路的向导。“为政之要，惟在得人，用非其才，必难致治。”（唐·吴兢《贞观政要》）建立有效的礼法制度，必须注重道德建设；权力越大，越需要良知。

国家的兴旺发达，取决于政务是否得当。政事的得失，关键在于执政者的德行。正心，就是端正我们的良心，以天地之心为心。仁德就像一粒种子，施与就如同播种了德行。

※史例阐释

给我们的命运一个强有力的支点

盖苗，字耘夫，大名元城人。他幼时便聪敏好学，善记诵，及弱冠，游学四方，登进士第，授济宁路单州判官。盖苗辟御史台掾，除山东廉访司经历，历礼部主事，擢江南行台监察御史，户部侍郎；升侍御史，寻拜中书参知政事、同知经筵事。史评：“盖苗学术淳正，性孝友，喜施与，置义田以赡宗族。平居恂恂谦谨，及至遇事，张目敢言，虽经挫折，无少回挠，有古遗直之风焉。”

盖苗任参知政事，同知经筵事。执政大臣提议派出侍卫人员去任郡、县长官，使他们的生活境况得以改变。盖苗当即提出不同见解，他说：“郡、县长官的职责是管理抚养民众，怎么能作为滋养官员改变他们生活的地方呢？如果有人的生活真正清贫不能维持，吃、穿无以为继，妻儿饥寒冻馁，那么给他们补助一些钱财也是可以的。但是如果选择任命郡、县长官，就必须选拔有才能且品德高尚的人才行，绝不能因为他们贫穷就让他们任郡、县长官。”从此这种说法不再有人提起。

※原文

仁者[1]，人也，亲亲为大[2]。义者，宜[3]也，尊贤为大。亲亲之杀[4]，尊贤之等，礼所生也[5]。

※注释

1 仁：指人们之间相亲相爱，宽恕包容。它包含的内容十分广泛，具体如恭、宽、信、敏、惠、智、勇、忠、恕、孝、悌等各个方面，而以“忠、恕”为核心。《孟子·尽心下》曰：“仁也者，人也，合而言之，道也。”

2 亲亲为大：以爱自己的亲人为根本。《孟子·尽心上》曰：“亲亲而仁民。”“亲亲，仁也；敬长，义也。”

3 宜：处事得宜，即是义。

4 杀：区别。《礼记·文王世子》曰：“其族食世降一等，亲亲之杀也。”指亲爱亲族根据关系远近而有所分别。

5 礼所生也：是礼仪的规定。礼：等级制度下的社会规范和道德标准。

※译文

仁就是爱人，爱自己的亲人就是最大的仁。义就是处事合乎情理，尊崇、敬仰贤德的人就是最大的义。亲疏远近的分别，贤达等级的不同，这是礼制所作出的规定。

※论引

孔颖达说：“行仁之法，在于亲偶。欲亲偶疏人，先亲己亲，然后比亲及疏。若欲于事得宜，莫过尊贤。五服之节，降杀不同，是亲亲之衰杀。公卿大夫，其爵各异，是‘尊贤之等’。礼者所以辨明此上诸事。”

朱子说：“人，指人身而言。具此生理，自然便有恻怛慈爱之意，深体味之可见。宜者，分别事理，各有所宜也。礼，则节文斯二者而已。”

※札记

把自己的事情办好

我们每天都面临着生活的挑战，不容回避，我们必须履行我们的责任。“以至诚为道，以至仁为德。”（苏轼《道德》）以我们天性中的韧性，默默地坚持，并力求将每一天都过得充实。往日的时光已经无可挽回，未来的岁月自当珍惜，而要成就事业，必须牢牢把握现在。我们只是芸芸众生中微不足道的一分子，冲线的机遇很少，更多的是保持着前进的姿势和奋斗的执着。

“种树者必培其根，种德者必养其心。”（明·王守仁《传习录》）为了生活，努力把自己的事情做好，这是唯一的出路，舍此别无他途。凡事总要付出代价，不要幻想着有不劳而获的美事。

修身之道，重在纯洁心灵。斋戒使自己的心灵纯洁，使自己的心灵回归。“以仁安人，以义正我。”（董仲舒《春秋繁露》）亲亲相依，家庭和睦，社会自然也就和谐安定。

※史例阐释

张良“迟到”

张良在下邳游历，一天来到城外的土桥上，他将目光投向蓝天，望着渐飞渐远的白云，极目眺望，烽火台孤独兀立，他一时陷入沉思，神游天外。

这时，一位穿着麻布衣服的长髯老翁缓缓走来。土桥上坑洼不平，老翁有意无意地一个踉跄，一只鞋子掉到了桥下。张良猛然回头，急忙搀扶老翁。老翁对张良说：“年轻人，给我把鞋子取上来！”张良默默取回鞋子。老翁又说：“给我穿上！”张良就跪下给他穿上鞋子。老翁怡然而受，仰天大笑而去。张良愕然，目送老翁远去。老翁走了约有一里远，又返回来，对张良说：“孺子可教啊！五天后的黎明，在这里见我。”张良内心更加震惊，跪拜说：“是。”

第五天黎明，张良急急赶到，老翁却早已经在等他了。老翁生气地说：“和老人约定，却迟到，为什么呢？”起身离去，说，“五天后再来。”

五天后的凌晨，鸡刚啼鸣，张良就来到土桥上了。可是老翁又先到了，十分愠怒地说：“又迟了，是什么道理？”又自顾走了，说：“五天后要早点来。”

五天后，张良没有睡觉，不到半夜就来到约定的桥上等待。过了一会儿，老翁从容走来，看见张良，高兴地说：“应该这样。”说着，从怀中取出一本书，说：“读通这本书就可作王者之师。十年后，你的命运就会出现转机。十三年后，你在济北就会见到我，谷城山下的黄石就是我。”然后离去，别无他言。天明张良打开书观看，原来是《太公兵法》。

张良更加感到奇异，于是，潜心研习诵读，终成一代著名谋略家，辅佐汉高祖刘邦平定天下，建立了西汉政权。

※原文

在下位不获乎上，民不可得而治矣。故君子不可以不修身；思修身，不可以不事亲；思事亲，不可以不知人；思知人，不可以不知天。

※译文

处在低微的位置，如果不能获得上级的信任和支持，那么就无法治理地方。所以，君子不能不重视修养自己；想要提高自己的修养，就不能不从侍奉自己的亲人做起；要想侍奉好亲人，就不能不了解他人的心性；要做到对他人的了解，就不能不理解天性物理。

※论引

郑玄说：“修身乃知孝，知孝乃知人，知人乃知贤、不肖，知贤、不肖乃知天命所保佑。”

孔颖达说：“思念修身之道，必先以孝为本。既思事亲，不可不先择友取人也。欲思择人，必先知天时所佑助也。谓人作善，降之百祥；作不善，降之百殃，当舍恶修善也。”

朱子说：“为政在人，取人以身，故君子，不可以不修身。修身以道，修道以仁，故思修身不可以不事亲。欲尽亲亲之仁，必由尊贤之义，故又当知人。亲亲之杀，尊贤之等，皆天理也，故又当知天。”

※札记

举起自己生命的旗帜

面对朝霞，对自己说，新的一天开始了。

这世界并不因为你的到来而欢欣鼓舞，也不会因你的离去而黯然失色；并不因为谁的到来而进行特别的迎接，也不会对谁表示出无端的厌弃；既不会因为你的到来而增加什么，更不会因为你的离去而减少多少。

种子无法选择生长的土壤，但是，只要落脚的地方有泥土，它们就会萌芽、生长、开花、结果，将它们的生命张扬。

尽管生活日复一日地重复着无关紧要的旧事，但岁月却每天都有所不同。为你的心寻求一份纯真，高举生命的旗帜，为生存努力拼博。

※史例阐释

不以私恩而废公德

崔洪，字良伯，晋代博陵安平（今河北省安平县）人。少以清厉显名，骨鲠不同于物，人之有过，辄面折之，而退无后言。武帝时，他为治书御史，寻为尚书左丞。

时人为之语曰：“丛生棘荆，来自博陵。在南为鹞，在北为鹰。”崔洪举用贤士，门无私谒，官至大司农。

崔洪举荐雍州刺使郤诜代替自己任左丞。后来，因事连坐，郤诜领旨审查崔洪的问题。崔洪对人说：“我推荐郤诜任左丞，他却参奏我，这是我拿起弓箭向自己射了一箭啊。”郤诜听到后，说：“从前，赵宣子任用韩厥为司马，韩厥依据军法，杀掉了赵宣子的仆从。赵宣子对各位大夫说：‘你们应该向我祝贺啊，我推荐的韩厥完全能够担当重任。’崔洪前辈为国家举荐人才，没有私心，我也是因为略有微才而被举荐任用。所以，更应该尽心竭力、恪尽职守，不敢有负重望啊，各自出于至公而无任何私念，先生在私下哪能说出这样的话语呢？”崔洪听到这番话以后，更加器重郤诜。

※原文

天下之达道五，所以行之者三，曰：君臣也，父子也，夫妇也，昆弟也，朋友之交也。五者天下之达道也。知，仁，勇，三者，天下之达德也。所以行之者一也。

※译文

天下的人伦关系有五种，而在日常生活中所遵循的原则有三种。即：君臣、父子、夫妇、兄弟、朋友。这五种关系是天下人通行的伦常关系。智、仁、勇，这三种美德是人们共同遵奉的做人原则。在日常实践中的运用，都是以中庸为唯一目标。

※论引

郑玄说：“达者，常行，百王所不变也。”

孔颖达说：“五者，谓君臣、父子、夫妇、昆弟、朋友之交，皆是人间常行道理，事得开通。知、仁、勇，人所常行，在身为德。百王用此三德以行五道。五事为本，故云‘道’；三者为末，故云‘德’。若行五道，必须三德。无知不能识其理，无仁不能安其事，无勇不能果其行，故必须三德也。百王以来，行此五道三德，其义一也，古今不变也。”

朱子说：“达道者，天下古今所共由之路，即书所谓五典，孟子所谓‘父子有亲、君臣有义、夫妇有别、长幼有序、朋友有信’是也。知，所以知此也；仁，所以体此也；勇，所以强此也；谓之达德者，天下古今所同得之理也。一则诚而已矣。达道虽人所共由，然无是三德，则无以行之；达德虽人所同得，然一有不诚，则人欲间之，而德非其德矣。”

程子曰：“所谓诚者，止是诚实此三者。三者之外，更别无诚。”

※札记

必须与人合作

事业的成就，并不是自己一人所为的结果，而是通力合作者共同的心血结晶。

尊贵如君主，也需要大臣的辅佐；子依父荫，父靠子显；夫荣则妻贵，妻贤夫祸少。正如我们常说的：所取得的功勋“有你的一半，也有我的一半”；兄友弟恭，相互照应；朋友相交，互为依附。而天下之大，人与人的关系，归结起来也无非就此五种。善处之则可给自己以扶持，从而使自己的人生得到充分的张扬。古今成就大事业的人，无不是借助于合作者的力量，做出丰功伟业的。

人在社会中生存，就是合作，没有合作就没有事业，合作是建立在信任的基础上的，是合作双方的相互补充与加强，而信任是各自德行的相契。

※史例阐释

胜败系于一念

《孙子兵法·谋攻》曰：“知可以战与不可以战者胜，识众寡之用者胜，上下同欲者胜，以虞待不虞者胜，将能而君不御者胜。”意思是说，上下同心，必然战无不胜。

战国时，燕昭王任用乐毅为上将军，联合赵、魏、韩等六国军队进攻齐国，以报家国之仇。燕昭王十分信任和倚重乐毅，与乐毅意见统一，方略一致。乐毅放手在前线作战，不受掣肘。五年时间，连夺齐国七十余城，置为郡县以属燕国。唯独莒、即墨二城未下，还在坚守。当乐毅即将取得最后胜利时，燕昭王死去，燕惠王即位。因惠王在太子时就对乐毅不满，这时，齐国间谍散布谣言说：“齐城还没有攻取的只剩两座了。之所以不早日攻占，据说是因为乐毅与新任燕王有隔阂，准备让军队长期留在齐国，他南面王齐。齐军忧虑的是其他将军统帅军队。”听到齐国的反间，燕惠王果然中计，于是任命骑劫取代乐毅，燕军将士由此军心涣散。齐田单与骑劫战，破骑劫于即墨城下，齐国转败为胜，全部收复了齐国的土地和城池，迎接齐襄王于莒，回到都城临菑。

乐毅惧怕被害，于是逃往赵国。

人们总是愿意相信敌人的话，而怀疑自己人的诚意。

※原文

或生而知之[1]；或学而知之[2]；或困而知之[3]。及其知之，一也。或安而行之[4]，或利而行之[5]，或勉强而行之[6]。及其成功，一也。

※注释

1 生而知之：天赋超常，天生自知，具有天成的高贵品质。

2 学而知之：通过自己的学习实践而求得知识和学问，提高自己的修养。

3 困而知之：因为身处困境，迫于情势，因而刻苦求学，乃有所知所成。

4 安而行之：无欲无求，顺天应人，无为而为，安然处之。

5 利而行之：因为对自己有利，于是在利益的引导下欣然行之。

6 勉强而行之：勉力自强，奉行不懈。勉强：耻于自己不如他人。

※译文

在修养品德的条件与方法上，有的人与生俱来就在天性中带有这种美德；有的人通过学习提高了自己的素养；有的人在遇到困难后能够悉心向道，并终有所得。无论条件如何不同，但是最终的目的都是一样的。在修养品德的态度上，有的人顺天应人，无为而为，自愿自觉地奉行，安然处之；有的人为了获得某种好处，在利益的引导下欣然而行；有的人勉力自强，不甘落后，所以奉行不懈。虽然出发点各不相同，但是最终都能付诸实践，这是共同的效果。

※论引

郑玄说：“长而见礼义之事，己临之而有不足，乃始学而知之，此‘达道’也。”

朱子说：“知之者之所知，行之者之所行，谓达道也。以其分而言：则所以知者知也，所以行者仁也，所以至于知之成功而一者勇也。以其等而言：则生知安行者知也，学知利行者仁也，困知勉行者勇也。盖人性虽无不善，而气禀有不同者，故闻道有蚤莫，行道有难易，然能自强不息，则其至一也。”

吕氏曰：“所入之涂虽异，而所至之域则同，此所以为中庸。若乃企生知安行之资为不可几及，轻困知勉行谓不能有成，此道之所以不明不行也。”

※札记

让读书支撑我们的生命

人是通过学习与实践来提高学识的。真理不可能像每天的日出那样自动地到来，真理需要我们付出艰辛的努力求索，方可悟解。甘地说：“我们的所有活动应该围绕真理展开。真理是我们生命的真正力量。一旦追求真理达到了这一境界，所有正确的生活原则就会自动到来。那时，服从原则就会成为本能。但如果没有真理，就不可能遵守生活中的任何原则或规则。”

※史例阐释

让灵魂静静地栖居

窦章，字伯向，东汉扶风平陵（今陕西省咸阳市西北）人。少好学，有文章。永初年间，避羌寇之乱，迁家于关外。窦章生性沉静，潜心学问，与马融、崔瑗为友。他经太仆邓康推荐入东观为校书郎；顺帝初擢为羽林郎将，迁屯骑校尉。窦章为人谦谨，礼贤下士，为时人称道。

永初年间，三辅遭受羌兵叛乱的骚扰，窦章迁往关外避难，住着茅草房，吃的是粗粮，生活十分贫困。他勤劳耕作，以自己劳动的成果奉养老人，同时刻苦读书，从不懈怠。太仆邓康听说他的名声后，内心敬慕，愿与他结交为友，数次相邀，窦章却都不肯前往，邓康因此对他更加敬重。在汉代，东观是读书人向往的圣地，被称做老子修养得道的灵室，就如道家所传说的蓬莱山。于是邓康推荐窦章进入东观为校书郎。

※原文

子曰：“好学近乎知，力行近乎仁，知耻近乎勇。”

※译文

孔夫子说：“好学上进就能够使自己的智能提高，努力付诸行动就可能接近仁德，知道廉耻并能立即改正就接近于勇。”

※论引

孔颖达说：“能好学，无事不知。以其勉力行善，故‘近乎仁’也。以其知自羞耻，勤行善事，不避危难，故‘近乎勇’也。”

朱子说：“未及乎达德而求以入德之事。通上文三知为知，三行为仁，则此三近者，勇之次也。”

吕氏曰：“愚者自是而不求，自私者殉人欲而忘反，懦者甘为人下而不辞。故好学非知，然足以破愚；力行非仁，然足以忘私；知耻非勇，然足以起懦。”

※札记

活出我们的尊严

人生就是一个不断进取和蜕变的过程。生命的意义，就在于不息地向我们未知的领域探求。活着，就是要努力做出成绩。

而在生活的斗争中，很多时候，我们面临着命运的打击，使我们的道路脱离既定的轨道，将我们的人格强行扭曲。但是，我们必须坚守住自己的道德底线，让自己有尊严地活着，绝不应当放弃。无奈时的沉默，体现的是思想的坚定，有限的合作更令人钦佩。

正义必须坚持，但不要固执一端，天下没有绝对不变的真理，一切都随着时间、地点、条件的转移而发生出乎意料的变化，重要的是保存自己。生命最为重要，只要生命还在，只要我们能够坚持到底，我们就有机会。时间会帮助我们解决一切危机，带领我们走出困境。不论多高的坎儿，总会迈过去。

※史例阐释

在人们的视野中，留下自己的身影

范滂，字孟博，东汉汝南征羌（今河南省漯河市郾城区）人。少厉清节，为州里所服。举孝廉，光禄四行。当时冀州饥荒，盗贼群起，范滂为清诏使，登车揽辔，慨然有澄清天下之志。他巡行到冀州境内，太守与郡令自知贪墨，闻风即解印绶逃去。因反对宦官专权，罹党锢之祸，范滂被捕下狱，死于狱中。

范滂升任光禄勋主事时，陈蕃为光禄勋。范滂因公务去见陈蕃，陈蕃倨傲不礼，范滂愤而扔掉公文，弃官离去。郭林宗听说这件事以后，责备陈蕃说："像范滂这样的人，怎么能用一般的礼仪规格对待呢？现在他弃官而去，成就了他不向权贵屈就的清名，我们自己反而落下不尊重仁人志士的名声，这哪里值得啊？"

建宁二年，大规模诛杀党人，朝廷诏令各地立即逮捕范滂等人。督邮吴导抱着诏书，把自己关闭在驿馆内伏床哭泣。范滂听到后说："必定是因为我啊。"当即自己到监狱投案。县令郭揖十分震惊，解下印绶，拉着范滂共同逃亡。他说："天下很大，你何必要去投案呢？"范滂说："我以此而死，灾祸就将平息，怎么敢连累你犯罪，又让老母亲流离失所呢？"范滂的母亲来与儿子诀别。范滂禀告母亲说："仲博孝敬，能够承担敬养您的责任，我就去黄泉陪伴龙舒君，活着的和亡故的各得其所。只是愿您割断不忍之恩，不要过度悲伤。"母亲说："你如今能够与李膺、杜密齐名，死有何恨！既要拥有美好的名声，又想求得长寿，哪里能够同时兼得呢？”范滂跪着接受母亲的教诲，再拜后向母亲辞行。范滂又对自己的儿子说：“我想让你做坏事，但是坏事一定不能做；我想让你做好事，然而我从来就没有做过坏事。”过路的人听到后，无不流下同情的眼泪。

※原文

知斯三者，则知所以修身；知所以修身，则知所以治人；知所以治人，则知所以治天下国家矣。

※译文

知道这三点，就知道如何修养自己；知道修养自己的方法和方向，就知道怎样治理地方、管理人民；知道管理人民的要则，就知道如何治理天下和国家了。

※论引

郑玄说：“有知、有仁、有勇，乃知修身，则修身以此三者为基。”

《礼记·正义》曰：“明修身在于至诚，若能至诚，所以赞天地、动蓍龟也。博厚配地，高明配天。”

※札记

在那个名单中加上我的名字

在这块埋葬着死者的大地上，一代代的人们踩着同样的足迹前进，一天天重复做着同样的事情，就像一个个复制品，在毫无新意地复制着过去。但是，历史注定要将一些人的名字记载下来，也因为他们的生命历程使历史生动起来。因为他们负起了历史赋予的责任，历史最终也慷慨地成就了这群人的奋斗。他们的经历中被深深地打上了时代的烙印，他们最终成了所在时代的路标。

※史例阐释

此时此刻，我独一无二

刘挚，字莘老，永静军东光人。性峭直，有气节，通达明锐，触机辄发，不为利怵威诱。自初辅政至为相，修严宪法，辨白邪正，专以人物处心，不受谒请。刘挚小时候，父亲刘居正教他读书，要求十分严格，从早到晚他都没有一点闲暇时间。有人劝告刘居正说："你只有一个儿子，为什么不能稍微放宽松些，而管教得这么严厉呢？"刘居正说："正因为我只有这一个儿子，所以我才不能任由他放纵！"

刘挚升任门下侍郎，和同僚讨论人才问题，他说："人才难得，其能力大小、品行高低各不相同。天性忠诚朴实而才德出众的，是优秀的栋梁之材；才识稍低而品德高尚忠实可靠的，属于中等。有才华而品行不端的人，也可以借助其才能办理一些事情，属于下等。至于那些擅长察言观色、拍马逢迎、见风使舵，为了某种目的随时都会出卖原则的人，是地地道道的小人，无论如何，都不能录用。"哲宗及宣仁皇后说："诚能如此用人，还有什么理由忧虑国家治理不好呢？"于是任命刘挚为尚书右仆射。

※原文

凡为天下国家有九经[1]，曰：修身也，尊贤也，亲亲也，敬大臣也，体群臣[2]也，子庶民[3]也，来百工[4]也，柔远人[5]也，怀诸侯[6]也。

※注释

1 九经：九条基本准则。经：经纬，常规，准则，纲要。

2 体群臣：体恤下属，体察实际情况。体：体察，体恤。设身处地体察其心。

3 子庶民：即以庶民为子。如同父母爱护儿女那样爱护百姓。庶民：平民，普通老百姓。

4 来百工：召集来各地、各行业的能工巧匠。来：招来，召集。百工：各种工匠，是各种手工业工匠的总称。

5 柔远人：以友善和宽容对待、安抚边远、落后地方的人。柔：怀柔，引申为优待。远人：指远方的平民百姓。

6 怀诸侯：朝廷对所分封的各诸侯给予安抚和保护。怀：安抚。

※译文

一般地说，治理天下和国家有九条基本原则必须遵循，即：修养自身的德行，尊崇并任用贤哲，爱护抚恤亲族，敬重信任大臣，体恤群臣僚属，爱民如子，招用工匠，优待远人，德抚诸侯。

※论引

孔颖达说："修正其身，不为邪恶，则道德兴立也。以贤人辅弼，故临事不惑，所谋者善也。”

吕氏曰：“天下国家之本在身，故修身为九经之本。然必亲师取友，然后修身之道进，故尊贤次之。道之所进，莫先其家，故亲亲次之。由家以及朝廷，故敬大臣、体群臣次之。由朝廷以及其国，故子庶民、来百工次之。由其国以及天下，故柔远人、怀诸侯次之。此九经之序也。”

朱子说：“视群臣犹吾四体，视百姓犹吾子，此视臣视民之别也。”

※札记

灵魂是平等的

不要忽略脚下的路，也不要无视天上的星辰。

人和人不一样，生命总有差别。不同的家庭，不同的时间，不同的路，注定了人们不同的命运。不同的命运注定了人们只能以各自的姿态面对自己的生活。

做什么不重要，重要的是做人。做人的基本准则就是平等，既不要自以为高人一等而居高临下，也不要妄自菲薄而献媚求宠。

不论命运加诸在我们头上的是多么不公平的重负，我们都应积极面对。不要说不，既不要对别人，也不要对自己。要默默奋斗，并把所有的关爱，都给予与我们有关的一切人，留下我们值得后人称颂的德行，这才是做人的真正成功。

※史例阐释

说百姓的话，为百姓说话

张晋亨，字进卿，元代冀州南宫（今河北省南宫县）人。张晋亨广泛涉猎经书历史，为人小心谨慎，临事思虑周密。他累官至怀远大将军、淄莱路总管军事；有战功，以镇静为务。

宪宗即位，各地长官朝见，朝议改革赋税，施行包银制，即每户交纳赋银六两。当时，张晋亨代理东平府事，跟随长官入朝觐见。东平府每年的贡赋高于其他地方数倍，往来输送数量极大，各类事务争讼繁多，吏民畏苦不堪。当朝廷征求各地意见时，有些省、道的长官却主动请求先在自己辖区内试点。张晋亨当面斥责说：“各位大人的基本职责在于亲抚百姓。而怎样对百姓有利，怎样对百姓有害，你们难道心里不清楚吗？现在有幸面见皇上，你们不顾事实，知而不言，却争相附和权势，这是犯罪呀！而当承担了试行的任务，回到地方，百姓不便，无法圆满完成，那么该承担什么罪责？况且，各地所出的土特产各不相同，以产品实物交纳赋税，百姓便利、也易于足量缴纳。如果必须让百姓交纳赋银，必将致使百姓倾家荡产。”执政大臣将张晋亨的话奏报皇上，第二天，皇上召见张晋亨，张晋亨就把自己的意见据实奏闻，皇上听后觉得他的意见是正确的。于是减免百姓每户赋税总额的三分之一，仍然允许老百姓以实物缴纳赋税。于是这种做法便成为定制而被沿用了。

不求为民请命，但能为民代言，就是好官。

※原文

修身则道立，尊贤则不惑，亲亲则诸父昆弟不怨，敬大臣则不眩[1]，体群臣则士之报礼重，子庶民，则百姓劝[2]，来百工则财用足，柔远人则四方[3]归之，怀诸侯则天下畏之。

※注释

1 不眩：没有疑虑。眩：目眩眼花。引申为迷惑，失去方向。喻指政事紊乱。

2 劝：劝化。勉力，努力。

3 四方：天下各诸侯国。

※译文

修养自身，就是树立正道；尊崇贤哲，则方向明确而思想没有疑惑；亲爱亲族，那么叔伯兄弟就会互相亲附而没有怨恨；敬重信任大臣，就不至于临事无措；体恤群臣，那么有才能的人们就会竭力报效知遇之重礼；爱民如子，老百姓就自然受到劝化而忠心耿耿；招用工匠发展经济，就有充足的财物积累而满足使用；优待远方来附的人，四方的百姓就会在内心向往归顺；德抚诸侯，那么天下的人就敬畏悦服。

※论引

孔颖达说：“以恭敬大臣，任使分明，故于事不惑。前文不惑，谋国家大事，此云‘不眩’，谓谋国家众事，但所谋之事，大小有殊，所以异其文。群臣虽贱，而君厚接纳之，则臣感君恩，故为君死于患难，是‘报礼重’也。爱民如子，则百姓劝勉以事上也。百工兴财用也，君若赏赉招来之，则百工皆自至，故国家财用丰足。怀诸侯则天下畏之。君若安抚怀之，则诸侯服从，兵强土广，故‘天下畏之’。”

朱子说：“此言九经之效也。道立，谓道成于己而可为民表，所谓皇建其有极是也。不惑，谓不疑于理。不眩，谓不迷于事。敬大臣则信任专，而小臣不得以间之，故临事而不眩也。来百工则通功易事，农末相资，故财用足。柔远人，则天下之旅皆悦而愿出于其途，故四方归。怀诸侯，则德之所施者博，而威之所制者广矣，故曰天下畏之。”

※札记

我们也是自己劳动成果的享受者

职业是我们生活的依靠，是为我们提供一日三餐的谋生之道。对于所承担的工作，应当心怀感恩，同时也要树立自信，我们各有所长，我们的长处独一无二，对这个世界来说，我们都是不可或缺的。因此，我们必须尊重彼此的技艺和才能。

诚实、能干、友善、尽职——所有这些特征，都是必备的素质。即使是一份低微的工作，也应当将之做成精品，从而使自己的价值得以体现。

※史例阐释

仁德无敌

羊祜（公元221年—公元278年），字叔子，泰山南城（今山东省费县）人，出身于名门士族之家。祖父羊续在汉末曾任南阳太守，父亲羊衜在曹魏时期任上党太守，母亲蔡氏是汉代名儒、左中郎将蔡邕的女儿。羊祜五岁时，他让乳母去取他玩耍的金环。乳母说：“你以前没有这样的东西。”羊祜就让她到邻居李氏家东墙边的桑树洞中去找，果真找到了一个精美的金环。李氏震惊地说：“这是我夭亡的儿子所丢失的玩物啊，你凭什么拿走！”乳母就以详情告之，李氏悲伤哀婉。他在汶水边游玩时，遇见一位白须老翁，老人说：“孺子有好相，年未六十，必建大功于天下。”忽然不知所在。又有善相墓者，说羊祜祖墓所在有帝王气，若凿之则无后，羊祜遂凿之。相者又说：“犹出折臂三公。”后来羊祜竟然堕马折臂，位至三公而无子。羊祜十二岁时父亲弃世，孝行哀思超过常礼。他长大后，博学多才，长于论辩，在当时很有盛名。为官后，羊祜持身正直，从不拉拢攀附，也不搞亲亲疏疏，因此，有识之士对他特别敬重。他任相国，从事中郎，加散骑常侍、卫将军、迁尚书左仆射，都督荆州诸军事。

羊祜任平南将军。借鉴春秋时孟献子经营武牢而郑人畏惧，晏弱筑城东阳而莱子降服的历史经验，他采取军事蚕食和增修德信以怀柔民众相结合的策略。首先，羊祜挥兵占据了荆州以东的五大战略要地，建立城池，驻军固防，威胁吴国。每次交战，总是事先约定时间，不使用突然掩袭的诡谋奇计。有部下俘虏了吴军两位将领的孩子。羊祜立即命令将孩子送回。后来，吴将夏详、邵用及那两位少年的父亲也率部属一起来前来归降。吴将陈尚、潘景进犯，兵败被杀，但羊祜褒嘉他们的节操，厚礼殡殓。两家子弟前来迎丧，羊祜以礼送还。羊祜的军队收割吴国田里的稻谷以充军粮，每次都如数偿付相应的丝绢。因此，吴国百姓心悦诚服。人们平时尊称他“羊公”，而不称他的名字。

羊祜与陆抗两军相持，使者往来，陆抗佩服羊祜的品德，认为即使乐毅、诸葛孔明也不过如此。陆抗生病，羊祜给他送去药物，陆抗坦然服用，不存一点疑心。左右人员劝陆抗不要吃，陆抗说：“羊公难道是用毒药杀人的人吗?”当时人们都以为是华元、子反再生。

吴主孙皓听到边境的情况后，派人责问。陆抗说：“一乡一邑，都不可没有信义，何况是大国呢！我如果不这样做，反而是彰显了他的品德啊，对于羊祜能有什么损害呢?”

※原文

齐明盛服[1]，非礼不动[2]，所以修身也；去谗远色[3]，贱货而贵德，所以劝贤也；尊其位，重其禄，同其好恶[4]，所以劝亲亲[5]也；官盛任使[6]，所以劝大臣也；忠信重禄，所以劝士也；时使薄敛[7]，所以劝百姓也；日省月试，既禀称事[8]，所以劝百工也。送往迎来，嘉善而矜不能[9]，所以柔远人也；继绝世[10]，举废国，治乱持危，朝聘以时，厚往而薄来，所以怀诸侯也。凡为天下国家有九经，所以行之者一也。

※注释

1 齐明盛服：喻指修身的严谨自重。齐明：指内心虔诚。盛服：指外表仪容端庄自重。

2 非礼不动：不合乎礼仪法度的事不做。操守严正。

3 去谗远色：杜绝谗言，远避女色。谗：谗言。指搬弄是非，说别人坏话的人。

4 同其好恶：爱憎相同。意为不可有所特权。赏罚平等。

5 劝亲亲：规劝亲爱自己的亲族，使他们不怀有特权的思想。

6 官盛任使：给予大臣很高的地位和实际的权力，使他们得到信任而放手任用。官盛：官高位重，威仪隆盛。任使：信任而任用。

7 时使薄敛：只在规定的时节让百姓承担役使，征收较低的赋税。时使：使用百姓劳役尊从时令节气，不误农时。薄敛：减轻向百姓征收的赋税。

8 日省月试，既禀称事：建立定量考评制度，按日考勤，按月考核，按实际完成的工作额度给予相应的粮饷与酬报。省：视察。试：考核。既：即“饩”，指饮食报酬。禀：粮仓，借指粮食。称：相称。符合。

9 嘉善而矜不能：勉励嘉奖善举，体谅宽容失误。矜：怜悯，谅解。

10 继绝世：恩德延及已经被中断俸禄的家庭世系，使其得以延续。继：承继，延续。绝世：由于改朝换代或是因为过失而被中断俸禄的世系家族。使其后代恢复食禄，延续家族世系。

※译文

像祭祀那样心怀虔诚，衣着庄重，不符合礼仪的事坚决不做，这就是修养自身的德行；不听信小人的谗言，不贪恋女色，轻视财物而重视德行，这就是劝导人们尊崇贤哲；尊重他们在家族中的地位，给予丰厚的俸禄，赏罚平等，爱憎相同，这是意在劝化亲族不要怀有非分的特权思想；给予大臣很高的地位和实际的权力，信任而放手任用他们。这是对大臣的敬重；内心坦诚宽厚，并给予较高的俸禄待遇，是为了引导有才能的人忠心效力；只在规定的时节让百姓承担役使，且只征收较低的赋税，这是体现爱民如子的爱心；建立定量考评制度，按日考勤，按月考核，按实际完成的工作额度给予相应的粮饷与报酬，这是为了激励工匠努力工作；交际往来，以礼迎送，勉励嘉奖善举，体谅宽容失误，救济有困难的人，优待远方的宾客；恩德延及已经被中断俸禄的家族世系，使其得以延续，复兴已经衰败没落的邦国，征讨诸侯国的内乱，扶持危弱的小国，按时接受诸侯的朝见和接收敬献的礼品，并给予丰厚的馈赠，以德泽安抚各地诸侯。总之，治理天下和国家必须奉行的这九条重要原则，都要因时制宜，认真实施，但是这些原则的实行都必须合乎中庸。

※论引

朱子说：“一者，诚也。一有不诚，则是九者皆为虚文矣，此九经之实也。”

※札记

什么样的选择决定什么样的生活

我们无力选择命运，但我们可以决定我们的心态。

心态决定我们的生活，有什么样的心态，就有什么样的未来。

选择从事什么职业，在于我们自己。虽然很多时候我们是为生计所迫，但是，我们没有必要自我轻贱。职业没有贵贱，只是分工不同。不同的职业，所不同的只是付出的劳动方式有所差异，而从职业的本质意义上来说，所有的职业分工，都是为了生存而做的有益于他人，同时能够为自己带来收益的工作。因此，不论从事什么职业，只要能够给我们带来一个丰厚的酬劳，给我们一个富裕的生活，都应该尊重。所以，孔子说："虽执鞭之士，吾亦为之。"

尽可能地享受职业的荣耀。因为它是对我们自身价值的肯定与认同。

※史例阐释

一心合天

张浚，字德远，南宋汉州绵竹（今四川省绵竹县）人。四岁时父母亡故，沦为孤儿。但他行直视端，无诳言，识者知为大器。后入太学，中进士第；靖康初，为太常簿。高宗即位，除枢密院编修官。靖康事变后，南宋朝廷被迫南迁，局势混乱不堪，这时，发生了一件恶性事件，后军统制韩世忠的部下逼迫朝廷谏臣坠水而死，张浚坚决奏请将手握军权、立有大功的韩世忠进行查办，结果罢免了韩世忠观察使的职务。史书说：从此，"上下始知有国法在"。擢殿中侍御史；拜右相，兼枢密使。

建炎三年，护卫亲军发生兵变，形势严重，恰巧韩世忠率军队抵达常熟。张浚说："世忠来，大事可定。"急以书信相招。韩世忠到来，相对感动而流泪。韩世忠说："世忠愿与张浚以身家性命担当。"于是，张浚召集韩世忠、张浚手下将士，厉声问道："今日之举，孰顺孰逆？"一致回答说："贼逆我顺。"张浚说："叛贼悬示重赏，要我的脑袋。如果我今天的行为违背天意人心，你们觉得我该杀，现在就可杀了我去领赏；否则，就跟着我去杀贼，任何人胆敢退缩，就以军法处置，严惩不贷。"众皆感愤，愿服从节制，建功杀贼。于是，张浚命令韩世忠率军赴阙救驾，平息了亲军叛乱。

孝宗即位，召见张浚。当时，张浚任职建康府，兼行宫留守，节制建康、镇江府、江州、池州、江阴军军马。皇上说："很早就听说你的名字，现在，朝廷所能依靠的只有你啊。"礼请张浚入座，咨询国家要务。张浚从容回答说："帝王之学，以心为本，一心合天，还有什么事情办不成呢？所谓'天'，就是指天下的公理、人心。必须兢兢业业，克服私心杂念，坚持修养品德，保持清醒，躬行公正，使赏罚举措，没有失当之处，那么，天下人就会自动归顺，诚心拥戴，敌人也会从内心诚服。"孝宗悚然警醒说："我当谨记不忘。"

※原文

凡事豫[1]则立，不豫则废。言前定则不跲[2]，事前定则不困，行前定则不疚[3]，道前定则不穷。

※注释

1 豫：通“预”，预谋。计划。

2 跲：绊倒，受阻碍。

3 疚：因愧疚而内心感到不安。

※译文

无论做任何事情，事先有所预谋，计划就会取得成功，如果没有进行相应的准备则必然失败。说话之前先进行周密的思考，就不会被人质询而无法自圆其说；做事之前进行细致的准备，就不至于在受到阻碍与挫折时手足无措；做出行动之前经过深入思虑，就不会有所愧疚而后悔；在选择道路之前，预先有一个明确的目标方向，那么就不至于令自己陷入走投无路的处境。

※论引

《礼记·正义》曰：“人若行不豫前先定，人或不信病害之。既前定而后行，故人不能病害也。”

孔颖达说：“将欲发言，能豫前思定，然后出口，则言得流行，不有踬蹶也。欲为事之时，先须豫前思定，则临事不困。欲为行之时，豫前思定，则行不疚病。欲行道之时，豫前谋定，则道无穷也。”

朱子说：“凡事，指达道达德九经之属。凡事皆欲先立乎诚。”

※札记

未雨绸缪

孙子说“上兵伐谋”“其下攻城”。只有战略上立于不败，才能取得战役的胜利。

取得成功的时刻，只是一瞬，而走向成功的过程是漫长的、曲折的，充满着艰辛。

无论做什么事，重要或是琐碎，都应当高度重视，全力以赴，认真做好准备。只有做好细致的准备工作，才能够在出现突发情况时，应对自如，不至于手足无措。

事业的成功存在于细节之中。任何微不足道的细节都不应忽视，都具有决定的意义。机会总是青睐有准备的头脑。任何成就，都取决于周密的计划与切实的准备。

※史例阐释

谋先胜

郑桓公谋取郐地，于是他预先制定了一套战略计划。首先了解郐国有才能、勇猛果敢的智慧之士，把他们的名字写下来；然后，又选择郐国贤德能干的大臣，也把他们的官职爵位及姓名书写下来，分别给他们任命相应的官职与爵位。在城门外设立祭坛向天盟誓，然后将这份名单埋在下面，做好这一切准备后，郑桓公派出使者送达战书。郐国君主因此怀疑将发生内乱，于是将这些贤良的大臣和可用的智谋之士全部捕杀了。

这时，郑桓公率军袭击郐国，很快就占领了郐国，将郐国的土地并入郑国的版图。

※原文

在下位不获乎上，民不可得而治矣。获乎上有道：不信乎朋友，不获乎上矣。信乎朋友有道：不顺乎亲，不信乎朋友矣；顺乎亲[1]有道：反诸身不诚，不顺乎亲矣；诚身有道：不明乎善，不诚乎身矣。

※注释

1 顺乎亲：顺从亲人的心意，使父母心情快乐。亲：指父母亲。

※译文

身处下位，如果不能得到上位之人的信任，那么就不可能治理好属地内的平民百姓。获得上位人的信任是有正当方法的：不能得到朋友的信任就不能得到上位之人的信任。让朋友信任也是有办法的：不孝顺父母就不能得到朋友的信任。孝顺父母是应该能够做到的：自己内心没有赤诚的爱心就不能孝顺父母。做到至诚是有法可循的：不能明白什么是善行，就无从做到至诚。

※论引

郑玄说：“臣不得于君，则不得居位治民。知善之为善，乃能行诚。”

《礼记·正义》曰："此明为臣为人，皆须诚信于身，然后可得之事。"

孔颖达说："人臣处在下位，不得于君上之意，则不得居位以治民。臣欲得君上之意，先须有道德信着朋友。若道德无信着乎朋友，则不得君上之意矣。欲得上意，先须信乎朋友也。欲行信着于朋友，先须有道顺乎其亲。若不顺乎其亲，则不信乎朋友矣。欲顺乎亲，必须有道，反于己身，使有至诚。若身不能至诚，则不能'顺乎亲矣'。欲行至诚于身，先须有道明乎善行。若不明乎善行，则不能至诚乎身矣。言明乎善行，始能至诚乎身。能至诚乎身，始能顺乎亲。顺乎亲，始能信乎朋友。信乎朋友，始能得君上之意。得乎君上之意，始得居位治民也。"

朱子说："以在下位者，推言素定之意。反诸身不诚，谓反求诸身而所存所发，未能真实而无妄也。不明乎善，谓未能察于人心天命之本然，而真知至善之所在也。"

※札记

人生的那个苹果

诚是一种美。"诚者，君子之所守也，而政事之本也。"(《荀子·不苟》)诚，是君子的操守，诚信是处理国家大事的根本准则。因此，诚实不仅仅是一个人的美德与修养。诚就是毫无条件的坦荡，就是一种实事求是。诚不可以打折。

诚就是成，成就别人，就是诚。孔子说："己欲立而立人，己欲达而达人。"又说，"君子成人之美。"其实，并不需要太多的理由，有诚就已经足够。

诚，就是去除思想的杂质。

※史例阐释

人们都在注视着我们

李仲略，字简之，金代高平（今山西省高平西北）人。他聪敏好学，大定十九年以辞赋登进士第，累官户部郎中，山东东西路按察使。李仲略秉性豪迈，不阿权贵，刚介特立，临事明敏，所任以干练著称。

大兴府知府纥石烈执中因贪污罪查实而受到惩治。皇上命令李仲略负责审讯，依据刑律，他的罪行应该被撤职，判决充军。当权的大臣显贵们都竞相说情，认为处罚太重。于是皇上也被影响而觉得处分太严。李仲略上书说："教化的施行，应当从亲近的人开始。整肃风纪，清除贪官污吏，更不能心存姑息。京师是全国瞩目的中心，是天下效法的模式，关系天下治化风教。郡、县长官不下数百名之多，像纥石烈执中这样的贪鄙之徒如果不予严惩，我们用什么勉励儆戒他人？更何况纥石烈执中为人凶狠残暴，刚愎自用，瞒上欺下，对朝廷骄慢无礼，对吏民百姓苛暴酷虐，民愤极大，怎么可以宽恕呢？”皇上说：“你说得对。”

※原文

诚者，天之道也；诚之[1]者，人之道也。诚者不勉而中，不思而得，从容中道[2]，圣人也。诚之者，择善而固执[3]之者也。

※注释

1 诚之：使之诚，自己努力做到诚。诚，是人生来就有的天性，也是人应该遵循的原则。

2 从容中道：行为自然，合乎规范。从容：举止行动自然，不慌不忙。中道：合乎规范。

3 固执：坚定执着。

※译文

诚，是上天的原则。努力做到诚，是做人的原则。内心深怀诚笃，那么，在行为举动中，就不必刻意做出勉强的神态，其所作所为自然就合乎法度，也不必挖空心思地玩弄心术，自然就能够得到拥戴。能够做到从容自然，行为合乎中庸的原则，那么他的修养就达到圣人的境界了。努力实践诚，选择美好的目标并执着追求。

※论引

郑玄说：“‘诚者’，天性也。‘诚之者’，学而诚之者也。因诚身说有大至诚。”

《礼记·正义》曰：“前经欲明事君，先须身有至诚。此经明至诚之道，天之性也。则人当学其至诚之性，是上天之道不为而诚，不思而得。若天之性有杀，信着四时，是天之道。”

孔颖达说：“人能勉力学此至诚，是人之道也。不学则不得。唯圣人能然，谓不勉力而自中当于善，不思虑而自得于善，从容间暇而自中乎道，以圣人性合于天道自然，故云‘圣人也’。由学而致此至诚，谓贤人也。言选择善事，而坚固执之，行之不已，遂致至诚也。”

朱子说：“承上文诚身而言。诚者，真实无妄之谓，天理之本然也。诚之者，未能真实无妄，而欲其真实无妄之谓，人事之当然也。圣人之德，浑然天理，真实无妄，不待思勉而从容中道，则亦天之道也。未至于圣，则不能无人欲之私，而其为德不能皆实。故未能不思而得，则必择善，然后可以明善；未能不勉而中，则必固执，然后可以诚身，此则所谓人之道也。不思而得，生知也。不勉而中，安行也。择善，学知以下之事。固执，利行以下之事也。”

※札记

诚者，天之道

诚是成就一切的基础。万物以天地之诚为诚，依据各自的天性而自由地生长发育，从而使世界生动、充满生机。

诚，根源于我们内心的天性。中庸深藏在我们内心，是我们一切情绪的天然表达，是诚的体现。任何的过度，都显得伪诈而损害诚，所以令人感到不堪；任何的不及，又显得做作而令人觉得难以置信。过度与不及，都是诚意不足，都是伪装。仁德是建立在诚之上的行为准则。内心没有诚，就没有仁德，中庸就无处寄居。

人无诚不立，事无诚不行。诚是使我们心灵洁净的试剂。

诚致中庸，中庸就是诚的体现。只要心灵诚实，自然会受到上天的佑护。

※史例阐释

以我们的真诚、正直帮助人们

在一座边远的小城。一天傍晚，一对老年夫妻走进了一家旅馆，想登记住宿。

前台侍应生说：“对不起，已经客满，没有空房间了。”这是小城中最大的旅馆。

天色已经很晚，其他旅店既小又远，恐怕也早已客满关门了。两位老人显得疲惫不堪。

于是，侍应生想了想说：“这样吧，让我想想看有没有办法帮助你。”

稍作思索，他带着老人来到了一间窄小的房间，说：“委屈二位了，这是我所能想到的唯一办法了。”

旅行了一天的老人，总算在夜晚有个可以安身休息的房间了，他们感到很高兴。

早晨，他们去结账时，这位侍应生说：“不用付费了，这是我自己休息的房间，没有收费规定，只是借给你们住一晚，如果收费就违反了旅馆的规定。”

看到年轻人通宵未眠的神态，两位老人很感动。老人说：“你是最优秀的旅馆经营人，你会取得成功的。”

侍应生礼貌地说：“谢谢！祝你们旅途平安，心情愉快！”于是微笑着送老人走出门。

不久之后，这位侍应生收到了一封从国外寄给自己的信函。里面有一封聘书、一张目的地是纽约的单程机票和一段简短的附言。

当他按照确定的路线飞抵纽约，来到一座金碧辉煌的大酒店时，酒店侍者带他来到两位老人面前。他才认出这是他之前接待的两位老人。他们高兴地欢迎他到来。

原来他们是拥有亿万资产的富翁，他们为他投资买下了这家大酒店，聘任他做经理，并深信他能够经营好。

在他的经营下，这家酒店后来成为全球赫赫有名的酒店——希尔顿饭店，创造了服务业界的财富神话。

※原文

博学之，审问之，慎思之，明辨之，笃行之。

※译文

广泛学习，深入探索，周密思考，明辨甄别，忠实奉行。

※论引

朱子说：“此诚之之目也。学、问、思、辨，所以择善而为知，学而知也。笃行，所以固执而为仁，利而行也。”

程子曰：“五者废其一，非学也。”

※札记

人生有涯而求知无涯

学习是毕生的事业，实践是永恒的主题。

学问之道在于坚持不懈地日积月累，别无捷径。

一切的成就都是建立在长期坚实的积累之上，不要抱有幻想。没有相当的积累功夫，幻想着在某一方面做出惊人的成果或取得突破都是不可能的。

苏轼说：“古之立大事业，不唯有超世之才，亦有坚忍不拔之志。”唯有树立积土成山、驽马十驾的治学精神，才有可能求得真知、成就事业。

※史例阐释

打开历史的大门

吕蒙，字子明，汝南富陂人；为横野中郎将，历职庐江太守，汉昌太守，南郡太守，封孱陵侯。吕蒙勇而有谋，断识军计，有国士之量。

当初，孙权对吕蒙及蒋钦说："你们现在并肩担当大事，应当重视学问，以提高自己的才智。"吕蒙说："职在军中，常常苦于军务繁多，没有时间用来读书啊。"孙权说："我难道是让你研究经术去当博士吗？只是让你多阅读历史事件的经验教训而已。你自称军政事务太多，难道比我的事务还多吗？我年轻时遍读《诗》《书》《礼记》《左传》《国语》，唯独不读《易》。到统理国事以来，体悟三史、诸家兵书，自认为对于处理好军国大事大有助益。如你们二人，胸襟开朗，天性颖悟，学必有所心得，为什么不抓紧时间学习史籍呢？"吕蒙就急读《孙子》《六韬》《左传》《国语》及三史。

鲁肃代周瑜任大都督，驻防陆口，经过吕蒙驻军之地。鲁肃本有轻视吕蒙之意，有人劝告鲁肃说："吕将军功名日益显耀，不可以故意怠慢他，将军应当去看望他。"于是往见吕蒙。宴饮欢畅，吕蒙问鲁肃说："君受重任，与关羽为邻，将用何计略以备不虞？"鲁肃随意地敷衍说："临时制宜，随机应变。"吕蒙说："现在虽然东吴与西蜀名为结盟，然而关羽实则虎视眈眈，怎么能不预为设定计策呢？"于是代为鲁肃筹划五项计策。鲁肃立即越席致谢，抚着吕蒙的肩膀说："吕子明，我不知你才略所及至于如此深远啊。"于是，鲁肃拜见吕蒙母亲，与吕蒙结拜为兄友。

※原文

有弗学，学之弗能，弗措也[1]；有弗问，问之弗知，弗措也；有弗思，思之弗得，弗措也；有弗辨，辨之弗明，弗措也；有弗行，行之弗笃，弗措也。人一能之己百之，人十能之己千之。

※注释

1 弗措也：不停止，不放弃，不罢休，不中断，不半途而废。弗：不。措：置。废置，搁置。

※译文

对于没有学过的，以及学过或没有真正学懂的，就继续探求不停止；对于存有的疑问，认真寻求解答或者一时无法理解就追问不停，绝不含糊中断；对于心中所考虑而百思不得其解的问题，在没有想通或没有考虑成熟时，就继续深入地思考，绝不轻易放弃；对于复杂的事物或事件，无法分辨真相，就继续寻找事实，不达到水落石出绝不罢休；对于自己奉行的原则或应该遵循的准则，就坚决实施，没有践行到位或没有取得成效，绝不半途而废。别人有一技之长，那么我就以百倍的努力去做；别人用十分的努力做到的，我就用千倍的心力去实践，那么还怕做不到吗？还有什么不能做到呢？

※论引

朱子说："君子之学，不为则已，为则必要其成，故常百倍其功。此困而知，勉而行者也，勇之事也。"

孔颖达说："身有事，不能常学习，当须勤力学之。学不至于能，不措置休废，必待能之乃已也。以下诸事皆然。他人性识聪敏，一学则能知之，己当百倍用功而学，使能知之，言己加心精勤之多，恒百倍于他人也。"

※札记

读懂人生

读书，是心灵的音乐，思考是心灵的体操，笃行是修养我们崇高德行的必然途径。

一夜之间的成名绝非偶然。我们之所以惊讶于别人的成功，往往就在于我们的盲目自大，盲目地沉溺于自我感觉良好之中，自欺着。而别人正是在这种时刻埋头奋斗着。于是，我们在自以为比别人高明的自我陶醉中不知不觉地落在了后面，却还对别人的成就不服气，进而嫉妒。这是大多数人共同的心态。

人生注定是要奋斗的。奋斗是人生价值的求证过程，是对希望和辉煌的注解。古人说："人生至乐，无如读书。"

世上没有任何东西可以取代学习。唯独具有持之以恒的毅力和决心才有成功的可能。求知的路永无止境。

※史例阐释

留一点空间在我们心里

苏易简（公元958年—公元996年），字太简，宋代铜山（今四川省中江县东南）人。少颖悟好学，风度奇秀，才思敏捷；以文章知名，登进士第一。历官翰林学士、知制诰、给事中、参知政事，出知陈州。赠礼部尚书。

苏易简升任中书舍人，兼翰林学士承旨。有一次，他在宫中值班，闲暇中观赏被皇上暗中得知，晚朝时，询问他说："您在水中试验着玩的，大概是欹器吧！"苏易简回答说："是的。它是江南人徐邈制作的。"说完，皇上让易简拿出来，放在水中试验。苏易简乘机进谏说："我听说太阳升得最高，比如到了中午，就开始回落；月亮长到最圆的时候，比如每月十五日，就开始亏缺；欹器中的水一旦盛满，就会翻倒；事物发展到最繁盛的阶段，就会开始走向衰败。陛下持盈守成，时时警惕，谦虚谨慎，有始有终，巩固先帝创立的基业，开拓崭新的业绩，永葆国运久长，太平安定，则是天下百姓的幸运。"

※原文

果能此道矣，虽愚必明，虽柔必强。

※译文

如果真正能够做到这样，即使愚钝的人也必定变得聪明起来，虽然柔弱也必定会强盛起来。

※论引

孔颖达说："若决能为此百倍用功之道，识虑虽复愚弱，而必至明强。此劝人学诚其身也。"

朱子说："明者择善之功，强者固执之效。"

吕氏曰："君子所以学者，为能变化气质而已。德胜气质，则愚者可进于明，柔者可进于强。不能胜之，则虽有志于学，亦愚不能明，柔不能立而已矣。盖均善而无恶者，性也，人所同也；昏明强弱之禀不齐者，才也，人所异也。诚之者所以反其同而变其异也。夫以不美之质，求变而美，非百倍其功，不足以致之。今以鲁莽灭裂之学，或作或辍，以变其不美之质，及不能变，则曰天质不美，非学所能变。是果于自弃，其为不仁甚矣！"

※札记

读书可让人变化

曾国藩曾说："人之气质，由于天生，很难改变，唯读书则可以变其气质。古之精于相法者，并言读书可以变换骨相。”

有人说，我们读书有什么用？既不能吃，又不能喝。不，读书大有妙用！正如曾文正所言，可改变一个人的骨相气质，能增添我们的智慧，使我们在生活中解决问题时轻松有如神助，这个“神助”乃是一种智慧，乃是一种轻松。

一时半会的读书也许不能改变什么，但是它能给我们带来平静的心境、淡然忘我的情趣，时间长了，我们的“才”就如“怀孕”一样慢慢就能体现出来。

※史例阐释

历史会告诉我们如何去做

赵景纬，字德父，号星渚，宋代临安府于潜（今浙江省临安市）人。少勤学，登进士，知台州。他天性孝友，雅志冲淡，亲没无意仕进，治以化民成俗为先务。赵景纬任崇政殿说书，以易、礼进讲；累官显文阁待制。患病后，他谢绝医治，拒绝服药，说：“就让我平心静气地承顺天命吧，不要影响我的心情。”拱手三揖而逝。谥文安。

赵景纬升任礼部侍郎，兼侍读。他向皇帝进献《圣学四箴》：第一，珍惜时间，努力养成勤勉躬行的良好习惯；第二，注重体验，善于总结，丰富自己的学识，增加自己的智慧；第三，慎其所好，摒弃一切不良的嗜好和非分的欲念，专心致志，努力成就事业；第四，谨行慎微，学以致用，学用结合，使自己游刃有余地应对新问题、新现象、新变故。

第二十一章 诚是天地至德

※题解

回归天性的真诚之心

诚，就是心地坦荡，不怀功利，没有杂念，怀有美好的愿望。

真诚与伪善是两种不同的处世态度。

在诚实的人眼中，世界是美好的，因为他觉得自己真心待人，无欲无求，是可以信赖的，也就认为，别人也同样是可以信任的，所以他不必怀有顾虑，也就没有必要背负歉疚。

信守诚笃的人，说出来的都是真话，因为这是他的天性，他不会说谎，也不知道如何说谎。而伪善的人也会说出真话，但是他说出的真话是有条件的，是怀有算计的，是为了达到某种目的。虽然可能得到他想要的，但这只是暂时的寄存，不可能长久拥有。

※原文

自诚明[1]，谓之性。自明诚[2]，谓之教。诚则明[3]矣；明则诚[4]矣。

※注释

1 自诚明：自：从。明：光明，美好。

2 自明诚：自：因为，由于。明：显示，表明。

3 诚则明：明：洞察。

4 明则诚：明：明白，了解。

※译文

自始至终心怀诚笃，光明磊落，这是天性。为了显示自己的诚实而倡导别人效仿，这是教化。笃守诚实的天性，自然就能够洞悉幽微；深明天地万物化育的至理，必然信守诚笃。

※论引

郑玄说：“由至诚而有明德，是圣人之性者也。由明德而有至诚，是贤人学以知之也。有至诚则必有明德，有明德则必有至诚。”

《礼记·正义》曰：“天性至诚，或学而能。两者虽异，功用则相通。”

孔颖达说：“圣人天性至诚，则能有明德，由至诚而致明也。贤人由身聪明习学，乃致至诚。是诚则能明，明则能诚，优劣虽异，二者皆通有至诚也。”

朱子说：“德无不实而明无不照者，圣人之德。所性而有者也，天道也。先明乎善，而后能实其善者，贤人之学。由教而入者也，人道也。诚则无不明矣，明则可以至于诚矣。”

※札记

诚是人生大道

天地至诚，所以成就万物。

心怀真诚的人，必然赢得人们永远的尊重与称道。

诚是德行的基础，是品德的内在特质。有高尚道德的人，必然是一个诚实的人。

有智慧的人，并不一定就是一个诚实的人。虽然可以通过智巧达到目的，但是不一定能够赢得人们的信服。而诚实给予人的智慧是不可战胜的。

明达天地万物化育的大道理，就会觉得所有的聪明与智巧，是多么微不足道，而这时自然就会认识到，唯有诚才是唯一的坦途。

诚乃立身之本。

※史例阐释

君子立行，唯诚而已

诚，就是不欺，不欺天，不欺人，不欺心。

黄洽，字德润，福州侯官县人。隆兴元年，他以太学生试春官第二，诏循故事，未临轩，赐第二人及第；授绍兴府观察判官；官至资政殿大学士；赠金紫光禄大夫。黄洽质直端重，有大臣体，两朝推为名臣。他有文集、奏议留传后世。

黄洽曾在经筵之时进言：“宰相代天理物，以为国得人为要务。作为人主，任命宰相，就不应心存疑忌。宰相权重则朝廷尊荣，朝廷权尊威重则宗庙社稷安定。宰相论才任职，当尽公心。君子尽用则百职尽责，官员同心，政事振举则天下大治。”皇帝首肯再三，说：“卿就如良金美玉，浑厚无瑕，这是上天以卿作为我的辅弼啊。”

升任资政殿大学士、知隆兴府，黄洽常说：“居家不欺骗亲友，为官不欺骗君上，仰不欺天，俯不欺人，于幽冥不欺骗鬼神，那么有什么必要向神灵求助，以图厚福呢？”

第二十二章 天道至诚

※题解

至诚的力量

诚是自然界中万物的本真状态，是万物天性的自然呈现，是存在的客观依据。

诚又是内心认识的自然流露，是万物发展变化过程的主观反映。

至诚之人天性坦荡，心灵透明，对事物不虚美，不巧饰，自然自在。就像花蕾的盛开，对着太阳绽放。就像种子，无论受到什么挤压，都向着太阳生长。

天地以其至诚，令一切的诈伪无处躲藏。

※原文

唯天下至诚，为能尽其性；能尽其性[1]，则能尽人之性；能尽人之性，则能尽物之性；能尽物之性，则可以赞[2]天地之化育；可以赞天地之化育[3]，则可以与天地参[4]矣。

※注释

1 尽其性：充分发挥天性。尽：最，达到极致。

2 赞：助，辅助。

3 化育：滋生并发育成长。育：养育。

4 与天地参：与天地并立为三。参：古通“三”。并列。

※译文

只有修养达到天下至诚的人，才能彻悟天地万物运行的至理；通达天地至德、万物至理，就能够极大地发挥人的天性；充分地发挥人的天性，就能够完全合理地发挥和利用万物的天性而达到物得其育、物尽其用的目的；能够使天地万物的天性得其所成，那么这种修养是可以得到与天地化育万物的至德同样崇高的赞美；能够得到与天地至德相媲美的赞同称颂，这种修养的大德是完全可以与日月同辉、与天地并列了。

※论引

《礼记·正义》曰：“天性至诚，圣人之道也。”

郑玄说：“尽性者，谓顺理之使不失其所也。助天地之化生，谓圣人受命在王位致大平。”

孔颖达说：“天下之内，至极诚信为圣人也。以其至极诚信，与天地合，故能‘尽其性’。既尽其性，则能尽其人与万物之性，是以下云‘能尽人之性’。既能尽人性，则能尽万物之性，故能赞助天地之化育，功与天地相参。”

朱子说：“天下至诚，谓圣人之德之实，天下莫能加也。尽其性者德无不实，故无人欲之私，而天命之在我者，察之由之，巨细精粗，无毫发之不尽也。人物之性，亦我之性，但以所赋形气不同而有异耳。能尽之者，谓知之无不明而处之无不当也。”

※札记

天性唯美

人的天性就是追求完美，永远没有自我满足的极致。人类在追求美好境界的进程中，与客观世界形成相互影响的关系。只有洞彻万物化育的自然本质，才能够顺应天理，从而得以和谐共荣。

在我们的生活中，人们总是希望有好的美名留下，并为此而努力进取。只是在进取的过程中所采用的方式不同，诈伪与智术盛行，巧取与豪夺并用，虽可得逞于一时，但决不可得益于永远，而只有诚笃是最终的受益者。

一个惯常的礼仪就是对我们先祖的追念，请名人题写赞辞，以彰其行；请名家立传勒石，以昭后世。于是我们忘记了他生前的缺点，只是盛赞他的善行。对于他的怪僻，谁也不愿提起。“光昭日月”“德同天地”“懿范千古”等美辞嘉语令人感动，也以使先祖之德传颂于后世，与天地并列而不朽。

这本身就是人类对美好德行的向往与祈愿，而真正的德行，基于诚。唯诚而成之，无诚何以成德？

※史例阐释

弘扬我们至爱的天性

曾在《罗摩衍那》中读到过这样一则故事：一只蝎子掉进了水中，它急得团团转，却怎么也逃不出困境。一个婆罗门看到了，伸手想把蝎子捉上来，帮它脱离险境。可就在他的手指将要接近蝎子的时候，蝎子本能地蜇了印度人一下。但是，他还是想救助那只蝎子，于是，他固执地再次伸出手，想把蝎子搭救上来。然而，蝎子再一次蜇了他。

旁边的一个人说：“它根本就不接受你的好意，总是这么蜇你，你还执迷不悟，为什么要救它呢？”

婆罗门说：“蜇人是蝎子的天性，博爱是我的天性，我怎么能因为它蜇人而放弃我博爱的天性呢？”

第二十三章　专一于一个方向的深入

※题解

与天地并立为三

无论做什么事，只要心无旁骛地专心去做，那么通过至诚的努力，就会达到一定的境界而使自己不朽。

人对自然世界的认识是有限的，然而人通过自己不懈的努力，不断地将认识推向新的阶段，比如牛顿、爱因斯坦、居里夫人……在人类认识自然的历史进程中，他们做出了杰出的贡献，以他们至诚的努力，达到了一个个高度，形成了一座座高峰，令后世景仰，与天地并立。

同样，任何人通过努力，都会取得成就，关键在于是否专一，是否能做到至诚。

※原文

其次[1]致曲[2]。曲能有诚，诚则形[3]，形则著[4]，著则明[5]，明则动[6]，动则变[7]，变则化[8]。唯天下至诚为能化。

※注释

1 其次：也有一些人，即不及于“自诚明”的圣人，也就是平常的人。其：表示转接，或是，可译为“至于”。次：次序，第二。可引申为“后来”，有不及之意。

2 致曲：致力于某一方面，走了弯路。致：导致。曲：曲折，偏僻或隐秘的地方。一说“细小之事”。

3 形：形之于外，显露，表现。

4 著：彰显。显著，昭著。

5 明：光明。

6 动：行动。该句意思为，内心有诚，其行为就能感动万物。

7 变：变革。

8 化：教化，化育。

※译文

至于平常的人们，由于天资所限，只是致力于一个方面，以致走了弯路。虽然道路曲折，但是如果能够做到诚，也同样能够取得成就。因为有诚，那么就与虚伪有了比较；由于比较，就会有所不同，体现出诚的可贵而得到称颂。能够坚持诚笃专一，就会使自己明达天地至理。洞明事理，那么就能够做出符合规范的行为。勉力践行，就会使自己的修养得到相应的改变和提高，修养达到一定的程度，就会使自己的人格升华到崇高的境界。只有达到天下至诚的修养，才能够影响外部世界，达到极致，形成教化。

※论引

郑玄说：“不能尽性而有至诚，于有义焉而已，形谓人见其功也。尽性之诚，人不能见也。”

《礼记·正义》曰：“由明而致诚，是贤人，次于圣人。贤人习学而致至诚，贤人致行细小之事不能尽性，于细小之事能有至诚也。”

孔颖达说：“不能自然至诚，由学而来，故诚则人见其功。初有小形，后乃大而明。若天性至诚之人不能见，则不形不著也。由著故显明，由明能感动于众。既感动人心，渐变恶为善，变而既久，遂至于化。言恶人全化为善，人无复为恶也。唯天下学致至诚之人，方能化恶为善，改移旧俗。不如前经天生至诚，能尽其性，与天地参矣。”

朱子说：“盖人之性无不同，而气则有异，故唯圣人能举其性之全体而尽之。其次则必自其善端发见之偏，而悉推致之，以各造其极也。曲无不致，则德无不实，而形、著、动、变之功自不能已。积而至于能化，则其至诚之妙，亦不异于圣人矣。”

※札记

至诚无欺

“人之初，性本善。”人生之初，天性率真，只有爱而没有怀恨。只是随着年龄的增长，对于外界渐渐产生了畏惧，形成了独立的意识，拘泥于各种经验，而忽视了善的天性，于是忽视了诚，经营于智巧，通过巧术，以求达成个人的目的。致使离诚的天性越来越远，陷于各种诱惑的陷阱而找不到出口。从而导致人生的道路坎坷曲折。然而却不从自身寻找原因，总是抱怨上天不公，怪自己命运乖蹇。

我们都想交到真诚的朋友，但是在交往中却少了真诚，多了功利。我们总是怀着提防的心理，没有向朋友敞开心扉，就这样使自己陷入孤独，却慨叹人心不古。

其实，只要心诚，向着至诚努力，最终必会得到天地的厚报。

※史例阐释

至诚而致精微

《庄子·外篇·天道》中讲了这样一则故事：

齐桓公坐在厅堂读书。

轮扁这时正在院子里制作车轮，看到齐桓公读书的专注神态，他放下手中的锤子和凿子走到齐桓公面前说：“对不起，请问您读的是什么书啊？”

齐桓公说：“是圣贤的经典之语啊。”

轮扁又问：“那么，圣贤现在何处？”

齐桓公说：“圣贤很久以前就死了。”

于是轮扁就说：“这么说，您所读的只是古人的垃圾呀。”

齐桓公勃然大怒，斥责道：“我正在读圣贤之书，区区一个木匠有什么资格乱发议论，何敢口出狂言？如果你能够说出一个理由，那么还可免去责罚；否则，为了你刚才对圣贤不敬的话，你就得付出生命的代价。”

轮扁说：“我也只是从我工作的经验而言的。就如制作车轮，用力过大，就会导致间隙太大而松脱；用力不够，则不能安装使用。只有使力量用得恰到好处，才能做到配合精确。这种精微的技巧只能是得之于手而应之于心，是无法通过语言传授的，是一种奇妙的技术。我无法把这一技术传承给我的儿子，我的儿子也无法从我这儿学到这种技术。所以我现在已经年过七十还得自己动手制作车轮。所以说，古人肯定也没能把自己领悟到的精髓原封不动地传给后人就死去了。如此说来，您所读的书难道不是古人留下的垃圾吗？”

第二十四章
至诚昭示天地

※题解

心诚则灵

人生的幸福首先取决于自己的勤奋。只要播种的是麦子而不是莠草，必定会有收获。人生成就的大小，唯在于奉行至诚如何，正如“执玉高卑，其容俯仰之类”而已。

只有自己首先真诚，然后才能对人诚实。

至诚与天地同辉。

※原文

至诚之道，可以前知。国家将兴，必有祯祥[1]；国家将亡，必有妖孽[2]。见乎蓍龟，动乎四体[3]。祸福将至：善，必先知之；不善，必先知之。故至诚如神[4]。

※注释

1 祯祥：预先萌发的吉祥的征兆。《说文》曰："祯祥者，言人有至诚，天地不能隐，如文王有至诚，招赤雀之瑞也。"国境内原本就有，如今出现奇异的品种，叫作祯。本来没有，今却新生，叫作祥。何胤说："国本有雀，今有赤雀来，是祯也。国本无凤，今有凤来，是祥也。"

2 妖孽：物类反常的现象。草木之类称妖，虫豸之类称孽。是凶恶灾祸将要发生的预兆。是指凶恶的物种侵入成为妖伤的征象。《说文》云："衣服、歌谣、草木之怪为妖，禽兽、虫蝗之怪为孽。"

3 见乎蓍龟，动乎四体：祯祥妖孽征兆相警，所以表现在用来占卜的蓍草和龟甲状态上。其所发生的时间，可以通过观察灵龟的肢体得到昭示。见：呈现，显示，昭示。蓍龟：蓍草和龟甲，用来占卜的用具。《易·系辞上》曰："探赜索隐，钩深致远，以定天下之吉凶，成天下之亹亹者，莫大乎蓍龟。"四体：四肢。即龟的四足。指动作仪态。春占后左，夏占前左，秋占前右，冬占后右。朱子说："四体，谓动作威仪之闲，如执玉高卑，其容俯仰之类。"

4 如神：神妙莫测，就如神明一样玄妙，不可言说。

※译文

达到至诚的境界，就可以预知未来，明察祸福。国家兴旺隆盛，必然预先有吉祥的征兆；国家没落衰亡，也必然有不祥的反常现象预先警示。通过蓍草龟甲昭示人们，流露在四肢的动作神态上。无论吉凶祸福，将要来临时：好运，必然预先可以感知到；灾厄，也必然预先能够感应得到。因此说，至诚玄妙如神。

※论引

郑玄说："天不欺至诚者也。祯祥、妖孽，蓍龟之占，虽其时有小人、愚主，皆为至诚能知者出也。"

《礼记·正义》曰："圣人、贤人俱有至诚之行，天所不欺，可知前事。"又曰："圣人君子将兴之时，或圣人有至诚，或贤人有至诚，则国之将兴，祯祥可知。而小人、愚主之世无至诚，又时无贤人，亦无至诚，所以得知国家之将亡而有妖孽者，虽小人、愚主，由至诚之人生在乱世，犹有至诚之德，此妖孽为有至诚能知者出也。"

孔颖达说："国家之将兴，必先有嘉庆善祥也。至诚之道，先知前事，如神之微妙。"

朱子说："凡此皆理之先见者也。然唯诚之至极，而无一毫私伪留于心目之间者，乃能有以察其几焉。"

※札记

尊人是自尊的前提

天地万物不是孤立的，而是相互联系，相互依存，互相影响，互相感应，相比较而存在，相竞争而发展的。任何事件的发生和发展，都有其因果和先兆。比如地震、海啸……各种天灾人祸、气候变化，都可以预测警报，也都有各种相联系的物候变化预为警示。只有以天地之心为心，心怀至诚，才能感知。体天行道，感知变化运行的征兆，感应变故于即萌，从而达到全知全能，唯诚而已。

以怎样的心态对待他人，必然会得到同样的回应，别人必然以同样的心态与行为对待你。所以古人说：“己所不欲，勿施于人。”想要别人尊重你，必须首先尊重别人。也就是尊人尊自己的意义所在。尊人是自尊的前提。

付出多少，必然得到多少回报。就像我们日常去市场购物，我们付出金钱，就会得到同等价值的物品。那么没有付出相应的货币，却取得了需要的用品，如果不是偷窃，就是抢劫。因此国运、人生者是可知的，不需要占卜，只需要对我们日常面临的一切做出合乎情理的判断就可以得出合乎逻辑的结论。这并不神秘，不必要非有蓍草，更不必依附灵异。

※史例阐释

至诚的神妙超乎想象

《国语·周语》记载：周幽王二年，发生大地震。

伯阳父说：周朝将要衰亡了。从前伊川、洛水枯竭，于是夏朝亡国了，黄河断流干枯，商朝很快就灭亡了。

此时三川皆震，是周朝运数的不祥之兆啊。这是伯阳父有至诚，因而能预先确知周朝即将衰亡啊。

同时，还记载了在周惠王十五年，有神灵降临在莘这个地方。莘，原为虢国的地名。周惠王问内史过，神灵降临预示什么？

内史过回答说：夏朝当初振兴的时候，祝融神垂降于崇山；到夏朝亡国时，回禄信于聆隧。商朝中兴之时，梼杌旅迹于丕山；当商朝灭亡时，夷羊出现在都城牧野。周朝初兴时，鸑鷟鸣于岐山，及至衰落时，杜伯射周宣王于镐京。现今虢国多行弊政，不得民心，因此虢国必将亡国。

内史过有至诚之德，神明为他做出警示。

因此，愚昧昏聩的君主统治的时代，以妖孽为至诚能知者做出昭示啊。

心灵至诚，不被私心杂念所迷惑，也不被各种利欲所左右，就能洞悉事物发展运行的根本规律，因此就能预知未来的吉凶祸福、兴亡盛衰。

第二十五章　诚就是无私地宽恕与包容

※题解

诚，取决于我们的心灵

诚，就是无私奉献和专注投入的精神，就是宽广的胸襟与宽厚包容的气度。唯有诚能够陪伴我们走向永远。

※原文

诚者自成[1]也，而道自道[2]也。

※注释

1 自成：自我成全，自我完善，成就自己。

2 自道：自我引导，自我设计。

※译文

诚，就是自我完善，就是成就自己。道，就是自我选择方向，是自我策划，自我设计。

※论引

朱子说："诚者物之所以自成，而道者人之所当自行也。诚以心言，本也；道以理言，用也。"

郑玄说："人能至诚，所以'自成'也。有道艺所以自道达。"

※札记

诚实地对待自己

"诚者，自成也。"就是说：诚，首先是不自欺，是对自己诚实。"吾日三省吾身"就是对自己行为的自诚检讨，没有这种自诚的态度，就不可能养成良好的品格。没有高尚的人格，又如何成就事业？

有句流行的话："不怕做不到，就怕想不到。"思想决定命运，性格成就事业，成为人们奉行的至理名言。于是，人生的策划、自我设计、包装炒作代替了踏实的努力，到处充斥着虚无和浮躁，诚实被忽略，劳动被投机嘲弄，最终导致了社会公信力的降低。当谎言的泡沫破灭之后，所剩下的只是失望与心灵的狼藉。

其实，不论想象如何美好，都不能代替诚实的劳动创造。那种为了达成目的而不择手段，毫无诚意的行为，最终受害的是自己，并不能成就什么业绩。

无论做什么，内心都必须有诚。用至诚引导自己的心灵向着完美的境界前进，那么就不必忧虑不能成就事业，不能成就人生。

※史例阐释

以我们的至诚，唤醒被积尘污染的天性

王伽是隋代章武（今河北省黄骅市西北）人，后任雍县县令，颇有政绩。

开皇末年，王伽任齐州参军，只是做些日常的琐事，没有什么值得称道之处。后来因受州官委派，押送被判处流放罪的囚犯李参等七十多人到京师去。当时的制度规定：凡是被判流放的犯人，押送的途中必须戴着枷锁。走到荥阳的时候，王伽怜悯他们戴着枷锁行路的凄楚苦痛，就把他们召集起来对他们说："你们触犯了国法刑律，

不仅损害了自己的名誉，使自己遭到监禁，也有愧于父老的教养。让你们披枷戴锁长途行路，是我的职责，现在又要劳累这些兵卒看守你们，跟你们受苦，难道你们心里就不觉得愧疚吗？”李参等人接受训导，向王伽表示歉意。

王伽接着说：“你们虽然违犯了国家的法律，但是，戴着枷锁行走也太辛苦了。我的想法是给你们去掉枷锁，让你们轻松自由地走到京城后集合，你们能够按期赶到吗？”

囚徒们听后，全都跪拜致谢，同声说：“我们一定不敢违期。”

于是王伽去掉了他们身上的枷锁，解散了看守护送的兵卒，同他们约定了赶到京城集合的日期。王伽说：“这天如果有人不来，我就替他承担死罪！”说完转身扬长而去。

这些被流放的囚徒们感念王伽对他们的信任，全都按期赶到京城集合，没有一个人逃跑。

皇上听到这件事后，感到惊异。于是召见王伽，对他的做法大加赞赏。然后，又召见这些囚犯，允许他们各自带着妻子儿女前往晋谒，并在朝廷上赐宴，宣布赦免他们的罪过，当即颁布诏书：“凡是一切有生命的人，都是深知善恶，明断是非的。如果在平时，官府能够以至诚之心对待人民，明确地加以教育劝导，那么社会习俗必定能够向着好的方向转化，人们都能够弃恶从善。以往因为天下离心而发生动乱，德教废弛，官吏又没有慈爱之心，百姓各怀奸诈之意，所以作奸犯科等从无止息，以至人情淡薄冷漠，难以治理。现在，我接受上天的使命，教养天下百姓，推行神圣的法纪对他们加以引导，用高尚的品德感化、教育人民。日夜勤勉，孜孜不倦，本意就是建立德化的社会风尚。王伽深深地理解我的心意，诚心诚意地教导李参。李参等人也能够诚心醒悟，自动到官府承担罪责，说明百姓并不是难以教化的，而是官员不能以诚心认真劝导，致使他们误犯法纪，陷入犯罪，却又无从悔过自新。假如所有的官吏都能够像王伽这样，平民都像李参等人，那么，不用刑法就能达到天下大治的境界，又有什么难的呢？”

于是，皇上提拔王伽为雍县县令。

以宽仁之心，至诚待物，化行所属，爱结人心，就会达到教化的功效。

※原文

诚者物之终始，不诚无物。是故君子诚之为贵。

※译文

诚，贯穿在事物发生、发展的始末，体现在生命旅程的每一个环节之中，是万物化育的发端与归宿。没有诚就没有万物。因此，作为君子，应以诚为贵。

※论引

郑玄说："大人无诚，万物不生，小人无诚，则事不成。贵至诚。"

朱子说："天下之物，皆实理之所为，故必得是理，然后有是物。所得之理既尽，则是物亦尽而无有矣。故人之心一有不实，则虽有所为亦如无有，而君子必以诚为贵也。盖人之心能无不实，乃为有以自成，而道之在我者亦无不行矣。"

※札记

以诚为贵

在太阳的照耀下，万物都在依据自己的天性自由发展。

在生命的开始与终结之时，表现出的是生命的本真。

正如古语所说："人之将死，其言也善。"此时所言，实出至诚，是天性的自然流露。因为已经走过了风雨，经历了波折坎坷，到了人生最后告别的时刻，一切都不必再遮掩，与生命相比，其他的一切都显得不再重要，虚言假语更是毫无意义，是到了坦荡地说句真话的时候了，这时唯有真话才最为重要，才是最想说出的，这是最后的机会了，这时才真正令人觉得至诚的珍贵，一生中所做出的那些违心行为，是如此虚无和不可思议。

你播种了什么，就会收获什么。

※史例阐释

泰伯采药，至诚无迹

相传商代末年，有个孝悌兼全的人，姓姬，名字叫泰伯，他是周君古公亶父的长子。他的两个弟弟，名叫仲雍和季历。季历生了一个儿子，取名叫姬昌，就是后来的周文王。

姬昌出生的时候，飞来了一只赤色的雀子，衔着丹书，栖落在门前的树枝上。人们都说这是表示有圣德的人出世时的祥瑞。

古公亶父因此认为姬昌有振兴王业的天命，于是就想把君位传给季历，然后再传承给姬昌。

泰伯体察到父亲的心思，为了尊重父意，避让君位，成全弟弟，就与仲雍相约出走。恰在这时，古公亶父病了，于是兄弟二人就以上山采药的理由离开都城，躲避到当时被称为荆蛮之地的江南。他们披散了头发，并在身体上刺出蛮夷风俗所崇尚的图腾，表示自己不愿回去继位的决心，从而使季历自然得位，也使太王免于传位有立爱的非议。

孔夫子感叹说："泰伯有'至德'，却浑然无迹，使后世的人们无从称颂。"

※原文

诚者非自成己而已也，所以成物也。成己，仁也；成物，知也。性之德也，合外内之道也，故时措[1]之宜也。

※注释

1 时措：日常行为举措。

※译文

诚，并非只是成就自己，成就自己的前提是成就事业，顺应万物化育的至理，使万物得以自在地成长，从而使自己的事业有成。实现自己的人生，达到完美的境界，是仁德；成全万物，使其自由发展，是智慧。仁德与智慧是人天性的基础，是寓于中而形诸外的大道。因此，无论何时何地，只要心怀以诚，就是中道。

※论引

郑玄说："以至诚成己，则仁道立。以至诚成物，则知弥博。此五性之所以为德也，外内所须而合也，外内犹上下。"

孔颖达说："人有至诚，非但自成就己身而已，又能成就外物。若能成就己身，则仁道兴立；若能成就外物，则知力广远。诚者是人五性之德，则仁、义、礼、知、信皆犹至诚而为德，至诚之行合于外内之道，无问外内，皆须至诚。于人事言之，有外有内；于万物言之，外内犹上下。上谓天，下谓地。天体高明，故为外；地体博厚闭藏，故为内也。是至诚合天地之道也。至诚者成万物之性，合天地之道，故得时而用之，则无往而不宜。"

朱子说："诚虽所以成己，然既有以自成，则自然及物，而道亦行于彼矣。仁者体之存，知者用之发，是皆吾性之固有，而无内外之殊。既得于己，则见于事者，以时措之，而皆得其宜也。"

※札记

无论何时何地，唯有诚是永远的通行证

仁德是伟大的，智慧是无限的，只有至诚的高贵心灵才能够达到。

我们的态度决定着我们的行为，我们的举止决定了我们所得到的回报。正如作用力与反作用力一样，你以什么姿态面对世界，世界就会以同样的面孔来回应你。

养成举止得体、态度诚恳、观察敏锐、实事求是的良好行为，坚定专一，以我们的至诚成就万物。

※史例阐释

行为举止，流露出的是我们内心的诚意

《左传·定公十五年》中记载，春天，邾隐公来鲁国朝见。在举行朝见仪式时，孔子的学生子贡去观礼。在互相赠答礼物时，邾隐公动作夸张，拿玉的姿势过高，他的头部高昂，眼睛向上仰望，鲁定公接受玉的动作随意，姿势显得很低。因此，子贡议论说："按照礼的观点来看，二位君主的行为不符合礼仪的法度规范，表明他们就快要死亡了。因为，礼是生死存亡的本体。手足的前后摆动、身体站立的进退、头部的俯仰，所有这些动作都有一定的标准，与人的生死有关；而上朝、庙祭、服丧、作战，所有这些行为都跟人的吉凶有关。现在正值正月，两君相见，彼此致意时的礼节，全然不合法度，这表明他们的内心失去了精神的支柱，已经死了，所以遇到喜事也表现得无动于衷，如此怎么可能活得长久呢？把头抬得很高，表现出的就是盲目骄傲；把腰弯得很低，显出的就是萎靡颓废。骄傲就会铸成变乱，颓废则是身体有了病患。鲁君身为一国之主，行为如此无力，恐怕要先死去吧。"

这年夏天，五月壬申日，鲁定公死了。孔子说："赐不幸而言中。实在是多嘴啊。"

第二十六章 至诚无疆

※题解

至诚贯穿于天地万物之中

其实命运是可以预知的，在于慎微与自律，在于颖悟与把握，在于至诚。至诚是万物天性的自然之成，是自然演化的内在核心。

※原文

故至诚无息[1]。

※注释

1 息：止息，休止，停止。

※译文

因此，至诚没有止境，默然不着痕迹。

※论引

朱子说："既无虚假，自无间断。"

孔颖达说："至诚之德，所用皆宜，无有止息，故能久远、博厚、高明，以配天地也。"

※札记

天地无言

至诚是天性的自然流露，没有伪饰，也不需要矫揉造作，是"清水出芙蓉，天然去雕饰"的自然之美；不需要刻意装扮，也不必执着地去做，因为刻意或执着，在开始之初，就已经怀有了功利之心。而至诚就在于不着痕迹，没有投资的心理；是一种自然的给予，而不是施与；无须回报，也无取得回报的期望；是一种平等的无偿付出，而不是馈赠，因为馈赠，是对有所属之物的给予，是一种主体的变化。而至诚，就如空气之于生命，是需要者的自然获得，而不是空气给予生命的施舍。至诚的可贵，就在于无我的坦然，是从自我进入无我的超然入圣的境界，在成就他物之时，并不怀有成就自己的德行之心。至诚是与天地同德的至境。

※史例阐释

赤兔之死

建安二十六年，公元221年，关羽走麦城，兵败遭擒，拒降，为孙权所害。其坐骑赤兔马为孙权赐予马忠。

一日，马忠上表：赤兔马绝食数日，不久将亡。孙权大惊，急访江东名士伯喜。此人乃伯乐之后，人言其精通马语。

马忠引伯喜回府，至槽间，但见赤兔马伏于地，哀嘶不止。众人不解，惟伯喜知之。伯喜遣散诸人，抚其背叹道："吾深知君念关将军之恩，欲从之于地下。然当日吕奉先白门楼殒命，亦未见君如此相依，为何今日这等轻生，岂不负君千里之志哉？"

赤兔马哀嘶一声，叹道："予尝闻，'鸟之将死，其鸣也哀；人之将死，其言也善。'今幸遇先生，吾可将肺腑之言相告。曹操将吾赠予关将军；吾曾于虎牢关前见其武勇，白门楼上见其恩义，仰慕已久。关将军见吾亦大喜，拜谢曹操。操问何故如此，关将军答曰：'吾知此马日行千里，今幸得之，他日若知兄长下落，可一日而得见矣。'其人诚信如此。常言道：'鸟随鸾凤飞腾远，人伴贤良品质高。'吾敢不以死相报乎?"

伯喜闻之，叹曰："人皆言关将军乃诚信之士，今日所闻，果真如此。"

赤兔马泣曰："吾尝慕不食周粟之伯夷、叔齐之高义。玉可碎而不可损其白，竹可破而不可毁其节。士为知己而死，人因诚信而存，吾安肯食吴粟而苟活于世间?"言罢，伏地而亡。

伯喜放声痛哭，曰："物犹如此，人何以堪?"后奏于孙权。权闻之亦泣："吾不知云长诚信如此，今此忠义之士为吾所害，吾有何面目见天下苍生?"

后孙权传旨，将关羽父子并赤兔马厚葬。

※原文

不息则久，久则徵[1]。

※注释

1 徵：征验，显露于外。征兆，事物显露出来的迹象。古代五音之一。引申为"传唱"。

※译文

无声的至诚，令人长久心存感念。长久流传，那么就成为传唱不朽的盛德。

※论引

孔颖达说："以其不息，故能长久也。以其久行，故有征验。"

朱子说："久，常于中也。征，验于外也。"

※札记

我们生于天地之间

永远其实就是一瞬间，一瞬间也可定格成为永远。永远是一个不确定的概念，是一种体验。永远并不在于时间的长短，而在于行为的品质和所含诚意的量度。

万物因其至诚的天性，而在天地间永存，而春华秋实，夏荣冬藏，在其荣枯变化中得以长久更新，使其生命永恒传承。也正是因为至诚之天性的自由发展，使天地间的生命得以共存，多样而独特，多彩而独秀，有此物荣盛必有彼物与之相生，从而构成和谐共荣，达到丰富而完美的境界。于是使生命充满时空，使至诚充溢于每一处，使人类感受到至诚的惠泽，却又无处可寻，只能回归自身，回归自己内在的天性。

※史例阐释

道义相恤

楼护，字君卿，汉代齐鲁（今山东）人。他年少时跟随父亲行医济世，移居长安，出入权贵国戚之家。楼护诵读家传医经、本草、方术等书数十万言，有德望的长者很关爱器重他，都对他说："以君卿的材质天赋，为什么不学习从政治国的学问呢？"于是楼护辞别父亲，拜师学习经典和史传，担任京兆吏数年，行为清廉端直，很为世人称道。他善于言辞，有信义，深得汉成帝之母舅"五侯"的赏识，官至天水太守。王莽时，封息乡侯，位列九卿。

楼护有个老朋友姓吕，没有儿子，老来无依，楼护就把吕公夫妻二人接来，在家里居住。日常生活中对他们百般照应，楼护总是与吕公同桌吃饭，楼护的妻子则陪着吕公的妻子。后来，楼护因受盗贼牵连，被贬为平民，生活陷入困境。楼护的妻子觉得无力赡养吕公夫妻，就对他们非常厌烦。楼护流着眼泪对妻子说："吕公穷困老迈，因念我是故友，所以才把自己托付给我，这是对我们的信任，我们应当尽力奉养，不应该做出不合乎道义的言行。"于是，楼护继续给养吕公夫妻，并为其送终。

※原文

徵则悠远，悠远则博厚。博厚则高明。

※译文

因为传扬就会流传更远更广。流传久远，则更加显出广博仁厚。博大厚德，就令人更加感到崇高昭著。

※论引

郑玄说："至诚之德既着于四方，其高厚日以广大也。"

孔颖达说："若事有征验，则可行长远也。以其德既长远，无所不周，养物博厚，则功业显著。"

朱子说："存诸中者既久，则验于外者益悠远而无穷矣。悠远，故其积也广博而深厚；博厚，故其发也高大而光明。"

※札记

至诚致远

当一切都已就绪时，你才发觉，于是你感到突然。其实，当你回过头仔细审视，你会发现，在很久以前，就已经有了征兆，只是你自己忽略了，因自己的傲慢与自大而导致失去了机会。所以，这怪不得别人，是你把自己推入被动。因此，对于生活中的任何细节，都不能粗心地放过。所以古人说，见微知著，谨小慎微，谨言慎行。

天空高远而光明，广大而深邃。在我们有限的视野中，我们只能看到日月星辰的光辉，我们普承着它们的照耀，我们享受着它们恩泽所哺育的万物。我们不需要说出感谢，因为普泽万物，也正是它们存在的自然之德，并没有什么目的性，也不求得到回报。在浩渺的时空中，人类不安的目光，总想看到更远，总想探寻更多的领域。但是，随着我们所注视的半径的扩大，我们发现自己更加无知，我们面对的是更多无法解答的奥妙，以至于我们怀疑到自身，而对我们自身的了解也越来越觉得知之甚少。于是，哲人发出睿智的感叹："我自感更加无知。"然而天地坦荡，铺陈在我们眼前，不做任何遮掩，一任我们自由地生息繁衍，同样地给予我们抚爱，却并不独宠。那么，还有什么能比这种至诚更加感人呢？

※史例阐释

以我们的义行，给困境中的人以帮助

严植之（公元 457 年—公元 508 年），字孝源，建平秭归（今湖北省秭归县）人。他性情淳厚孝道，为人谨敬质朴，从来不因为自己的优长而认为比别人高明。严植之植精解《丧服》《孝经》《论语》。对于郑氏《礼》《周易》《毛诗》《左氏春秋》，他有独到造诣。他曾任康乐侯相、五经博士、中抚军记室参军等职。严植之为官清白，民吏称道。

严植之生性仁慈，好行阴德，有义行，即使独处暗室，也从来不敢放任自己。他曾在山中遇到一位重病患者，已经不能说话，无法知道他的姓名、家籍。严植之就用车把他带回，请医用药，进行救治，照顾周到，但是仍然没有救活他，六天后死去。严植之给他置办棺木，以礼葬理。

又有荆州人黄氏，给船主当小工，得了重病，船主却将他赶了出来。他病倒在塘岸上，走投无路。严植之看到后，心生怜悯，就把他带回自己的家中，给予诊治。一年后，这个姓黄的人的病被治好了。他对严植之非常感激，愿做奴仆，以报答其救命之恩。严植之坚决不接受，并送给他路费和干粮，让他回家去。

以我们的至诚，默默地帮助需要帮助的人。

※原文

博厚，所以载物也；高明，所以覆物也；悠久，所以成物也。

※译文

博大厚德，因此就能够承载万物；高洁明彻，因而就能够照耀万物；昭垂永远，所以就能够养育、成就万物。

※论引

孔颖达说："以其德博厚，所以负载于物。以其功业高明，所以覆盖于万物也。以行之长久，能成就于物。此谓至诚之德也。"

朱子说："悠久，即悠远，兼内外而言之也。本以悠远致高厚，而高厚又悠久也。此言圣人与天地同用。"

※札记

至诚如归

通向至诚的路是悠远而漫长的，因而不应停息，必须要有坚持到底的毅力，这样才能获得人们永久的称道。只有至诚的德行，才能永恒。

至诚是自然之道，是本性的自然流露，它不需要刻意做作，也不必故意自我宣扬，它是无声无息、无迹无影的流露。就如我们须臾不可离开的空气，充满在我们周围，又无从捕捉，深存于我们内心，流露在我们的一呼一吸之间，体现在我们的一言一行、一举一动之中。这种诚的行为，经过长时间的积累，自然为人们所认同。

站在这厚实的土地之上，我们的身心从而得以安居，我们有一种安然的归属感。我们的想象从这里出发，至达天外，我们把触角尽力地伸向远方，就是因为，我们有一个坚实的出发地。我们站在大地上，可以任由我们的灵魂远游无极，自由地飘向任何地方，把我们的心灵带向那可达之境。是的，我们不必忧虑会受到伤害，所有的伤害其实都是来自于我们自身。然而，当我们受到创伤之时，大地却给予我们治疗和呵护，于是我们得以休养身心，然后又继续新的远旅。

※史例阐释

这是时光的礼物

韩休，京兆长安（今陕西省西安市）人。他工文辞，举贤良，擢左补阙；累拜黄门侍郎，同中书门下平章事。韩休为人耿直，于时政得失，言之未尝不尽。他敷陈治道，多讦直。赠太子太师。

韩休的儿子韩滉虽贵为宰相之子，但天性节俭，衣服被褥，多用过十年才换，酷暑季节也是手不执扇，住宅庭院简陋狭窄，也仅能遮庇风雨而已。韩滉自己也位列宰相，封郑国公、晋国公，又加度支诸道转运盐铁等职。按照礼制规定，宰相府第的门前应该排列仪仗。但是，因为门前的空间太小，不能摆列。韩滉因为这是父亲一生所居住的门第，不忍心扩修改变，所以总不申请修缮。堂前原来没有厢房，弟弟韩洄让人稍微修补，韩滉回家看见了当即就让撤去，保留原貌。并且说："这是我们的前辈住过的地方，我们做后辈的应该供奉起来，常常恐怕失修而遭毁坏，如果看到朽损倒塌，及时进行修缮就行了，怎么敢彻底改建，而败坏祖传的节俭品德呢？"

※原文

博厚配地，高明，配天，悠久无疆[1]。

※注释

1 无疆：无穷无尽。疆：界限，止境。

※译文

广博深厚相当于大地。崇高皎洁相当于天空。悠远长久则是永无止境。

※论引

郑玄说："后言悠久者，言至诚之德，既至'博厚''高明'，配乎天地，又欲其长久行之。"

孔颖达说："圣人之德博厚配偶于地，与地同功，能载物也。圣人功业高明配偶于天，与天同功，能覆物也。圣人之德既能覆载，又能长久行之，所以无穷。"

朱子说："此言圣人与天地同体。"

※札记

至诚是充满于时间和空间的始终一贯的道

回望人类走过的历程，展望我们即将面对的未来，无际的时间之海汹涌不息。每一朵飞扬的浪花上都满载着智慧的果实，而且有更新的、更美好的有待于我们去采撷。它如此诱人心魄，让我们感叹而不忍离去。于是，有权势的帝王，想求得长生，有德行的智者，想修养德行，以求与日月同辉。而平庸如我辈之人，除了安然接受上天的赐予，奋力做好我们此生的事业，还能奢求什么呢？

※史例阐释

务种好自己的庄稼才是根本

辛弃疾（公元1140年—公元1207年），字幼安，号稼轩居士，南宋山东历城（今山东省历城县）人。宋孝宗时，他以大理少卿出为湖南安抚使，后来官至龙图阁待制。辛弃疾性格豪爽忠信，崇尚道义气节。他有文采，擅长短句，风格激昂振奋，与苏轼并称，有《稼轩长短句》。今人辑有《辛稼轩诗文钞存》。辛弃疾年少好学有远识，以蔡伯坚为师，与党怀英同学，并称辛、党。辛弃疾所处的时代正是南宋积弱、辽金南侵、政局动荡的时期。辛、党二人面临着南归还是北进的选择，便用蓍草占卜。党怀英得坎卦，坎为金，对应的方位为北方，便留在北方为金国做事。辛弃疾得离卦，离为火，对应的方位是南方，于是南归大宋。二人从此走上了不同的道路，也由此开始了他们不同的命运。

当时金宋战争频繁，南宋无力控制政权，地方豪杰并起，耿京在山东聚集人马，自称天平节度使，是山东、河北一带的实际占领力量。辛弃疾在南下途中，为路途所阻，便留下任掌书记，并劝说耿京归属宋朝，抗击金国的侵略。于是耿京委派辛弃疾去与南宋联系。正值宋高宗在建康劳军，便召见并嘉奖了他，授予承务郎天平节度使掌书记的官职，赐予节度使印和文告，让他返回召抚耿京。

在辛弃疾南下期间，耿京军队内部发生了变乱，张安国、邵进杀害了耿京，去向金国投降，成为金国的帮凶。辛弃疾返回后，面临的是这样一个严重局面。

辛弃疾说："我受主帅委任，为归顺朝廷奔走，没想到会发生这样的变故，如何向朝廷复命呢？"于是邀约心怀忠义气节的人直接进入金国军营。当时张安国等人正与金将饮酒欢宴，没有戒备。辛弃疾当即将他捆绑起来带走，迅速撤离，金将愕然失措，当他们回过神时，辛弃疾早已远归。辛弃疾将张安国送交朝廷。朝廷就在闹市中将张安国正法。辛弃疾的壮举令朝廷赞赏，于是辛弃疾被任命为江阴检判。

辛弃疾说，人生的成就，在于自己的辛勤劳作，付出了血汗，就会有回报。无论做什么，都务种好自己的土地，经营好自己的事业。生长在北方的人，生活所需，以自给自足为习俗，不依赖他人，因此也不至于一夜暴富和沦为极端的贫穷。南方的风尚则不同。人们以经商投机营利为重，以技艺巧术为手段，轻视农业生产。并且，只以利益为目标，互相吞并，土地、财富只在少数人之间流动，贫富悬殊，致使各种忧患并起，贫富之间终致水火不相容的地步。因此，辛弃疾就取“稼”字命名自己的书房，并自号为“稼轩”。

※原文

如此者，不见而章[1]，不动而变，无为而成。

※注释

1 不见而章：虽然不刻意显露，也会自然彰显出来。见：显露，显现。章：同“彰”，彰显。

※译文

达到这样的境界，即使不刻意显露，美德也会自然彰显出来。虽然没有做出什么行动，风尚也会自然改变。纵然无所作为，也能够有所成就。

※论引

孔颖达说：“圣人之德如此博厚高明悠久，不见所为而功业章显，不见动作而万物改变，无所施为而道德成就。”

※札记

以至诚成就我们美好的人生

诚实的人，心如明镜，没有任何虚伪造作的负荷，因而就能抵挡任何诱惑欺诈的侵袭。诚实的人富有坚定的正义感，坚守正义，使自己伸向人间的触角光明凌厉，因而没有屈膝的耻辱和奉承的扭曲。诚实之人的心情永远是充满阳光而美好的。

其实，不必刻意做出成就，也不必求得在此生有所作为。其实天地无为，而无不为。人类刻意而为，而最终一无所为。还是回归我们内心至诚的天性，与天地同心，与天地同德，而致达与天地同辉！

※史例阐释

给人们一个生活的希望

张苌年，北魏上谷沮阳（今河北省怀来县东南）人，出任汝南太守。

在南北朝时，朝代变换频繁，战乱不止，百姓困穷。他初到汝南任职，就遇到一件民事案件，地方无法裁决，送到郡府。

郡人刘宗之兄弟分家，二人都想分得家里唯一的一头耕牛。因为，牛在以农为业的人家，是农业生产的主要耕作力量，所以兄弟争执不下，互不相让，邻里多次调解，都不能解决。官司打到郡守那里。

张苌年阅过诉状后，心内悲悯，就召见刘宗之兄弟二人来听取判决。

张苌年说："你们争执的根本原因，就是为了能够得到一头牛。如果有两头牛，那么也就不存在争议了。"

刘宗之兄弟听后说："事实就是这样，我们都想有自己的耕牛，可是我们只有这一头牛。"

张苌年就说："我送给你们一头牛，你们就不必相争了，回家去好好过日子吧。"

于是，张苌年就把自己的一头牛送给了他们。兄弟俩既感到高兴，又感到非常惭愧，推辞再三，张苌年让他们把牛牵回。

从此，汝南境内的民风习俗为之大变。百姓相互礼让，不再有争持过激之事，风化大治。

※原文

天地之道，可一言[1]而尽也：其为物不贰[2]，则其生物不测。

※注释

1 一言：一字，即"诚"。

2 不贰：专一。诚就是专一，所以不贰。贰：不专一，不一致。贰心。

※译文

天地运行的至理，可以用一个字概括："诚。"诚就是专一不二，所以能使万物自在生长繁育，具有神妙莫测、不可估量的力量。

※论引

郑玄说："其德化与天地相似，可一言而尽，要在至诚。至诚无贰，乃能生万物多无数也。”

孔颖达说：“圣人之德能同于天地之道，欲寻求所由，可一句之言而能尽其事理，正由于至诚，圣人行至诚，接待于物不有差贰，以此之故，能生殖众物不可测量。”

朱子说：“复以天地明至诚无息之功用。天地之道，可一言而尽，不过曰诚而已。不贰，所以诚也。诚故不息，而生物之多，有莫知其所以然者。”

※札记

天地唯诚

一个人的修养需要从心开始，你的所作所为不是为了别人的认可和尊重，而是一种心性的修养。诚则通彻天地。

人作为天地间一种微小的存在，有什么理由不诚呢？无诚何以生存？是的，不必诈伪，只要至诚，天地间可任自由行走，哪里不能涉足呢？何处不可立足呢？“虽蛮夷之地，何陋之有。”至诚如此，我们又何必做出伪行，而自陷牢笼，损害我们的美好德行呢？

如果心怀贰意，无论你到哪座庙宇，无论你如何切切地祈祷，都没有意义。因为你的心灵已经为你铸造了一切，神明又如何保佑你呢？其实，不必寻机去做善事，只要在可及的范围，心怀至诚，做出努力就行。天地神明，并不苛求，只关注我们是否至诚。

※史例阐释

不为物诱，不以利动

赵柔，字元顺，北魏金城（今甘肃省兰州市）人。年少时他就在当地很有名气，以德行和才学识见成名。后来他出任著作郎，官至河内太守。赵柔很有诚信，惠泽百姓，为世人所称颂。

赵柔曾经在路上拾到金珠一贯，价值相当于数百匹丝绢，他毫不为这种意外之财动心，当即追上失主送还给他。后来朋友送给他数百枚铧，赵柔就和儿子拿到市场上卖掉。有人从赵柔手里购买，每只铧只要价素绢二十匹。有个商人看到他的价格便宜，认为有利可图，就提出每只铧按三十匹绢的钱付款全部收购。他的儿子善明觉得也很合理，就准备成交，并想收回已经卖出的铧。赵柔说：“做生意就像做人，一言既出，就应当守信，怎么能因为利益就做出改变呢？”地方上的名流和平民，听到这件事后，从内心感到敬重佩服。

※原文

天地之道：博也，厚也，高也，明也，悠也，久也。

※译文

天地循行往复的规律，就是博容、厚载、崇高、普照、自然、永远。

※论引

郑玄说：“此言其着见成功也。”

朱子说：“天地之道，诚一不贰，故能各极所盛，而有下文生物之功。”

※札记

重建心灵的家园

罗素说：“我们的生命是大地生命的一部分，是寄生在大地之上的生灵之一，与万物平等。虽然我们具备自己的独特性，但是我们并不是自然给予特殊惠顾的宠儿。我们如同自然界所有生命体一样，以自己的天性和方式从大地上吸取营养，使自己的生命得以存在。”

万物都是有灵性的，并不只是人类意识到自己的存在。其实，无论人类如何强调自己，使自己与自然界的生命隔离，但当你走进大自然，投入它宽广温厚的胸怀时，你油然而生一种如释重负的情感，那些心中苦苦得不到排解的事由，便在大自然的抚慰下消融不见，从而使你的个体生命如同受到了来自于大自然一草一木的祝福，也使你受伤的心灵得到呵护。

无论天地如何高大、广远、神妙、多变，以至于无限，惟有至诚是维系其永恒的内在质地。无诚不成天地，无诚无以致达久远，无诚就没有存在。诚，虽似微不足道，但是，诚又充满天地时空，包容一切，又使一切的诈伪自惭。望着山中那经历了千百年风雨剥蚀的岩石，不禁感叹人类的生命是如此短暂与微末。那么，为什么要把自己囚禁在城墙的废墟之内而不融入自然之国呢？又为什么不与自然万物自在相处呢？

自然之美，美在和谐。

※史例阐释

君子之富

樊重，字君云，南阳郡湖阳（今河南省唐河县西南湖阳镇）人。他的祖先是周朝的仲山甫，封于樊地，便以樊为姓。樊重继承了祖上世代善于耕作和经商的传统，家财殷富。他为人温和、厚道，乐善好施，赈赡宗族，恩加乡里。临终时让家人焚毁借据文契，不再追讨；被后人称为"君子之富"的楷模。

樊重治理家业严格、公正，一家三代没有分过家，子孙早晚都要向长辈行礼问候，礼仪规矩就像官府一样严整。经营家业，物尽其用，节俭持家。全家上下同心合力，各自尽力做好应做的事。因此，家道兴隆，财富每年成倍增长，拥有土地达到三百多顷。据说，他家准备制作家用器具等日常用具，于是就提早做出谋划，自己种植梓树和漆树，邻居们笑话他迂腐。但是几年后，梓树和漆树长成材了，木材、油漆都能自给自足。曾经嘲笑他的人才佩服他的远见，也来向他借用梓木、油漆。就这样，樊重家越来越富。他的外孙何氏兄弟因分家，而争夺财产，互不相让，樊重就送给他们土地。他平时借给别人的钱计有百万之多，在他八十多岁去世时，嘱咐家人将借贷文契统统烧掉。

史官评价樊重时写道：从前楚顷襄王问阳陵君："什么是君子之富？"阳陵君回答说："君子之富，就是给予别人恩惠不自认为是有德，也不图谋得到别人的报答。赡养别人而不把别人当作工具驱使。亲戚友爱，众人敬重。"那么，樊重应该可以被称为君子之富了吧！

※原文

今夫天，斯昭昭之多[1]，及其无穷也，日月星辰系[2]焉，万物覆焉。今夫地，一撮[3]土之多，及其广厚，载华岳而不重，振[4]河海而不泄，万物载焉。今夫山，一卷石[5]之多，及其广大，草木生之，禽兽居之，宝藏兴[6]焉。今夫水，一勺[7]之多，及其不测[8]，鼋[9]鼍[10]蛟龙鱼鳖生焉，货财殖焉。

※注释

1 斯昭昭之多：这是由众多小天体的光芒汇聚积累。斯：此。昭昭：明亮，光明。郑玄曰："犹耿耿，小明也。"《楚辞·九歌·云中君》："烂昭昭兮未央。"

2 日月星辰系：太阳、月亮、星体运行着。星辰：星系，天体。系：悬游，运行。

3 撮：容量单位。一撮为一升的千分之一，意为很少。

4 振：通“整”，整顿，整治。容纳。郑玄曰：“犹收也。”

5 一卷石：拳头大的石头。卷：通“拳”，拳头。

6 兴：生成。储藏。

7 勺：用来舀酒的长柄器具。

8 不测：浩瀚无涯，不可测度。

9 鼋：鳖类，也称绿团鱼。

10 鼍：鳄鱼的一种，又名扬子鳄，俗称猪婆龙。爬行动物。

※译文

这里所说的天，原本只是由众多小天体的光芒积累形成，及至达到无边无际时，日月星辰都在其间运行，世界万物也都处在它的照耀之下。这里所说的地，原本只是由每一小撮土聚拢堆积起来的，直到它广阔深厚时，承载着华岳那样的崇山峻岭也不觉得沉重，容纳了众多的江河湖海也不会泄漏，世间万物都由大地承载着。这里所说的山，原本不过是由拳头大的石块聚积而成，可是当它高大无比时，草木花卉在上面生长，禽兽虫豸在上面居住，丰富的宝藏在其中储藏。这里所说的水，原本不过是由一勺一勺汇聚流注而来，当它浩淼无涯、深不可测时，蛟龙鱼鳖等都在里面遨游生长，珍珠珊瑚等奇珍异宝也都在里面繁殖。

※论引

郑玄说：“天之高明，本生‘昭昭’；地之博厚，本由‘撮土’；山之广大，本起‘卷石’；水之不测，本从‘一勺’。皆合少成多，自小至大，为至诚者，以如此乎！”

孔颖达说：“天初时唯有此昭昭之多小貌尔。土之初时唯一撮土之多，地之广大，载五岳而不重，振收河海而不漏泄。山之初时唯一卷石之多，多少唯一卷石耳。水初时多少唯一勺耳。此以下皆言为之不已，从小至大。然天之与地，造化之初，清浊二气为天地，分而成二体，元初作盘薄穹隆，非是以小至大。今云‘昭昭’与‘撮土’‘卷石’与‘勺水’者何？但山或垒石为高，水或众流而成大，是从微至着。因说圣人至诚之功亦是从小至大，以今天地体大，假言由小而来，以譬至诚，非实论也。”

《礼记·正义》曰：“至诚不已，则能从微至着，从小至大。”

朱子说：“指其一处而言之。及其无穷，犹及其至也之意，盖举全体而言也。皆以发明由其不贰不息以致盛大而能生物之意。然天、地、山、川，实非由积累而后大，读者不以辞害意可也。”

※札记

自然的大和谐

诚，在于自取，可以是一撮土，可是以一块砂，可以是一勺水，可以是一粒盐，关键在于你有多少诚在里面。至诚，可为立岳，可遨江海，可参天地。无诚，则无一锥之地，无一粒食物，无一滴之涓。是的，至诚在己，在于我们心灵的深处，在于我们自己的发现，在于我们自己的培育，在于我们自己使之发扬广布于天地万物之间。

无论是杂草还是禾苗，也无论是鲜花还是荆棘，都同样存在于这天地之间。无论是供在温室的名花，还是生长在原野的花朵，都是天地的至爱。它们以其至诚，自然地茁长，为太阳生长，为大地吐芳，为生命添翠。不求人赏，不需赞美，只是默无声息地活着，活着它永远的精彩，在季节间徜徉。不论生长在哪里，它们都顽强地活着，那种美丽的绽放，悠远而令人神伤。

罗丹说："我们身边并不缺少美，只是有待于我们的心灵去发现。"天空白云的流浪，蓝天上鸟儿的飞翔，大海中游鱼的悠游……无不是大自然的和谐所造就。

※史例阐释

对自己的人生负责

皇甫谧，字士安，安定朝那（今宁夏固原县东南）人。他过继给叔父为子，迁居新安。二十岁已过还不喜欢读书，终日游荡无度，人们都把他视为弱智的呆傻人。突然有一天，不知他从哪里得到几颗瓜果，就拿给自己的叔母任氏吃。

任氏说："《孝经》上写道，即使每餐都有牛、羊、猪三牲的鲜美肉食奉养老人，仍然不能称为孝。你现在已经年过二十岁了，眼睛不识字，行为没有教养，心中不懂道理，没有什么能耐可以让我心里感到安慰。"并深深地叹息说，"听说从前孟子的母亲为了培养孟子成才，多次迁居，最终成就了孟子的仁德；曾子的父亲信守诺言，果断杀猪，使诚实的美德得以延续。难道是因为我没有选择好邻居，教育的方法有问题所造成的吗？不然，为什么你如此愚笨不化呵！修养德行，勤奋苦读，是为了你自己的未来前途，受益的是你自己呵，对于我来说，又能得到什么好处呢？"

任氏说着就伤心地对着他痛哭不止。

皇甫谧内心受到了很大的震撼，幡然感悟，于是拜同乡人席坦为师，接受教育，勤学不倦。因为家境贫穷，就自己耕读持家，带着书籍种田，伴着经典睡眠。就这样，他博通典籍，深悟百家言论，并把著书立说作为自己终生的事业。皇上下诏命他做太子中庶子、议郎、著作郎、司隶校尉等官，他拒不赴任，终身不仕。皇甫谧著述颇丰，有《礼乐》《圣真》等论著传世，受到世人敬重。

※原文

《诗》曰[1]：“维天之命，於穆不已。”盖曰天之所以为天也。“於乎不显[2]，文王之德之纯。”盖曰文王之所以为文也，纯亦不已。

※注释

1《诗》曰：所引诗句均出自《诗经·周颂·维天之命》。

2 不显：不：通“丕”，大。显：显耀，显赫。

※译文

《诗经》说：“天命多么深远难料呵，循行不息！”意思大概是说，天之所以称为天的原因，就在于博大包容吧。“多么显赫光明啊，文王的品德纯正！”意思大概是说，文王之所以被称为“文”王的原因，正是由于他的至诚，他的品德纯正，他的德泽流传深远呵。

※论引

郑玄说：“天所以为天，文王所以为文，皆由行之无已，为之不止，如天地山川之云也。《易》曰‘君子以顺德，积小以成高大’是与。”

孔颖达说：“《诗》称‘维天之命’，谓四时运行所为教命。美之不休已也。诗人叹之云，于乎不光明乎，言光明矣。文王德教不有休已，与天同功。”

朱子说：“引此以明至诚无息之意。”

程子曰：“天道不已，文王纯于天道，亦不已。纯则无二无杂，不已则无间断先后。”

※札记

至诚能容

文王之德，并非刻意而为，就在于至诚而已，因而能够致达永远。

诗人屈原咏叹：“秉德无私，参天地兮！”

※史例阐释

仁德化育

王畅，字叔茂，东汉山阳高平（今宁夏固原县）人。他世为豪族，年轻时就以清正朴实为人所称道，不愿与人交结作为党羽。王畅初举孝廉，托病不就；后特辟举茂才，四迁尚书令，任为齐相；征拜司隶校尉，渔阳太守。王畅以严明著称，后来采纳张敞劝谏，推崇宽政，教化遂行。升任司空。

王畅任南阳太守。因为南阳是刘秀的故乡，豪族贵戚恃势横行。以前的太守因为惧怕他们的势力，都不称职，境内治理不好。王畅对此深为疾愤，到任伊始，就采取严厉措施给予惩处。对有劣迹和犯有前科的豪族，一律严惩。但却偏偏遇到朝廷大赦，又不得不将他们释放。王畅愤愤不平。于是，制定了更加严酷的法规律条。凡是受贿二千万铢以上的官员，如不主动自首，一旦查实，没收全部家产。如果发现隐藏、转移赃物罪证的，涉案人等，一律查抄，让他们家破人散……境内豪族贵戚内心震恐。功曹张敞上书建议说："五教的推广在于实行宽恕的仁政，这是写在典籍中的经典。商汤去除掉多种刑罚，天下归于仁德；周武王进入殷地，首先废除炮烙的酷刑；高祖进驻长安，只约法三章；孝文皇帝因感缇萦，从此不再实行肉刑；卓茂、文翁、召父等人都反对严刑峻法，推崇温厚、宽缓的法律，从而使他们以仁慈开明的执政形象，流芳后世。凡是聪明圣哲的君王，法律都很宽简，从而国家稳定，百姓安乐。这是有历史鉴证的。扒房拆屋、砍树毁家的做法，实在过于严苛惨烈。虽然您的本意是为了惩治恶人，净化境内，但是却难以取得长远的效果。以您超人的才干智略，如同日月的明察，辅以仁惠的政举，那么改变境内的不良风气，就会像折断一根小枝条一样容易，而不是像有些人说的如同移山那样困难。南阳郡是光武帝的家乡，园林祖庙就在章陵，三位皇后也都生在新野。后代子女沐浴着朝廷的教化，百姓仰慕。自东汉中兴以来，功臣将相世代相继，享受着皇上特许的优厚待遇。……我认为，与其耿耿用力地推行严刑，不如对他们施行恩惠；与其孜孜用心地查找奸恶，不如以礼对待贤明之士。舜因为举用了皋陶，那些品德卑微的人渐渐就改恶从善了；随会执政，晋国的强盗就都跑到秦国去了；虞芮经过的地方，礼敬谦让的风气就在那里兴起了……教化人的关键在于实行德政，不在于是否有严密的刑法。"

王畅采纳了张敞的建议，改变当初严苛的做法，实行宽和的政策，谨慎地用刑，简化审理程序，减轻刑罚的程度。于是，良好的社会秩序很快就建立起来了，南阳的风气大为改观，境内得到大治。

第二十七章
行乎中庸，进退自如

※题解

诚实是一种美

《礼记·正义》曰："圣人之道高大，苟非至德，其道不成。"

诚实、友善、淳朴、敦厚……这些品质都是不可缺少的，是成就美好人生的必备条件。

※原文

大哉！圣人之道洋洋[1]乎！发育万物，峻极于天[2]。

※注释

1 洋洋：洋洋洒洒，浩瀚无际，自然自在。

2 峻极于天：高峻至极。峻：高大。于：至，及。

※译文

博大玄妙呵，圣人之道！浩瀚无际，自然自在。生养万物，崇高及于上天。

※论引

孔颖达说：“圣人之道，高大与山相似，上极于天。”

朱子说：“道之极于至大而无外也。”

※札记

圣人之道，就是至诚

历代所推崇尊仰的圣人，就是尧舜禹汤文武周公，也包括孔子，他们的大德有如天地，他们的功绩可昭日月。他们共同的圣明之处就是心地至诚，胸怀宽容。因而，他们所实行的大道，有如汪洋大海，充满整个宇宙，孕育天地万物，沛然充满于天地之间。

圣人所实行的大道，其实就是自然的大道，是天地运行的规律。

※史例阐释

宇宙的真理是朴素的

世间的万物，其发生发展都是有因果渊源的。没有无本之木，也没有无源之水。我们流泪，是因为我们痛苦或者感动；天空降雨，是因为气温的变化。因此，以我们的至诚，通达天地变化，彻悟万物至理。于是，我们就可以察事物于即萌，知变化于未果。哪里还用得着求签占卜？任何的迹象都透露出事物变化的轨迹，都预示了事物发展最终可能达成的结果。一切都如展示在太阳之下，清楚明了。

※原文

优优[1]大哉，礼仪三百[2]，威仪三千[3]。待其人[4]而后行。

※注释

1 优优：平和，宽裕。自然从容。

2 礼仪三百：《周礼》有三百六十官。三百：举其成数。礼仪：古代礼节的规范。指经礼。即典礼制度。

3 威仪三千：《仪礼》规定的行为动作法度。《仪礼》十七篇，其中所确定的行为规范达到三千多条。威仪：古代典礼的动作规范以及日常待人接物的礼节。又称曲礼。即礼的细节。

4 其人：指圣人。

※译文

气度平和，恢宏从容，礼仪三百，威仪三千，经典完美，有待圣人来教化实行。

※论引

朱子说："道之入于至小而无闲也。"

孔颖达说："圣人优优然宽裕其道。"又说："三百、三千之礼，必待贤人然后施行其事。"

※札记

无礼不尊

礼仪源于美好的心灵。文明是人类进步的结晶，礼仪是人类心灵的反映。

礼仪与威仪既是庄重肃穆场合的仪式规范，也是日常动作行为的规范。

礼仪是人的社会行为的基本原则和行为秩序。"礼"是尊重，"仪"是规范的表达方式。文明礼仪是社会进步的必然产物。礼仪是沟通心灵的桥梁，表达的是对人的尊重，收到的是自尊。

礼仪以德行为基础，没有德行，礼仪只能沦为虚伪的做作，是骗术。德行因为礼仪而更加为人所敬仰。

※史例阐释

晏子正礼

齐国有一个财主，自恃有钱，占有广阔的土地，所以在村里横行霸道。他强行规定：村子里的人见到他，都必须低头向他行礼，否则就要受到他的处罚。

晏子听说后，就穿着破烂的衣服来到这个村子。刚走到村口，正好遇到这个财主在那里显摆。看见有人向村子走来，财主就大声喝道："穷小子过来，快点向我行礼。"

"我并不需要你的施舍，有什么必要向你行礼？"晏子反问道。

"在这方圆几里，我是最富有的人，因而也就是最有势力的人，谁敢不向我行礼，我就有权处罚他。"财主气势汹汹地说。

晏子并不理睬他。路上的人们都围过来观看，财主感到很尴尬，觉得无法下台。于是就心生一计，装出很大度的样子说："那么我们来比比，看谁现在兜里的钱最多，钱少的人就向钱多的人行礼，如何？"

晏子问："你有多少钱？"

财主很随便地从衣袋里掏出了一堆金钱来，说："你有多少钱？"

晏子说："我没有钱，但是我有礼！"

财主说："你没有钱，就得向我行礼。"

晏子说："你虽然有钱，但是你却需要我的礼。我不需要你的钱，那么有什么必要向你行礼呢？"

财主说："那么，用我的钱买你的礼如何？"

晏子问："怎么买？"

财主说："我把我的钱分一半给你，你向我行礼怎么样？"

晏子从容地将钱收下，然后理直气壮地说："现在我与你的钱同样多，我更没有必要向你行礼。何况你的这点钱哪里够买我的礼呢？"

围观的人看到财主被晏子捉弄，都痛快地大笑起来。

财主气急败坏地拿出剩余的钱说："好吧，穷小子，我把全部的钱都给你，你该向我行礼了吧？"

晏子接过钱，分送给围观的人，然后对财主说："现在我们大家都有钱了，而你一文钱也没有，按你的规定，你应该向我们行礼。"

礼，是成就人生的财富。但是，拥有财富，并不一定就能得到人们的礼敬。

※原文

故曰："苟不至德[1]，至道不凝[2]焉。"

※注释

1 苟不至德：如果没有极高的德行。苟：如果。

2 凝：凝聚，引申为成功。

※译文

所以，人们说："如果没有极高的德行，那么天下至道就无从成就。"

※论引

郑玄说："为政在人，政由礼也。"

孔颖达说："古语先有其文，今夫子既言三百、三千待其贤人始行，故引古语证之。苟诚非至德之人，则圣人至极之道不可成也。"

※札记

德与利的关系

人与人之间，不但要信守德义，还要讲求利益的给予，两者的关系应当是相辅相成、相互促进的。只是平淡的交往，德义便往往缺少了对他人的说服力。如果有了利益的给予，那么就可以得到人们对你德行的称颂，有些时候，即使你所做的事是有损于道义的，依然会有人给你声援。可见，利是宣扬德义的推动力。

以利益宣扬德义无可厚非，但要把握尺度，如果超越了德义的范围，甚至违背了德义的本质，做些损人利己的事，结果必是得不偿失，害人害己。有利就要利用，这是个很好的机会，但用的时候要讲求正当的手段，而且还要确实用到宣扬德义的地方。

总之，德与利的关系就像物质生活与精神生活的关系一样，物质生活固然重要，但如果脱离了积极向上的精神支柱，我们就会变得颓废懈怠。同样道理，只重利，不讲德，人们必会在利欲熏心的情况下采取各种卑鄙的手段为争取利益相互攻伐，只有在德义维护的利益圈子里，人类才能共荣辱、共患难。

※史例阐释

站稳自己的脚跟

刘翊，字子相，东汉颍川颍阴（今河南省许昌市）人。献帝迁都西京，当时寇贼兴起，道路隔绝，刘翊昼伏夜行，到达长安，帝诏谕嘉奖他的忠诚勤勉，特拜议郎，迁陈留太守。东归时，刘翊将所赏赐的珍玩散赠给众人，只留下自己乘坐的车马。由于战乱，路途中见士大夫病死在路上，刘翊就用马换来棺木，脱下自己的衣服敛葬。又遇到故旧友人困穷饿卧在路边，刘翊不忍心离弃，就杀掉驾车的牛，用来救助他。众人劝止时，刘翊说："看到无助的人而不帮助，不是志士的行为。"于是众人都饿死了。

河南种拂任颍阴郡守，聘用他为功曹。刘翊因为种拂是名门后代，所以出任职事。种拂也因为他这种择时而出的高洁行为，对他十分敬佩信任。刘翊为人耿直，处事公道，吏民敬重。阳翟县的黄纲依仗程夫人的权势，强行提出要独占山林湖泽以求经营获利。对于黄纲这种恃势凌下的无理要求，种拂询问刘翊："程氏是朝廷贵戚，权势很大，是皇帝左右的人，如果不满足他的欲望，恐怕就会招致怨恨；如果给予他，就要侵害百姓的利益，怎么办呢？"刘翊回答说："名山大泽，自古以来就没有封赠给私人占有的先例，就是为了保护民众的利益。如果现在您给了他，就要承担佞幸的罪名；如果坚决不给他，即使因此招致灾祸，您高贵的品德必然获得正直之人的赞许，我认为您会得到民众的支持而不会孤立的。"种拂采纳了刘翊的见解，坚决抵制。

在人生的道路上，人是很容易犯糊涂的，而之所以在某些关键时候，你能够躲过劫难，是由于德行的积累。这既有个人的善念，更是祖先德行的善报。因此，人在任何时候都不能放弃对德行的修养，这对自己或对后代都非常重要。

※原文

故君子尊德性[1]而道问学[2]，致广大而尽精微，极高明而道中庸。温故而知新，敦厚以崇礼。

※注释

1 尊德性：天性至诚。尊：恭敬奉持。德性：受于天命之正理。

2 道问学：讲论学问。道：讲论。

※译文

因此，君子尊崇道德修养，以天性的至诚讲论学问，追求知识；达到心胸广大，见闻广博的境界，并能深入探究事物精微的至理；识见高远，洞察幽微，因而能够致达中庸。重温历史的经验并能够从中预知未来的发展方向；以至诚之心崇尚礼仪，行为中矩，符合礼节。

※论引

《礼记·正义》曰："君子欲行圣人之道，当须勤学。"

孔颖达说："贤人行道由于问学，谓勤学乃致至诚也。贤人由学能致广大，如地之生养之德也。致其生养之德既能致于广大，尽育物之精微，言无微不尽也。贤人由学极尽天之高明之德。又能通达于中庸之理也。贤人由学既能温寻故事，又能知新事也。以敦厚重行于学，故以尊崇三百、三千之礼也。”

朱子说：“尊德性，所以存心而极乎道体之大也。道问学，所以致知而尽乎道体之细也。二者修德凝道之大端也。不以一毫私意自蔽，不以一毫私欲自累，涵泳乎其所已知。敦笃乎其所已能，此皆存心之属也。析理则不使有毫厘之差，处事则不使有过不及之谬，理义则日知其所未知，节文则日谨其所未谨，此皆致知之属也。盖非存心无以致知，而存心者又不可以不致知。故此五句，大小相资，首尾相应，圣贤所示入德之方，莫详于此，学者宜尽心焉。”

※札记

天性本善良

我们生活的尘世，有着很多缺陷，现实总是不尽如人意。可是，这个尘世却仍然对我们充满诱惑，让我们不忍放弃，总希望能够再有机会，总幻想着能够重新开始。尤其是当我们面临着生死的十字路口，在生命的最后时刻，那种留恋与难舍，动人心魄。虽然生活充满苦难，但是在这种挣扎中，我们体味着生命赋予我们的美好一切。于是，我们总想抓住点什么，总想能够长久地继续。而正因为我们对生命充满眷恋与不舍，才使我们天性中的善良能够永远传承不息。

※史例阐释

学贵践行

脱脱（公元1314年—公元1356年），字大用，蒙古蔑儿乞部人。他出身蒙古贵族，自幼养于伯父伯颜家中。他拜师名儒吴直方，深受儒家思想影响。脱脱姿貌魁梧，注重实践躬行。“日记古人嘉言善行，服之终身。”脱脱任同知枢密院事，官至中枢右丞相。他主持修撰辽、金、宋三史。他为群小所谗，流徙云南大理，被矫诏鸩毒而死。史称脱脱“器宏识远，莫测其蕴。功施社稷而不伐，位极人臣而不骄，轻货财，远声色，好贤礼士，皆出于天性。至于事君之际，始终不失臣节，虽古之有道大臣，何以过之”。

※原文

是故居上不骄，为下不倍[1]；国有道[2]，其言足以兴；国无道[3]，其默足以容[4]。《诗》曰："既明且哲，以保其身。"[5]其此之谓与？

※注释

1 倍：通"背"，背弃，背叛。

2 国有道：国家政治清明，法纪公允中正。

3 国无道：国家政略举措失度，政治黑暗，法纪混乱，公权滥用。

4 容：容身，指保全自己。

5 既明且哲，以保其身：引自《诗经·大雅·烝民》。哲：智慧，指通达事理。

※译文

因而，身居高位，没有骄横的霸气，地位卑微，不做背弃道义的事；国家政治清明，法纪公允中正，他的言论就能够得到采纳而使国家振兴；国家政略举措失度，政治黑暗，法纪混乱，公权滥用，则谨言慎行，以沉默保全自己。正如《诗经》所说："既明智又通达事理，保全自身。"就是这个意思吧？

※论引

《礼记正义》曰："贤人学至诚之道，中庸之行，若国有道之时，尽竭知谋，其言足以兴成其国。"

孔颖达说："若无道之时，则韬光潜默，足以自容其身，免于祸害。宣王任用仲山甫，能显明其事任，且又哲知保全其己身，言中庸之人亦能如此。"

※札记

留得青山在

中庸的最高原则就是没有固定不变的原则。一切随情势的变化而制宜。中庸不是固守，中庸也不是无原则的变通。

政治清明，社会和谐，国家必然昌盛，于是万物欣欣向荣，自然就会有吉祥的瑞兆呈现，反映了天地人心所向。而同样是自然的变化，在政治晦暗，社会积怨时期，则是败亡的警告，是天地人心的背离。因此，所谓的祥瑞或是凶兆，其实都是人心向背的代言者，是天地变化的自然现象，只不过是智者从中见出端倪，从而做出合乎时宜的应对。对于心怀至诚的人，即使遇见凶险，也必引为警惕，从而逢凶化吉，遇难呈祥。而胸藏阴谋的人，即使天降洪福，也终致祸乱。由此可见，一切在于人心，在于以己之至诚之心，与天下人同心，那么又何必在乎是否有凤来仪，又何必关乎蛇蝎当道？内心至诚，自有智德之士相佐；心怀鬼胎，必招奸邪小人为祸。奉行正义，必然牛鬼蛇神远逃；助长邪气，必然聪明睿智避祸。因此，国家的安宁与发展，并不在于什么前兆，而在于治理国家之人的行为是否符合正道。

趋利避害，是天经地义的自然规律。因此，保全自身就不应受到非议。也只有保全了自己，才有再一次进取的机会和可能。古人说："人必先自爱而后人爱之；人必先自助而后人助之。"不能自保其身，又何以安民？

※史例阐释

绝不轻言放弃

我们也是自己劳动成果的享受者。成就事业者，在于坚持不懈；无所成名者，由于懒惰而已。如果不能全身心地投入到自己的事业中去，那么无论我们做什么，此生都必将沦为平庸之辈，也就无法在人类历史上留下我们的任何印记。对于自己所从事工作的价值和重要性要有充分的认识，要树立自己的信心：对于这个世界来说，我不可或缺，我的事业更不容忽视。

当事业受阻，前途受挫，希望晦暗渺茫时，我们将面临继续还是改弦易辙。如何选择？此时，聪明人会果断放弃，并选择新的方向。但是，真正的智者，则选择继续，以更加坚定的决心，进行不懈的努力，并坚持到底。世间事业有成的人，无不如此。既然目标已经选定，就不要因为无端的理由而放弃。

第二十八章
以礼规范我们的行为

※题解

与时俱进

《韩非子·五蠹》说："时移则事异，事异则备变。"

中庸之道的本质，就是合乎自然，顺乎人情，适乎时宜。

《礼记·正义》说："上经论贤人学至诚，商量国之有道无道能或语或默，以保其身。若不能中庸者，皆不能量事制宜，必及祸患矣。因明己以此之故，不敢专辄制作礼乐也。"

做好自己该做的事，承担自己该担负的责任，忠于自己肩负的使命，不做自己力所不及的事情。

※原文

子曰："愚而好自用[1]，贱而好自专[2]，生乎今之世，反[3]古之道：如此者，灾及其身者也。”

※注释

1 自用：自以为是，只凭主观意图行事。

2 自专：自作主张，独断专行。

3 反：通“返”，引申为复兴、复辟的意思。

※译文

夫子说：“愚昧的人总是自以为是，卑贱的人往往独断专行。处在当今这个时代，却僵化地推行古人的治国举措，照搬复兴古人的制度，这样做的结果，只能是事业未立而灾祸一定已经降临到自己的身上了。”

※论引

郑玄说：“‘反古之道’，谓晓一孔之人，不知今王之新政可从。”

孔颖达说：“寻常之人，不知大道。若贤人君子，虽生今时，能持古法，故《儒行》云‘今人与居，古人与稽’是也。”

※札记

处在现实与未来的理想之间

对于未来，我们总是怀有犹疑，其实就是因为我们内心不纯，不够诚意。因此，不必着意预测未来，只要我们深怀诚笃，以至诚之心而为，必会受到上天的惠顾，必会得到天地的成全。那么，我们还有什么可以忧虑的呢？而往往由于我们的言行没有做到诚，所以总是内心不安，于是惶惶于报应，实则咎由自取。其实，无论我们做了什么，天地都知道，也都给我们修正的机会，这取决于我们的行为，如果仍然执迷不悟，那么又能怪得谁呢，谁又能替我们承担一切？是的，无论做了什么，做得如何，最终必会得到清算。同样，如果心怀至诚，无论公德或是私行，无愧天地，自然也会得到报答。所谓“积善之家，必有余庆”。无非只是今天或是明天的区别而已。

任何变革都受制于外在的条件。任何动作都必须在具备条件时，才可顺利实施。违逆众意或不顾条件限制的行为，只能是蛮干，只能使自己陷于被动与灾难。

※史例阐释

以天下为己任

崔暹，字季伦。北齐博陵安平（今河北省安平县）人。他是汉朝尚书崔寔的后代。初官左丞吏部郎，后迁御史中尉。在任期间，他为官清廉，办事公正，不徇私情，不畏权贵，敢于揭发权贵重臣的罪状。崔暹威名日盛，朝廷内外人皆畏服。

崔暹年轻时避居渤海。他初次面见皇上，相谈甚欢，当即被任命为左丞吏部郎。他刚上任，就向朝廷引进并荐举人才。他说邢邵的才干可作府僚，并掌管机密文书。世宗很信任他的话，就立即征请邢邵，十分倚重。但是，后来邢邵在言谈之中，经常诋毁崔暹。世宗听了，心里很不高兴，觉得邢邵人品不正，就对崔暹说："你总是称说邢邵的才能，但邢邵却专门诽言你的不足，你实在有点呆傻呵。"崔暹说："邢邵所说我的短处，我说邢邵的优点，这都是事实，这是不必在意而去猜忌的。"

※原文

非天子，不议礼[1]，不制度[2]，不考文[3]。

※注释

1 议礼：评议礼仪的细节规定。修订礼仪的具体规范。

2 制度：制订法度。

3 考文：考察文化传承。文：礼乐法度。指以礼乐教化治理国家的政治措施。一说统一文字，便于沟通。

※译文

不是出自天子的意图，就不要轻言改变礼仪的规定，更不要随意变更法纪制度规范，尤其不要自作主张地考察变易风俗教化。

※论引

郑玄说："此天下所共行，天子乃能一之也。"

孔颖达说："礼由天子所行，既非天子，不得论议礼之是非。不敢制造法度，及国家宫室大小高下及车舆也。亦不得考成文章书籍之名也。"

※札记

正确处理好个人与集体的关系

处世论事要找准自己的位置，符合自己的角色身份。

一切在于顺应。居上位，应当顺应民心；处下位，应当服从制约，不违不欺。

不要以为自己是谁，不要自我膨胀到自以为天下独尊。否则，灾祸就将降临。不要强调自我，但是也不能没有原则，中庸就在于不放弃原则，又顺应时势，使自己处于进退自如的位置。

即使在集体失语的状态，也不能令自己的人格跌落同流。既要坚定自己的信仰，又不能随声附和。要保持人格的正直。

※史例阐释

尽力做好自己职分内应做的事

韩昭侯（？—公元前333年），韩国君主、战国七雄之一。他在位时期，任用申不害为相，变法励治，内修政务，外御强敌，使韩国政权得以巩固，国势安定。

一次，韩昭侯饮酒过量，和衣醉卧床上。宫中侍寝的官吏中，专管冠冕的主动取了一件衣服，给韩昭侯盖在身上。韩昭侯酒醒后，看到盖着的衣服，心里很高兴。于是询问身边的侍从："谁替我盖的衣服？"

侍从说："是管理冠冕的司仪。"

韩昭侯当即沉下脸来，命令把专管冠冕和衣服的司仪找来。

韩昭侯问："哪位给我盖的衣服？"

典冠司仪说："是我。"

韩昭侯又问："从哪儿拿来的衣服？"

典冠司仪说："是从典衣司仪那里取来的。"

韩昭侯就问典衣司仪："是他来向你拿的衣服吗？"

典衣司仪说："是的。"

韩昭侯说："身为寡人身边的侍从，典冠擅自离开自己的岗位，却去做自己职权范围以外的事，这是越权。典衣司仪作为掌管衣物的官员，很不负责任地就随便将衣服取给别人，这是明显的失职行为。如果人们都像你们这样做事，岂不是扰乱了朝廷的正常秩序了吗？因此，必须从重惩处，让大家引以为戒。"

于是，韩昭侯下令严厉地惩治了典衣司仪和典冠司仪。

※原文

今天下车同轨[1]，书同文[2]，行同伦[3]。

※注释

1 车同轨：车子两轮间的距离遵从相同的标准。轨：车辙。

2 书同文：使用统一的文字。

3 行同伦：人的社会行为遵守相同的伦理道德规范。

※译文

现在天下统一，文法规范，四海升平。车子轮距一致，文字统一，伦理道德相同。

※论引

孔颖达说："人所行之行，皆同道理。"

朱子说："三者皆同，言天下一统也。"

※札记

中庸就是同心同德

无论做什么事都要符合人民的愿望，不要逆人心而行。"求逞于人，不可；与人同欲，尽济。"（《左传·昭公四年》）意思是说：企图把自己的意志强加于人，这是行不通的。与众人的意愿一致，任何事都能办成。

虫豸们因时而兴，因时而隐，就是顺应大自然的规律。作为万物灵长的人，更应当能够把握时机，"王者立法，随时从宜"。百姓顺应天时，播植百谷；平民顺应世途，创制新物。所谓大势所趋，就是条件的具备，这时君子趁势而为，施展自己的抱负，使天下百姓受到福泽。

※史例阐释

生命的果实

杨津，字罗汉，本名延祚。杨津是高祖赐给他的名字，他是北魏弘农（今河南省灵宝县北）人。历岐州、华州、定州刺史。累迁中军大都督、司空等。为人端庄恭谨，以器度见称。为政宽仁，百姓称道。

华州出产丝织品，每年向朝廷交纳一定量的绸缎贡品。以前，一些地方官吏为了牟取私利，他们收取民众上缴的产品时用来量度的尺子长出标准很多，乘机作弊，获取暴利，而且借机生事，因缘相沿，共相进退，使百姓受到很大的损失，却又无处诉告。杨津任右将军、华州刺史后，他命令采用朝廷统一发放的尺子来量度百姓上缴的产品。对于上交足量的优质丝织物，特别予以奖赏，由检收的官员当即赏给他一杯酒。所上交的织物数量不足、质量粗劣的，则给他一只没有酒的空杯子，使他由此感到羞愧。这使那些品质恶劣的投机者没有作奸的机会。于是，百姓竞相勉励，争着上缴优质的绸缎，因而官府收缴的丝织品的质量和数量比以前更多、更好了。

※原文

虽有其位，苟无其德，不敢作[1]礼乐[2]焉。虽有其德，苟无其位，亦不敢作礼乐焉。

※注释

1 作：改作。即修订创制。

2 乐：音乐，指文化艺术。通过礼乐教化治理天下。

※译文

虽然处在高贵的尊位，但是自知不具备相应的德行修养，那么就不要为了证明自己的能力而变革既定的礼乐法度。虽然修养达到一定的程度，但是如果命运所致没有处在相应的地位，也就不要不自量力地试图改变社会所奉行的礼乐制度。

※论引

郑玄说："作礼乐者，必圣人在天子之位。"

孔颖达说："当孔子时，礼坏乐崩，家殊国异，而云此者，欲明己虽有德，身无其位，不敢造作礼乐，故极行而虚己，先说以自谦也。"

※札记

坚持与变通

中庸就是既不做出势利之徒的卑行，也不做囿于教义而不知变通的愚行。

在人生的道路上，其实曲线的路径更近。在现实与目标之间，宽容与给予更利于帮助我们达成既定的目的。

执着于自己的信念，更应擅处权变，从而力求争取主动，使自己处在更为有利的位置。

权威与财势不足凭恃，只有我们的德行能够令人心悦诚服，并能够为人所乐于接受，才能成就自己。

※史例阐释

搭建共同立足的台阶

李乐，字彦和，号临川，青镇（今乌镇）人，寄居乌程。明隆庆二年进士。出任新淦知县。刚到任，守门的衙役傲慢无礼，李乐杖责其人。为官直声清节，著闻朝野。立身高洁俭约，关心民间疾苦。常常自我评价说："无心之失甚多。有意之恶不作。"他著有《金川纪略》《见闻杂记》。

明代嘉庆年间，李乐升任礼部给事中。他发现科考舞弊，立即上奏皇帝，结果激怒了皇帝。皇帝以故意生事罪，下令用封条贴上李乐的嘴巴，并明令谁也不能揭去，意在定他死罪。这时，一位官员越众而出，挥手打了李乐两记耳光，大声斥责说："在圣明的天子面前多言生事，罪该严惩！"当即把封条打破了。皇帝也无从怪罪他。这个人是李乐的学生，他巧妙地解救了自己的老师。

强谏只要有勇气就行，但是因变应对更要有智慧。既不出卖良知，曲意附合，又能处变不惊，审时度势，以高明的政治智慧和灵活的策略，找到那个最合逻辑的解答，从而避开锋芒，化解危机。

※原文

子曰："吾说夏礼[1]，杞[2]不足徵也。吾学殷礼[3]，有宋[4]存焉。吾学周礼[5]，今用之。吾从周。"

※注释

1 说夏礼：记述夏朝的礼制。说：解析，著述。又说，通"悦"。喜爱。夏：夏朝（约公元前2205年—前1776年），传说由禹建立。

2 杞：古代诸侯国名称。在今河南杞县。传说周武王封夏禹的后代于杞，建立方国。

3 殷礼：商朝的礼仪制度。商朝从盘庚迁都至殷（今河南安阳）到纣亡国，一般称为殷代。也称殷商。

4 宋：古代诸侯国名称。周武王封商汤的后代居此，在今河南商丘县南。

5 周礼：周朝由周公建立的礼乐制度。

※译文

孔夫子说："我所记述的夏朝的礼制，夏的后裔杞国现在所保留的习俗却已不足以验证。我学习商朝的礼制，殷商的后裔宋国还残存着这方面的习俗。我衷心学习周朝的礼制，现在仍在沿用着，因此我遵从周礼。"

※论引

郑玄说："吾能说夏礼，顾杞之君不足与明之也。"

《礼记·正义》曰："以上文孔子身无其位，不敢制作二代之礼，夏、殷不足可从，所以独从周礼之意，因明君子行道，须本于身，达诸天地，质诸鬼神，使动则为天下之道，行则为后世之法，故能早有名誉于天下。盖孔子微自明己之意。"

朱子说："三代之礼，孔子皆尝学之而能言其意；但夏礼既不可考证，殷礼虽存，又非当世之法，惟周礼乃时王之制，今日所用。孔子既不得位，则从周而已。"

※札记

充分发挥我们的智慧

现实的存在虽然不尽完美，但是自有其合理的因素。

被历史所淘汰而改易的，自然有其不为人所接受的原因，即使是完备的，但也因其内在的质地不合人们的需要而不可行，因而不必留恋。

贤哲处世，就是遵从众意，做出合乎现实的选择和尊重选择的现实。

※史例阐释

读书的静美

西汉刘向的《说苑》中有这样一个故事：

这天，晋平公对师旷说："我现在已经七十岁了，但很想再读些书，求得一点学问，只是觉得年纪大了，已经日薄西山，恐怕太晚了！”师旷说：“既然您已经知道天色已晚，那么为什么不把蜡烛点燃呢？”晋平公以为师旷在搪塞，就生气地说：“我和你说的是正事，作为臣子，你怎么敢嘲笑我呢？”师旷说：“我是一个盲眼人，所以光明只在我的心里，任何光亮都对我没有影响。但是我哪里敢跟君王您开玩笑啊！我听说过，一个人在少年时期好学上进，那就好像是旭日东升，光彩夺目，前程不可限量。中年时期不甘庸碌，仍然坚持刻苦学习，那么就好像是烈日当空，锐气正盛，人生经验的历练与知识的累积，会令他的前途不可阻挡。老年将至，犹且坚持不懈，不愿放弃学习，就像晚上点起了蜡烛，光辉虽然不比太阳，但也足以将黑暗照亮。有了这萤萤烛光的照亮，总比在黑暗中摸索强得多呀！”晋平公听了师旷的话，赞叹地说：“太师说得好呵！”

知识是无止境的，学习是没有年龄界限的。只有学习才是获得真知、提升修养的有效途径。

第二十九章　以事实证明我们的德行

※题解

民心就是天意

“凡治民之体，先当治心。心者，一身之主，百行之本。”(《周书·苏绰传》)治理民众的根本，首先应当从思想上予以教化，使他们从内心拥戴。因为思想是人身心行为的主宰，是一切行为的本源。

※原文

王天下有三重焉[1]，其寡过矣乎！

※注释

1 王天下有三重焉：治理天下必须处理好三大要务。王：作动词用，治理，统治。三重：即议礼、制度、考文。

※译文

治理天下必须处理好三大要务：不要轻易谈论政略得失，不要轻率变革法度，不要随意变易文化习俗。那么也就不会有多大的过错与失误了。

※论引

孔颖达说："为君王有天下者，有三种之重焉，谓夏、殷、周三王之礼，其事尊重，若能行之，寡少于过矣。"

吕氏曰："三重，谓议礼、制度、考文。惟天子得以行之，则国不异政，家不殊俗，而人得寡过矣。"

※札记

治心为先

治理天下必须重视的三大要务：议定礼仪，设立制度，规范文字。礼仪用于约束、规范人的行为，制度在于确立人的行为应遵循的标准，文字用来统一思想、方便沟通。这是治理天下所必须重视的根本。首先必须从自身出发，使自己的心灵纯净，并使自己的行为合乎自然大道，合乎人伦大道，合乎神明良知，以自己的行为终身实践，建立自己崇高的人格，树立自己的道德楷模，从而影响和引导天下人效法。

洪应明说："清能有容，仁能善断，明不伤察，直不过矫，是谓蜜饯不甜，海味不咸，才是懿德。"就是说，清心寡欲，就能包容万物；心怀仁恕，就能选择好的决策；明达事理，就不至于苛求；正直耿介，而又不失于矫枉过正，就像蜜饯，味美却不令人觉得过分甜腻；虽是海味，鲜美却不过分咸涩。做人处事能够达到这样浑然完美的境界，才是真正的美德。

※史例阐释

诤言，美好的礼物

魏征（公元580年—公元643年），字玄成，巨鹿人，曾为道士，隋末天下大乱，李密参加瓦岗军，起义失败后，归顺唐朝。唐太宗时拜谏议大夫、检校侍中等职，封郑国公，任太子太师。向唐太宗陈谏二百多条。建议唐太宗广开言路，强调"君，舟也；民，水也。水能载舟，亦能覆舟”。唐太宗临朝慨叹说：“以铜为鉴，可正衣冠；以古为鉴，可知兴替；以人为鉴，可明得失。朕尝保此三鉴，内防己过。今魏征逝，一鉴亡矣。”魏征的主要著作有《群书治要》。

唐太宗曾同魏征谈话，唐太宗嫌上书陈谏的人太多，而且所言多是道听途说，没有根据的无稽之谈。因此准备狠狠斥责这些人。魏征听了就奏道：“古代的圣王树立诽谤之木，让天下人都能自由说话，指出执政和德行的过失。陛下只能广开言路，让人们尽情议论，说出他们想说的话，从而使陛下知道自己有哪些过失。如果他们的议论是正确的，而且出于忠心，那么就是有益的；如果他们所论言不由衷，或者偏执一词，那么对国家也没有什么损害。”唐太宗说：“你说得对啊。”便对魏征给予抚慰。

※原文

上焉者虽善无徵。无徵不信，不信民弗从；下焉者虽善不尊。不尊不信，不信民弗从。

※译文

处在上位的人，虽然具有良好的德行，却没有经过实践中的验证，不被人们认同。那么，就无从获得人们的信服，也就没有威信。在民众中没有树立诚信，那么所倡导的事，民众就不会服从。地位卑微的人，即使具有高尚的德行，却得不到尊重。因为地位卑下，所以就没有人在意你的见解，也就没有人相信你所说的正确意见。因为没有树立威信，因而民众根本就不愿服从。

※论引

郑玄说：“上，谓君也。君虽善，善无明征，则其善不信也。下，谓臣也。臣虽善，善而不尊君，则其善亦不信也。”

孔颖达说：“为君虽有善行，无分明征验，则不信着于下，既不信着，则民不从。臣所行之事，虽有善行而不尊，不尊敬于君，则善不信着于下，既不信着，则民不从，故下云‘征诸庶民’，谓行善须有征验于庶民也。皇氏云‘无征，谓无符应之征’，其义非也。”

朱子说：“上焉者，谓时王以前，如夏、商之礼虽善，而皆不可考。下焉者，谓圣人在下，如孔子虽善于礼，而不在尊位也。”

※札记

为民谋求实际的利益

真正的君子，以自己的德行带给大众幸福和快乐，给社会以安定和秩序，使自然和谐荣盛，从而人尽其力，物尽其用，受到百姓的称颂和拥戴。

为政者总是力求做出可见的政绩，以证明自己的能力，标榜自己为民谋利的赤心，从而名垂史册。可是往往适得其反，所谓“政绩”沦为“政疾”，不仅未能给人民带来恩惠，反而成为百姓的负累。由此可见，慎而作为，才是民众的福祉。

不必刻意铸造丰碑，只需要实实在在地做好对公众有益的每一件实事。

因此，老子说：“无为而无不为。”

※史例阐释

诚信是我们获得支持的奠基石

超级富豪李嘉诚一生信奉“坦诚第一，以诚待人”的原则，他说自己80%的时间都是用于如何做人，然后才是如何经营。

在创业初期，李嘉诚的资金极其有限，经营的规模受到限制。一次，有位外商需要大量订货。在洽谈中，对方提出的条件是要有相当实力的富商作担保。李嘉诚便寻求担保人，跑了几天没有找到一位合作者，也无人愿意提供担保。到了约定的时间，他坦诚地告诉外商，没有找到担保的事实。外商深为他的诚实所感动，说：“阁下是一位诚实的君子。我们现在就签约吧，你的诚信就是最好的保证。”

但是李嘉诚真诚地说：“承蒙先生信任，这是我的荣幸。但我真的不能签约，因为我的资金确实有限。”外商听了，很佩服他为人的诚笃，当即决定与李嘉诚进行长期合作，他主动提出预付部分货款，以补充李嘉诚资金的不足，从而顺利签约，建立了友好的合作关系。这奠定了李嘉诚事业成功的基础。

在人生的漫漫旅途中，无论我们从事什么事业，都需要合作和支持。

※原文

故君子之道：本诸身，徵诸庶民。考诸三王而不缪[1]，建诸天地而不悖[2]，质诸鬼神而无疑[3]，百世以俟[4]圣人而不惑。

※注释

1 考诸三王而不缪：考证古代三位君王的伟大业绩，从而确信这是不容置疑的法则。三王：指夏禹、商汤、周文王这三位立国君王。缪：通“谬”。

2 建诸天地而不悖：推而行之于天下，从而确定这是天下共同奉行而不违背的哲理。建：建立。悖：违背。反对。

3 质诸鬼神而无疑：求证鬼神的因果报应，从而确知这是不必怀疑的定律。质：质疑，证实，求证。一说为卜问。疑：疑虑。

4 俟：等待。

※译文

所以君子治理天下，以自身的德行为根本，使自己的行为让老百姓认可。考证古代三位君王的伟大业绩，从而确信这是不容置疑的法则；推而行之于天下，从而确定这是天下共同奉行而不违背的哲理；求证鬼神的因果报应，从而确知这是不必疑虑的定律。即使千百年以后，如果有圣人出现，也没有什么令人怀疑的疏漏。

※论引

孔颖达说：“君臣为善，须有征验，民乃顺从，故明之也。君子行道，先从身起，立身行善，使有征验于庶民。若晋文公出定襄王，示民尊上也；伐原，示民以信之类也。己所行之事，考校与三王合同，不有错缪也；己所行道，建达于天地，而不有悖逆，谓与天地合也。”

朱子说：“此君子，指王下者而言。其道，即议礼、制度、考文之事也。本诸身，有其德也；征诸庶民，验其所信从也。立于此而参于彼也。天地者，道也；鬼神者，造化之迹也。百世以俟圣人而不惑，所谓圣人复起，不易吾言者也。”

※札记

以至诚之行取信于民

当政者不仅要有好的德行修养，而且要有能够身体力行的务实作风，才能取信于民。切忌以空洞的说教和过多的条规制度来进行强制性约束，应当奉行“清静无为”的政策，顺应天意，服从民心，让百姓尽其所能，自由发展，而不是进行人为的干预。

※史例阐释

信为国宝

晋文公是“春秋五霸”之一。春秋时期，周天子有名无实，只是名义上的君主。因国内动荡，且受到翟戎的侵略，晋文公率兵勤王，一战而胜。于是，周王就把攒茅、阳樊、温、原四座城邑分封给晋文公，以表彰他的功德。

晋文公率兵接受土地。“原”这个地方本来是周大夫伯贯的封地，因兵败无功，周王夺取他的土地改封给晋文公。伯贯因此怀恨在心，连夜散布谣言说：“晋兵围攻阳樊，屠杀了全城的百姓。”于是，原国人十分恐惧，誓死固守。

晋国大夫赵衰说：“民之所以不归服晋国，是因为没有建立起信义啊！如果表示出诚信，那么原国将不攻自服。”晋文公说：“如何表示信义呢？”赵衰说：“请命令军队，每人只带三天的军粮，如果三天不能攻取原国，就撤兵解围而去。”

晋文公采纳了他的意见。让士兵向城里喊话劝降，说：“我军只准备三天的粮草，三天期满，如果仍然不能攻克，就立即撤兵，决不伤害百姓！”

结果，围满三天，原国仍然不投降。晋文公决定撤兵。这时，原国人探知阳樊并没有遭到杀戮。就有人逃出城，与晋军联系说，愿意在明晚献城投降。

晋文公说：“寡人约定三日为期限，现在限期已到，寡人立即退师，你们各自尽力守城，不要心存二意。”于是下令撤兵。他的部下请求再坚持一天，晋文公说：“信誉，是国家的至宝，是天下百姓赖以生存的条件。如果以付出信誉为代价，即使得到了原国，那么用什么来取得天下百姓的信任呢？”于是解围。

原国的百姓奔走相告：晋文公宁失城，不失信，是难得的有道之君。争相出城投奔晋文公。

原国遂即归附。

※原文

质诸鬼神而无疑，知天也；百世以俟圣人而不惑，知人也。

※译文

卜问鬼神得到吉告因而没有忧疑，由此知道这是天意。千百年以后圣人出现也没有什么怀疑的，这是人心之所向。

※论引

郑玄说：“知天、知人，谓知其道也。鬼神，从天地者也。《易》曰：‘故知鬼神之情状，与天地相似。’圣人则之，百世同道。”

孔颖达说：“已所行之行，正诸鬼神不有疑惑，是识知天道也。此鬼神，是阴阳七八、九六之鬼神生成万物者。此是天地所为，既能质正阴阳，不有疑惑，是识知天道也。以圣人身有圣人之德，垂法于后，虽在后百世亦堪俟待。后世之圣人，其道不异。”

朱子说：“知天知人，知其理也。”

※札记

从容地走过人生

关于命运，我们知道的并不很多，在未来的路口等待着我们的会是什么，我们事先根本就不知道。我们总是心怀奢望，以求先知，以图逃避。于是我们向神明祷告，借助草芥，迷信占卜，以期找到什么征兆，寻找冥冥中的昭示。其实人作为万物之灵，尚且不知道即将到来的是什么，何况毫无知觉的蓍草与龟壳？

只要我们没有做出什么有损道义的事，俯仰无愧，无愧于天地，无怍于鬼神，我们何必忧虑会受到何种报复？

不修德行，鬼神又能带给我们什么福祉？持心正道，又何须忧惧灾祸？

※史例阐释

如花的命运

命运就如花朵。花里饱含着人生的运势与神秘。那个深刻的隐喻，如同箴言，规定了我们一生的起落。

《东周列国志》中记载了战国时期著名军事家鬼谷子“以花辨命”的故事。

孙膑，春秋时军事家孙武的后代，齐国人。他与庞涓结拜为兄弟，拜隐士鬼谷先生为师，学习兵法。

鬼谷子是战国时代一位声名显赫的人物，是纵横家的鼻祖，也是一位卓有成就的教育家。原名王诩，自号鬼谷，由其出生地或隐居地“归谷”而得，因“鬼”“归”二字同音，而“鬼”具有莫测的机变色彩，故称为“鬼谷”。鬼谷子既有政治家的权谋机变，又擅长于外交家的纵横韬略，更兼有术数家的神妙变化。世人称他是一位奇才、全才，其著有《鬼谷match》一书，又叫作《捭阖策》。

在鬼谷子的悉心教诲下，孙膑和庞涓刻苦学习，精心研究，各自对兵法颇有心得。时光荏苒，转眼三年过去，庞涓自以为才识已足以傲视天下，所以，功名心生，就不想安心继续学习。

恰在这天，庞涓到山下汲水，偶然听见路人传说，魏国重金招贤，求聘将相。庞涓怦然心动，就想辞别先生下山，去魏国应聘，又恐先生不放，心怀忐忑，坐立不安，欲言又止。鬼谷先生鉴容知意，就对庞涓说：“你飞黄腾达的机遇已经到来了，为什么还犹豫不定？赶快下山，用自己的所学，建功立业，求取富贵吧。”庞涓听先生这样说，正中下怀。却故作不舍地向前跪拜说：“学生虽有这个想法，只是心里没有把握，不知道能否达成愿望。”

鬼谷先生说：“你去摘取一枝山花，我为你预测一下前途命运。”

庞涓于是便下山寻找山花。此时正值盛夏，百花早已开过，遍野绿草郁郁，哪里也找不到一枝山花。庞涓寻觅了很长时间，才找到一棵草花。他便连根拔起，返回走了数步，忽又觉得这棵草花质弱低微，难成大器，便心生厌弃，抛掷在地。又继续寻找，可是任他如何急切，却再也找不到一棵山花，只得又拾起那棵草花，藏在衣袖中。回来对先生说：“山中没有一枝花。”先生说：“既然没有花，那么你衣袖中藏的是什么？”庞涓只得取出这枝草花呈送先生。因为草花被拔离土地的时间太长，又经受了日晒，已显出枯萎的状态。

先生说：“你知道这朵花的名称吗？这是马兜铃花。盛开时十二朵花同时开放，正象征你的命运中最为辉煌的时间年数，这朵花是在鬼谷找到的，且由于太阳的照射而显出枯萎的形态，暗示出你必能在魏国显达。”庞涓暗暗惊奇。

先生又道：“但是，你不应该存心欺骗别人，存心欺人的人以后也必定会被人欺骗，切记切戒。我送给你八个字，你应当牢记在心：‘遇羊而荣，遇马而卒。’”

庞涓再拜致谢说：“恩师大教，敢不书绅。”

临行，孙膑相送下山。庞涓说：“我与兄八拜深交，又同学三载，这次弟先出山，如有进身之阶，一定举荐兄长，同建功业，共享富贵。”孙膑说：“贤弟果能如此，为兄必当厚报。”庞涓对天立誓说：“弟若谬言，将不得好死！”孙膑说：“兄弟厚谊，先自心领，何须如此重誓！”二人相顾，依依不舍，挥泪而别。

庞涓来到魏国，径直拜见相国王错。经王错推荐，魏惠王召见庞涓。正值魏惠王用午膳之时，庖人呈献蒸羊于魏惠王之前。庞涓看到后，心里暗自高兴：“老师说遇羊则荣，看来应验了。”果然，魏惠王见庞涓一表人才，便起身以礼相迎。谈论之间，庞涓倾其所学，说：“我拜鬼谷先生为师，已学得用兵征战的要义。”然后对于历史上的战例进行评点褒贬，详明精警。魏惠王深为叹赏，于是魏惠王以当时面临的军事形势询问：“我国东部边境潜伏着被实力雄厚的齐国侵凌的危险，西边承受着来自强大秦国的威胁，南面被楚国制约，北方有韩、赵、燕等国掣肘，处在强敌环伺之间。而赵国此前又夺取了我国的属国中山，此仇未报，先生有什么高明的良策吗？”

庞涓说："大王不用微臣则已，如用微臣为将，管教战必胜，攻必取。可以兼并天下，何忧六国哉！"魏惠王说："先生豪言壮语，令人鼓舞，只是有多大把握实现呢？"庞涓说："臣自揣所长，实可操六国于掌中，若委任不效，甘当服罪。"

魏惠王听了十分高兴，于是任命庞涓为元帅，兼任军师的要职，整军训练，先后对卫国、宋国用兵，屡屡得胜。宋、鲁、卫、郑诸君相约来魏朝见。这时，齐国发动了对魏国的战争，庞涓率军御敌于国门之外，于是以为建立了不世之功，不胜夸诩。

孙膑经鬼谷先生的朋友墨翟的举荐，被魏惠王拜为客卿。

当孙膑拜辞鬼谷先生时，先生也让孙膑去取山花一枝，卜问凶吉。当时正是九月天气，孙膑看见先生几案之上，瓶中供有黄菊一枝，于是就取菊花呈上，并立即放回瓶中。先生沉吟片刻，剖析评断说："此花现被残折，不为完好，但性耐岁寒，经霜不落。虽有残害，不为大凶，且喜供养瓶中，为人爱重。花瓶又是范金制成，钟鼎之属，终当威行霜雪，名勤鼎钟矣。只是此花再经提拔，恐怕一时未能得意，仍旧归瓶，预示你的功名，最终还是在故国的土地上才有所建树。"并代为改名为膑，以避刑罚。又送锦囊一枚，吩咐说一定要等到危急之时，才可打开。

后来，庞涓的魏军中伏惨败，庞涓自杀；孙膑受髌刑而致残，终为齐国所用。所言全都应验。

人生如花，有盛开也有萎谢。花兆人生，有坦荡也有崎岖。当你进入顺境时，花鲜艳而蓬勃；当你身处逆流时，花暗淡而萎靡不振。

播下的是什么种子，就必然得到什么样的收获。

※原文

是故君子动而世为天下道[1]，行而世为天下法，言而世为天下则。远之则有望[2]，近之则不厌。

※注释

1 世为天下道：世世代代为天下效仿的榜样。世：世代。道：道路。楷模。一说通"导"，先导。

2 望：威望。仰望。令人敬仰，使人仰慕。

※译文

这就是说君子的举止世世代代为天下效仿的榜样，行为世世代代为天下奉行的法度，语言世世代代为天下遵从的准则。在远处享有威望，在亲近的人中也没有使人心存反感的地方。

※论引

郑玄说："用其法度，想思若其将来也。"

孔颖达说："圣人之道，为世法则，若远离之则有企望，思慕之深也；若附近之则不厌倦，言人爱之无已。"

朱子说："动，兼言行而言；道，兼法则而言。法，法度也。则，准则也。"

※札记

君子立心，宜从乎厚

人最难的是与自己比赛，没有领跑，也没有追赶，一时也无法确定方向，而且心里总是空空地忐忑不安。没有领跑，就得自己做出速度的控制及全程的规划；没有追赶，虽少了恐惧，却多了一种孤独的压力。

※史例阐释

让爱照亮我们的心灵

韦温，字弘育，唐京兆（今陕西省西安市）人。他七岁时就能每天背诵诗书数千言。其曾为翰林学士，后官至宣、歙二州观察史。因其侍奉、护理亲人，调适汤剂共二十年，衣不解带，谥号"孝"。

其父韦绶在朝廷为官，掌管禁密机要，所以养成了谨小慎微的习惯，后来这竟成了心病。他临死时告诫他的儿子韦温说："不要在皇帝身边任职。"当韦温升为翰林学士时，皇上要韦温在朝廷任职，韦温坚持辞谢。皇上生气地说："难道是他父亲韦绶的主意？"礼部侍郎崔蠡说："韦温之所以违拂圣上的命令，也是因为要遵守孝道啊。"皇上这才慢慢释疑，不再生气了，改任他为知制诰。

后来韦温卧病，就把子女亲属召集来，对着他们大声诵读韦绶的诗——《在室愧屋漏》，读着不觉泪流满面。他说："到今天才知道埋没一生，无所成就，所幸没有辜负这样的告诫。"

※原文

《诗》曰："在彼无恶，在此无射。庶几夙夜，以永终誉！"[1]君子未有不如此而蚤[2]有誉于天下者也。

※注释

1《诗》曰：引自《诗经·周颂·振鹭》。是周王宴会诸侯时所奏的乐歌。一说是赞美微子的诗。在彼无恶：因为拥有高尚的德行，因此在外没有为人所憎恶的恶行。在此无射：在内没有令周围之人感到厌弃的行为。射：《诗经》本作“斁”，厌弃的意思。庶几夙夜：无论白天还是夜晚，克勤克谨，不敢懈怠。庶几：几乎，差不多。夙夜：从早至晚。夙：早。以永终誉：从而使得美好的德行受到人们长久的传颂。

2 蚤：通“早”。

※译文

正如《诗经》所说：“在外没有为人所憎恶的恶行，在内没有令周围之人感到厌弃的行为。无论白天还是夜晚，克勤克谨，不敢懈怠，美好的德行受到人们长久的传颂。”君子没有不这样做就能够早早地在天下享有德望的。

※论引

孔颖达说：“微子来朝，身有美德。在彼宋国之内，民无恶之；在此来朝，人无厌倦。故庶几夙夜，以长永终竟美善声誉。君子之德亦能如此，故引《诗》以结成之。欲蚤有名誉会须如此，未尝有不行如此而蚤得有声誉者也。”

※札记

胸藏阳光

怀有怎样的心灵，就有怎样的世界；拥有怎样的心境，就有怎样的人生。

你的每一个行为细节，既彰显出你的人品与修养，同时也折射着与你相关的人的气质与形象。

※史例阐释

降低自己的姿态

王浚（公元 206 年—公元 286 年），字士治，西晋弘农（今河南省灵宝市）人。其博通经典，有大志，却总是受到乡邻的讥嘲。于是他常以“燕雀安知鸿鹄之志”自抒心声。历任巴郡太守、益州刺史、右卫将军、抚军大将军、大司农等职。其施政有方，分利予民，深得民心。

三国末期，王浚巧用火烧铁索之计，平定了吴国。三国分裂的局面至此结束，国家重新归于统一。王浚自以为功大，反而被王浑父子诬陷并遭豪强压制，心中愤愤不平。每次觐见皇帝，他都一再陈述伐吴之战中的功劳，以至越说越激动，有一次竟很失礼地转身离去，没向皇帝辞别。皇帝很大度地宽恕了他。时任益州护军的范通，是王浚的一个外家亲戚。范通对他说："足下的功劳实在是不可磨灭的，然而令人遗憾的是未能做到尽美尽善啊!"

王浚问："怎么理解这句话的意思呢?"

范通诚恳地说："当时，足下胜利归来就应当请求退职，安居家中，说话再也不要提及伐吴的事。并经常说：'这是皇上的天威圣德、诸位将帅并力作战所取得的必然结果，我有什么功劳可自夸呢?'这样，王浑能不惭愧吗?"

从此，王浚改变了心态，按照范通的话去做了，谗言果然不止自息。

第三十章
天时、地利与人和

※题解

深广与悠远

《礼记正义》曰："子思申明夫子之德，与天地相似堪以配天地而育万物，伤有圣德无其位也。"

礼乐，是对行为的规范；信义，是对行为的约束。慎独，是心灵的纪律；教化，是德行的结果。学习与实践是实现教化的途径。

任何长啸都是短暂的一瞬，很快便全被湮没于天地的无际之中。只有天地永恒不变。

※原文

仲尼祖述尧舜[1]，宪章文武[2]；上律天时[3]，下袭水土[4]。

※注释

1 祖述尧舜：传述、师从尧舜所创立的道德文化。祖：初始，宗派或事业的创始人。述：解说，记述，记载。陈述，遵循，依照。祖述：效法、遵循前人的学说或行为。

2 宪章文武：遵从、效法周文王和周武王确立的典章制度。宪：法令。章：规定。又通“彰”。宪章：遵从，效法。又指典章制度。

3 上律天时：上达天命变化的玄机。律：认识。天时：自然变化的时序。天命，时机。

4 下袭水土：下知地理风水变化的神妙。袭：因袭。相合。适应。水土：地理山川，风水变化。

※译文

孔子传述、继承尧舜所创立的道德文化，遵从、效法周文王和周武王确立的典章制度。上达天命变化的玄机，下知地理风水变化的神妙。

※论引

郑玄说：“此以《春秋》之义说孔子之德。孔子曰：‘吾志在《春秋》，行在《孝经》。’二经固足以明之，孔子所述尧、舜之道而制《春秋》，而断以文王、武王之法度。《春秋传》曰：‘君子曷为《春秋》？拨乱世，反诸正，莫近诸《春秋》。其诸君子乐道尧舜之道与？未不亦乐乎？尧舜之知君子也。’又曰：‘是子也，继文王之体，守文王之法度。文王之法无求而求，故讥之也。’又曰：‘王者孰谓？谓文王也。’此孔子兼包尧、舜、文、武之盛德而着之《春秋》，以俟后圣者也。”

孔颖达说：“仲尼祖述始行尧、舜之道也，夫子发明文、武之德。夫子上则述行天时，以与言阴阳时候也；下则因袭诸侯之事，水土所在。此言子思赞扬圣祖之德，以仲尼修《春秋》而有此等之事也。”

《礼记正义》曰：“《孝经纬》文，言褒贬诸侯善恶，志在于《春秋》，人伦尊卑之行在于《孝经》。《春秋》《孝经》足以显明祖述宪章之事。”

朱子说：“祖述者，远宗其道；宪章者，近守其法。律天时者，法其自然之运；袭水土者，因其一定之理。皆兼内外该本末而言也。”

※札记

无论命运如何，都应奋斗不息

圣人之道，参赞化育，上有天佑，下得地成，中则人助。其拥有安社稷、忧黎民的博大情怀。德厚足以容众，行广足以安世。

无论我们此生的命运如何，都应当奋斗不息。穷达并不是主要的，关键在于自己不要轻率放弃，要向着圣人的至道趋近。不要标榜自己，更不要议论别人。“不以一心之戚而忘天下之忧。”即使此生坎坷，那也是上天对自己的造就，那么就努力做好“木铎”的使命吧！

※史例阐释

留下心灵的呓语

李先，字容仁，后魏中山庐奴（今河北省唐县西南）人。少好学，师事清河张御，御奇之。始仕苻坚，后慕容永闻其名，迎聘为谋士。其每一进策，所向皆胜。累迁博士。

太祖询问李先说：“天下什么书最好？可以怡养人的品德，启迪人的智慧。”李先回答说：“只有经书。三皇五帝治理国家、教化天下的大典，可以提升君王神鬼高深莫测的智慧。”太祖又问：“天下书籍共有多少？怎样才能全部搜集齐全？”李先回答说：“伏羲开创的制度，各代帝王沿袭相承，传承到现在。世代留下来的国记、天文、秘谶之类的典籍无法统计。陛下确实想收集完备，就当严令天下各州郡县搜集呈送。君有所好，收集也就不难做到。”于是，太祖颁令天下，典章经籍才得以集中而保存下来。

※原文

辟[1]如天地之无不持载[2]，无不覆帱[3]。辟如四时之错行[4]，如日月之代明[5]。万物并育而不相害。道并行而不相悖，小德川流，大德敦化[6]，此天地之所以为大也。

※注释

1 辟：同“譬”。

2 持载：支持承载。

3 覆帱：覆盖。包容，容纳。

4 错行：交错运行，循环往复，流动不息。

5 代明：交替照耀，循环变化。照临四方为明。

6 敦化：敦厚纯朴，潜移默化。

※译文

君子（即孔子）的德行纯正，知识广博，无所不知，无所不容。就像天地一样容纳、承载一切，照耀庇护万物；又像四季的回环运行，永无止息。正如日月的交替照耀，公平普及。万物共同生长、互不侵害，道路伸向各个方向并不相互阻碍。细小具体的德行就如河水滋润着所到之处，崇高的美德惠泽天下，化育万物。这正是天地的伟大境界啊！

※论引

郑玄说："圣人制作，其德配天地，如此唯五始可以当焉。'小德川流'，浸润萌芽，喻诸侯也；'大德敦化'，厚生万物，喻天子也。"

孔颖达说："孔子所作《春秋》，若以诸侯'小德'言之，如川水之流，浸润萌芽；若以天子'大德'言之，则仁爱敦厚，化生万物也。夫子之德比并天地，所以为大不可测也。"

《礼记正义》曰："孔子之德与天地日月相似，与天子、诸侯德化无异。"

朱子说："天覆地载，万物并育于其间而不相害；四时日月，错行代明而不相悖。所以不害不悖者，小德之川流；所以并育并行者，大德之敦化。小德者，全体之分；大德者，万殊之本。川流者，如川之流，脉络分明而往不息也；敦化者，敦厚其化，根本盛大而出无穷也。此言天地之道，以见上文取譬之意也。"

※札记

阳光也同样照耀着别人

天地间的万物竞相生长，互不伤害。道路众多，任由选择，通往各自的目标。自然的变化规律是人力所不能改变的，但是人类的命运却完全取决于自己。

顺乎自然，让一切自由地生长。

※史例阐释

保持我们的正直与公正

韩缜（公元1019年—公元1097年），字玉汝。进士及第，拜尚书右仆射，兼中书侍郎。

首相蔡确想让朝廷贵戚眷属高遵惠、张琎、韩宗文担任要职美官，宣仁皇后征求韩缜的意见。韩缜说："高遵惠是太后的从义，张琎是中书侍郎张璪的弟弟，韩宗文是我的侄子。如果现在不按资历次序擢拔任用，就说明咱们君臣对自己的亲属各怀私情，那么，如何向天下的百姓交代呢？"

于是这件事就此停止了。

第三十一章
至圣之德广大如天

※题解

与日月同辉

德行修养达到极致，就如日月照耀。

在日月照耀的地方，必有德泽化育。

※原文

唯天下至圣为能。

聪明睿知[1]，足以有临[2]也；宽裕[3]温柔，足以有容也；发强[4]刚毅，足以有执[5]也；齐庄[6]中正[7]，足以有敬也；文理[8]密察[9]，足以有别[10]也。

※校订

此句疑阙文：应为“唯天下至圣，为能（之）”。意在紧承上文，也在文理语气上显得顺畅自然。

※注释

1 睿知：聪明智慧。知：通“智”。

2 有临：居上临下。临：统治，管理。

3 宽裕：足够而有余。宽：广大，能包容，不苛求，宽恕。裕：舒缓，宽宏，从容。

4 发强：显出勇略。发：显出，显示。强：武勇。

5 有执：能够决断天下大事。执：掌握，管理。

6 齐庄：恭敬庄重。齐：通“斋”，神态严肃恭敬。

7 中正：中和公正。

8 文理：礼仪的节文条理。

9 密察：严谨不疏忽。

10 有别：能够辨别是非正邪。

※译文

只有天下有崇高修养的圣人，才能够做到。

他聪明智慧，足够有能力统治天下；宽宏从容、温和怀柔，足够有包容一切的胸襟；显示武勇才略，刚毅果决，有决断大事、掌控局势的能力；恭敬庄重，中和公正，足有为人所尊崇的魅力；守礼严谨，思虑缜密，足有辨别是非善恶的能力。

※论引

郑玄说：“德不如此，不可以君天下也。盖伤孔子有其德而无其命。”

孔颖达说：“申明夫子之德聪明宽裕，足以容养天下，伤其有圣德而无位也。夫子宽弘性善，温克和柔，足以包容也。孔子发起志意，坚强刚毅，足以断决事物也。”

《礼记·正义》曰：“朱子说：‘聪明睿知，生知之质。临，谓居上而临下也。’其下四者，乃仁义礼知之德。文，文章也。理，条理也。密，详细也。察，明辨也。”

※札记

成就我们的德行

聪明睿智、宽裕温柔、发强刚毅、齐庄中正、文理密察，这是中庸为天下君子所提出的五大标准。为圣为愚取决于自己的修行。

※史例阐释

惟正惟直，使我们端然挺立

孟业，字敬业，北齐巨鹿郡安国（今河北省安国市）人。出身寒微，做过州府官吏。生性廉直谨慎，同事数人变相侵占官府的丝绢，分给他三十匹，孟业坚决不接受。

彭城王韶任命孟业为典签。长史刘仁之和孟业计议说："我们二人分别负责内外事务，同心协力，就一定能够办好事情。"过了不久，刘仁之调到京城任中书令，临别前告诉彭城王说："殿下左右的人很多，但是能够信任并依靠的唯有孟业。"当与孟业告别时，刘仁之拉着孟业的手说："我们从今以后分别了，您从此失去了一位有力的支持者，愿您保重，我所能送给您的惟有'正'与'直'二字，您当自勉。"

※原文

溥博渊泉[1]，而时出之[2]。

※注释

1 溥博渊泉：广大深厚。溥博：辽阔广大。渊泉：深厚。比喻思虑深远。《列子·黄帝》："心渊泉，形如处女。"

2 而时出之：自然流露出来。出：溢出。

※译文

崇高广大的德行，深远卓识的智略，自然而然地在每一个言行上表现出来。

※论引

郑玄说："其临下普遍，思虑深重，非得其时不出政教。"

孔颖达说："以其浸润之泽，如似渊泉溥大也。既思虑深重，非得其时不出政教，必以俟时而出。"

朱子说："溥博，周遍而广阔也。渊泉，静深而有本也。出，发见也。言五者之德，充积于中，而以时发见于外也。"

※札记

至德浩荡

至德之处世间，浩荡澎湃如大海，涌流不息如渊泉。

随遇而致化，即时而层出，绵绵无极。

※史例阐释

为岁月留下我们的神采

李典（公元174年—公元209年），字曼成，三国魏山阳郡巨野（在山东省巨野县）人。年少好学，博览群书，深明大义，不与人争功，有长者之风，以功迁捕虏将军。

曹操进攻张鲁，令李典与张辽、乐进镇守合肥，防御江东孙权。东吴探知曹操远征，合肥空虚，于是孙权亲率数万大军进击合肥。这时，合肥守军不足万人，并且守将互相不睦，形势危急。张辽准备出兵迎战，但顾虑乐进和李典平时关系不好，恐怕李典不听从指挥。于是聚众商议此事。这时，李典慷慨激昂地说："在这国家危急的时刻，关键看您的谋略如何，我怎么能够以自己的私心而忘记公义呢？"于是率八百精兵与张辽并力作战。逍遥津之战打乱了吴军的战略计划，迫使东吴军队无功而退。

※原文

溥博如天，渊泉如渊。见而民莫不敬，言而民莫不信，行而民莫不说。

※译文

德行广大如天，智慧深远如渊。表现在仪容神态上，百姓无不敬佩顺从；反映在言谈中，百姓无不信服听从；体现在行为上，百姓无不悦服跟从。

※论引

孔颖达说："似天'无不覆帱'。润泽深厚，如川水之流。"

朱子说："言其充积极其盛，而发见当其可也。"

※札记

以微笑面对人生

有一位音乐家说："我要用微笑点缀今天，我要用音乐照亮黑暗。"

在我们的生活中，总会遇到各种挫折和阻挠，这时如何自处，以怎样的姿态面对，是人生穷达的分水岭。以宽广的胸怀接受吧！试着对自己微笑，你会由此获得力量，并得到上天的祝福。于是，你会找到通向坦途的方向，你的眼前瞬间就会展现出一条宽阔的大道。

人类的心灵是脆弱的，当我们遇到痛苦，受到伤害时，总是流泪，总是怨怼。其实没有必要，最好能够对着自己微笑。于是所有的沮丧与积郁，瞬间也就烟消云散了。你的心灵会得到抚慰，如同感受到来自太阳的呵护，你就会有新的力量开始新的进取了。

同样，在我们的人生旅途中，也会有灿烂的日子、快慰得意之时，不妨也给自己一个微笑。其实，相对于漫漫人生来说，一切的成就都微不足道，这只是一个节奏，不值得骄傲，更没有理由妄自尊大。提醒自己，使我们的心灵回归常态。

以我们至诚的微笑，面对一切吧！给我们的亲人一个温馨的微笑，给我们的朋友一个温情的微笑，给我们的同事一个温婉的微笑，给我们每天遇到的每个人一个温文尔雅的微笑，那么这世间就会充满阳光，我们也会受到光明的祝福。

※史例阐释

为了人民承担起我们的责任

陈祐，又名天祐，字庆甫，元代赵州宁晋（今河北省宁晋县）人。年少好学，家境贫穷，母亲张氏剪发易书供陈祐读书。陈祐年长已博通经史。初仕穆王府尚书，后任河南府总管，累迁浙东道宣慰使。

至元二年，陈祐调任为南京路治中，此时东部发生蝗灾，徐、邳一带尤其严重。责令地方官府组织力量扑灭蝗灾的诏命万分急迫。陈祐组织数万民众援救受灾严重的徐、邳地区。陈祐说："扑灭蝗虫的目的就是为了保护庄稼。现在蝗虫虽然很多，然而庄稼已经成熟，不如多组织人力，提前收割，这样既可以节省人力，也可以得到粮食。"但是其他人认为这是涉及擅自改变上级命令、独断专权的严重事件，不同意这样做。陈祐说："为了拯救百姓而获罪，我心甘情愿承担责任。"于是，他命令数万民众帮助，抢收庄稼，之后解散民众回家，徐、邳两州的百姓以此度过大灾。陈祐任满调离时，百姓为他立碑歌颂大德。

陈祐曾给世祖上书，论述建立太平盛世的根本原则有三条：其一，太子是国家的根本，应当及早确立；其二，中书是政权巩固的根本，当给予专断的责权；其三，人才是治理天下的根本，应当对其进行严格的审查选举。

※原文

是以声名洋溢乎中国，施及蛮貉[1]。舟车所至，人力所通，天之所覆，地之所载，日月所照，霜露所队[2]：凡有血气[3]者莫不尊亲[4]。故曰："配天"。

※注释

1 施及蛮貉：远播到边远的少数民族地区。施及：蔓延，传到。蛮貉：古代借指边远落后的少数民族。南方称蛮，北方称貉。

2 队：通"坠"。

3 血气：生命。

4 尊亲：尊而亲之。

※译文

这样，美好的声誉在全国广泛流传，并且远远传播到边远的少数民族地区。于是，凡是车船所到的地方、人的足迹所经过的土地、苍天覆盖之下、大地承载之上、有日月照耀之处、霜露降临的处所，只要是有生命存在的地方，无不对之尊崇而亲附。因此，圣人的美德足以与上天相媲美。

※论引

郑玄说："如天取其运照不已也，如渊取其清深不测也。"

孔颖达说："申明夫子蕴蓄圣德，俟时而出，日月所照之处，无不尊仰。"

朱子说："舟车所至以下，盖极言之。配天，言其德之所及，广大如天也。"

※札记

德侔天地

明亮的太阳下，有辉煌，也同样有阴影存留着。而正是因为这阴影的存在，才衬托出太阳的无私普照。

人类社会是天地之间的存在之一，有正义，同样也有邪恶。这正如光明与黑暗一样，也正是由于恶行，才令我们更加体会到德泽的宽和仁恕与包容化育。由此可见，德行对于我们的生活如此重要，须臾不可或缺。因此，只有效法圣哲，修养我们的德行，才可以使这世界日益完美，才可以使我们的生活更加和谐美好。

※史例阐释

真诚的程度和纯度，令我们的人格卓然而立

张奂，字然明，东汉敦煌渊泉（今甘肃省酒泉县）人。张奂年少时，即有高远的志向，他曾对朋友说："大丈夫处世，当为国家立功边境。"及为将帅，果然建有功勋。董卓对他深为敬慕，让其长兄赠送绫罗绸缎百匹给张奂，以相结交。但是张奂厌恶董卓的人品，断然拒绝而不受。张奂年轻时游历三辅，拜太尉朱宠为师，学《欧阳尚书》。张奂认为四十多万字的《牟氏章句》浮辞繁冗，于是精简为九万字，"乃上书桓帝，奏其《章句》，诏下东观"。举贤良，对策第一，擢拜议郎，累迁安定属国都尉。其为政宽仁、清正，被升为匈奴中郎将、大司农等。后因得罪宦官，陷于党锢，被放归田里。

永寿元年，张奂升任安定属国都尉。初到职，南匈奴左薁鞬台耆、且渠伯德等七千余人袭扰边境，张奂只有二百余名兵士。军吏以为兵力悬殊太大，叩头谏止，张奂不听，当即率兵出击，进驻长城，招募兵士，派遣使者招诱东羌，占据龟兹，隔断了南匈奴与东羌的联系。于是当地豪强相率通好，协力共击薁鞬等，连战皆胜。伯德惶恐，率众归降，郡界从此安宁。

羌人豪帅感激张奂的恩德，献上好马二十匹，先零酋长又送给张奂八枚金制饰品。张奂豪爽地收下，然后召来主簿，在这些羌人面前，先把酒倒在地上表示敬祭天地。张奂说："天地共鉴，让马匹和牛羊，不要占为己有；让金银和粮食，不要装进自己的怀中……"说完把马和金银饰品全数退还。羌人生性贪婪，但是对清白的官吏特别崇拜。以前的历任都尉全都贪财好利，所以羌人以为灾患。面对张奂正身洁己的廉洁行为，他们深为叹服。因此秩序稳定，威化大行。

第三十二章 至诚之道浑厚如大地

※题解

立心至诚

朱子说："大德之敦化，亦天道也。然至诚之道，非至圣不能知；至圣之德，非至诚不能为，则亦非二物矣。圣人天道之极致，至此而无以加矣。"

只有至诚的心灵，才具备经纬天下的资格，否则，只是为了自己的私利。

※原文

唯天下至诚，为能经纶[1]天下之大经[2]，立天下之大本[3]，知天地之化育。夫焉有所倚[4]？

※校订

此句疑阙文：应为"唯天下至诚，为能（之）"。

※注释

1 经纶：整理丝缕。比喻筹划、治理国家大事。借指抱负和才干。经：纺织的纵线。引申为常规，原则。

2 大经：大的原则。治国的大政方略。

3 大本：根本。

4 倚：偏向，不公正。

※译文

只有天下至诚的人，才能达到这样的境界。有创制天下大方略的才干，具有建立天下大根本的气度，有通晓天地、化育万物的大道理、大智慧，那么何必有所偏向呢？

※论引

郑玄说："'至诚'，性至诚，谓孔子也。'大经'，谓六艺，而指《春秋》也。'大本'，《孝经》也。"

孔颖达说："夫子无所偏倚，而仁德自然盛大也。夫子之德，普被于人，何有独倚近于一人，言不特有偏颇也。"

朱子说："经、纶，皆治丝之事。经者，理其绪而分之；纶者，比其类而合之也。经，常也。大经者，五品之人伦；大本者，所性之全体也。惟圣人之德极诚无妄，故于人伦各尽其当然之实，而皆可以为天下后世法，所谓经纶之也。其于所性之全体，无一毫人欲之伪以杂之，而天下之道千变万化皆由此出，所谓立之也。其于天地之化育，则亦其极诚无妄者有默契焉，非但闻见之知而已。此皆至诚无妄，自然之功用，夫岂有所倚着于物而后能哉。"

※札记

灵魂需要前人引领

正视千年的历史，那些曾经显赫无敌的帝王，确实给后人留下了不少永久的记忆，秦皇汉武、唐宗宋祖，他们的事迹代代传承，他们的名字永留史册。但是，与影响中华两千多年的儒家学说相比，这些拥有文韬武略的古代帝王就要逊色多了。由此可见，孔子的思想能够传承无穷，对历史有如此深远影响，彰显了其文化精髓的博大精深之处。而那些频繁改换的朝代，有哪一位帝王不自诩为民谋福利，有哪一位不动用各种力量想要万岁以求不朽？结果呢？唯有孔子所宣扬的思想将代代相传，成为人类灵魂的主宰，成为引领人类精神的旗帜。

※史例阐释

求索治化之道

杜佑（公元735年—公元812年），字君卿，唐代京兆万年（今陕西西安）人。中国唐代政治家、史学家。官至宰相兼度支使、盐铁使。他是一位好学深思、治学严谨的学者。“佑性勤而无倦，虽位极将相，手不释卷。质明视事，接对宾客，夜则灯下读书，孜孜不怠。”“以富国安人之术为己任。”（《旧唐书·杜佑传》）撰《通典》二百篇。

杜佑身处安史之乱时期，唐王朝由盛转衰，社会动荡。他极其重视经济制度，他说：“夫理道之先，在乎行教化；教化之本，在乎足衣食。”他向皇上上书说：“臣闻太上立德，不可庶几；其次立功，遂行当代；其次立言，见志后学。其目的在于‘经世’，在于‘致治’。”权德舆评价说：“博极书术，详观古今……作为通典，以究理道，上下数千百年间，损益讨论而折中之，佐王之业，尽在是矣。”

※原文

肫肫[1]其仁！渊渊其渊[2]！浩浩其天[3]！

※注释

1 肫肫：与“忳忳”同。诚挚的样子。

2 渊渊其渊：圣人的思虑如潭水一般幽深。渊渊，形容水深。《庄子·知北游》：“渊渊乎其若海。”

3 浩浩其天：圣人的美德如苍天一般广阔。浩浩：广大，旷远。《尚书尧典》：“汤汤洪水方割，荡荡怀山襄陵，浩浩滔天。”《诗经·小雅·雨无正》：“浩浩昊天。”

※译文

仁心赤诚敦厚，智虑深远莫测，德惠普泽如天。

※论引

郑玄说：“安无所倚，言无所偏倚也。故人人自以被德尤厚，似偏颇者。”

孔颖达说：“能肫肫然恳诚行此仁厚尔。夫子之德，渊渊然若水之深也。夫子之德，浩浩盛大，其若如天也。”

朱子说：“其渊其天，则非特如之而已。”

※札记

站在人生的台阶上

以我们至诚的仁厚心灵，以我们源源不竭的智慧，以我们堂堂正正的浩然之气，昂然挺立于天地之间，建设我们至德至诚的完美人格。经天纬地，制规立矩，正本化育，导引着天下世道走向正途。

做人只要至诚、无愧，就是成功。

※史例阐释

忠厚守信的辛穆

辛穆，字叔宗。举茂才，任雍州别驾。当初跟随父亲居住在下邳，与彭城陈敬文友善。敬文的弟弟敬武，在很小时就被送去寺院做沙门，跟着他的师傅远游学佛，从来就没有回过家乡。敬文病危临终之时，将积攒的杂绫二十四，托付给辛穆，让他转交给敬武。辛穆久访不得。历经二十余年，才在洛阳见到敬武，辛穆将所托的物品完整地送交给他，其上原先封存的标识仍然保持不变。当地人世代称赞辛穆的清廉信义。

※原文

苟不固聪明圣知达天德者[1]，其孰能知之？

※注释

1 达天德者：通达天德的人。达：通达。

※译文

除非真正的聪明圣哲、通达天德的人，又有谁能有这样的大智慧呢？

※论引

郑玄说：“唯圣人乃能知圣人也。《春秋传》曰‘末不亦乐乎，尧舜之知君子’，明凡人不知。”

《礼记正义》曰：“此《大雅·抑》之篇，刺厉王之诗。言诗人诲尔厉王忳忳然恳诚不已，厉王听我藐藐然而不入也。”

※札记

德彻天地

人类只是自然万物的一分子。

人类与万物共同构成了自然界的和谐与完美。

人类与万物拥有共同的利益和命运，也有着同样的生存权利。

自然对于万物（包括人类）给予同样的呵护与眷顾，任由其按照各自的天性自由生息。

对天地万物内在天性的认识，是没有止境的，只有彻悟上天之德的圣哲，才能具备如此大智慧。也只有至诚至德的圣哲，才能与天地并立。

※史例阐释

天意永在

虞愿，字士恭，南齐余姚（今浙江省余姚市）人。祖父虞赉，曾任给事中，封监利侯。

其祖父虞赉的院子里有一棵橘子树，每当橘子成熟的时候，子孙们竞相采摘，只有虞愿从不去摘取。因此，祖父及家里人觉得他的志向与众不同。

虞愿曾经侍奉宋明帝，任太常丞，尚书祠部郎、通直散骑侍郎。他多次因为直言进谏而忤旨，但承蒙的赏赐仍然异于其他人。后迁兼中侍郎。

明帝后，虞愿出任晋安太守。他在郡立学堂教授学生经籍诗书。郡内产有一种蚺蛇，胆可入药。有人送给他几条，他不忍心杀害，亲自把蛇送到二十里外的山中放生。其中有一条蛇于夜间又回到虞愿的床下。他又送到四十里外的山里，过了一天后，蛇又回到了他家。于是人们议论说这是虞愿的仁慈之心感化的啊!

海边有越王石，平常隐匿在云雾之中，民间传说“只有为政清廉的太守才能够见到”。虞愿前去观察，越王石清晰地袒露在海边。

第三十三章　中庸，天地万物运行的最高境界

※题解

圣人至德，与天地同在

君子处世质朴简约，温文尔雅，含蓄而不露，深藏而不炫耀。以其至诚顺应天时，以其至性借助地利，以其至德惠泽人民。上体天德，下知地理，感应鬼神，中和民心。不苛不求，无声无息，如日月之普照。

※原文

《诗》曰，“衣锦”尚䌹[1]，恶其文之著也。故君子之道，闇然而日章；小人之道，的然而日亡[2]。君子之道：淡而不厌[3]，简而文，温而理，知远之近，知风之自，知微之显，可与入德矣。

※注释

1 诗曰，“衣锦尚䌹”：引自《诗·卫风·硕人》之篇，赞美庄姜之诗。衣锦尚

絅：穿着色彩鲜艳的服饰，披着精美的风衣。锦：指色彩鲜艳的衣服。尚：加。絅：同“褧”，用麻布制的罩衣，即风衣。

2 小人之道，的然而日亡：修养不纯的小人喜好自矜夸耀，初交显得德能过人，其实浅薄虚假。的然：显明昭然。鲜明，显着。日亡：时间长了就显出其才艺浅近，德行狭隘，无所可取。

3 淡而不厌：不媚悦于人，初似淡薄，久而愈敬，无恶可厌。

※译文

《诗经》说：“身穿着色彩鲜艳的服饰，披着粗麻制的风衣。”这是因为不愿显露锦衣的鲜艳啊！所以，君子的修养，虽然深藏不露，但却日久自然彰显；修养不纯的小人喜好自矜夸耀，初次交往显得德能过人，其实浅薄虚假，日渐露出其虚伪不诚的原形。君子处世，平淡真诚，不刻意媚悦于人，久而愈敬，互无憎厌。简略而有经天纬地的文韬，温和而正直，由近知远，见风知源，察微知显。终始皆知，因此就可以说达到圣人的道德境界了。

※论引

郑玄说：“君子深远难知，小人浅近易知。人所以不知孔子，以其深远。襌为絅。锦衣之美而君子以絅表之，为其文章露见，似小人也。”

又说：“淡其味似薄也，简而文，温而理，犹简而辨，直而温也。”

孔颖达说：“以前经论夫子之德难知，故此经因明君子、小人隐显不同之事。欲明君子谦退，恶其文之彰着，故引《诗》以结之。”

朱子说：“前章言圣人之德，极其盛矣。此复自下学立心之始言之，而下文又推之以至其极也。古之学者为己，故其立心如此。尚故闇然，衣锦故有日章之实。淡、简、温，絅之袭于外也；不厌而文且理焉，锦之美在中也。小人反是，则暴于外而无实以继之，是以的然而日亡也。远之近，见于彼者由于此也。风之自，着乎外者本乎内也。微之显，有诸内者形诸外也。有为己之心，而又知此三者，则知所谨而可入德矣。故下文引诗言谨独之事。”

※札记

君子贵在自重

《诗经·硕人》说，穿着锦绣衣服，在上面罩上粗麻单衣，一则是不愿自己锦绣的衣服太耀人眼目，招致非议；同时，也是为了隔开灰尘，不使污渍浸染锦衣的华美，这正是君子自爱的体现。

君子修养德行，是自己心灵的需要，并不是为了炫耀，求得他人的赞赏。因而注重默默自砺，从不刻意张扬，唯在务实。即使平日衣食起居，也严谨不苟。爱护自己的德行，保护着不愿其受到任何侵蚀，就如爱护自己的新衣，披上旧的粗麻外衣，使其不致受到尘埃的玷污。对于我们的德行，我们应该珍爱。衣饰之污，犹可洗去。德行一旦被损害，就永远不可漂白。

※史例阐释

衣饰仪容展示的是内在气质

范缜（约公元 450 年—约公元 510 年），字子真。南朝齐、梁时期杰出的思想家。南乡舞阴（今河南泌阳）人。曾任宜都太守、晋安太守、尚书左丞等职，官至中书郎。范缜出身于士族家庭，是东晋安北将军范汪的六世孙。范缜幼年时，父亲就已病逝，家境贫寒，与母亲相依为命，其孝谨恭顺，闻名当时。少年时投师于沛国名儒刘瓛，由于他刻苦勤学，学业优异，博通经术，卓尔不群，刘瓛对他十分器重。范缜二十岁时，刘瓛亲自为他举行冠礼。当时刘瓛的门生大多是出身权贵豪门的士官子弟，“车马锦裘，宴乐歌舞”，是一群奢靡优游的狂妄之徒。但是，范缜穿着布衣草鞋，安步当车，处身其间，泰然无愧，并不因为自己贫寒而感到自卑。他“生性质直，好危言高论”，不畏权贵。范缜年轻时怀才不遇，满腹经纶无处施展。萧齐时期，范缜曾作为萧齐与北魏和亲通好的使者出访北魏，以其渊博的知识、机智的论辩、敏捷的思维，赢得了人们的尊重和赞叹。

在以衣貌取人的势利时代，凡穿衣必是名牌，否则便没有品位，没有档次，就会受到无端的嗤笑与伤害。衣饰仪容，既是对他人的尊重，也是自尊自信的体现。当然并不是说，必趋时尚，必穿名牌，而是要体现自己的素养，俭朴而大方。重在穿出气质，体现内心的坦诚与修养。

※原文

《诗》云：“潜虽伏矣，亦孔之昭！”[1] 故君子内省不疚[2]，无恶于志[3]。君子之所不可及者，其唯人之所不见乎！

※注释

1 “潜虽伏矣，亦孔之昭！”：引自《诗经·小雅·正月》。讽刺幽王之诗。比喻贤人君子隐居不出，但是他们的德操与人格却昭著于世，以至于不能免去祸害。犹如鱼伏于水，仍然显露得清清楚楚，被人采捕。潜：潜藏。伏：隐匿。

2 内省不疚：自省没有什么愧疚之事。

3 无恶于志：无愧于心。

※译文

《诗经》说：“君子虽然潜藏隐匿得很深，但是其德辉仍然会流露昭示出来。”所以君子自我反省没有愧疚，也没有邪恶的念头存于心中。君子的德行之所以令一般人觉得高不可及，大概就在于这些不被人看见的地方吧！

※论引

郑玄说：“圣人虽隐遯，其德亦甚明矣。君子自省，身无愆病，虽不遇世，亦无损害于己志。”

孔颖达说：“君子其身虽隐，其德昭著。贤人君子身虽藏隐，犹如鱼伏于水，其道德亦甚彰矣。君子虽不遇世，内自省身，不有愆病，则亦不损害于己志。言守志弥坚固也。”

朱子说：“无恶于志，犹言无愧于心，此君子谨独之事也。”

※札记

在细微处用力

虽然心中所想隐藏得很深，但是，总有蛛丝马迹显露出来。《诗经·正月》说：“鱼儿虽然潜藏很深，但却照样被看得清清楚楚。”因此，德行的修养必须从微小之处做起，一丝不苟。无论处在何种境地，都必须持守正道，不做有愧良知的事，也不萌生非分的念头。这正是君子之道不为常人所能致达的微妙所在。财富是一分一分累积起来的，德行也正是由一举一动中细微的言行习惯养成的。“合抱之木，生于毫末；九层之台，起于垒土。”只要自己出于至诚，其行为必然合乎天地大道，因而其德行必然得以彰显，必为人们所景仰。

※史例阐释

只做不说

无论善举还是恶行，没有谁能够瞒得了天地神明。

善行，天地必知；邪恶，天地必察。

因此，任何行为都不能够违背君子之道。常常从内心反省自己，不愧疚于自己的心灵，从而保持心灵的安详。

始终以正道约束自己的行为，不做违心之事，不存损德之念，内讼不疚。施德泽于人而不求人知，只是默默地以至诚之心遵循天道而行。

王旦任司空中书时，因送给枢密院的文件格式不符合规范，寇准便将此事上奏皇上。于是王旦受到了皇帝的严厉斥责，并责令他亲自向寇准道歉。后来，枢密院送达中书省的文书格式也违反了朝廷的规定，值班官吏以为可以乘机报复枢密院了，高兴地把它呈送给王旦。王旦批示退还枢密院，让其修改后重报，并没有上报朝廷，使事态化解。寇准感到非常惭愧，内心十分感佩王旦的大度。

做人处世，应当深怀感恩之心，“投我以木桃，报之以琼瑶”。同样，对于积怨的化解，更应当胸怀宽广，完全没必要睚眦必报。那种你打我一拳、我必踢你一脚的行为，虽然会得到一时的快意，但必会使双方的嫌隙更深，不利于合作共事，更有损事业的发展。

宽容大度，自会赢得真诚的敬重。

※原文

《诗》云：“相在尔室，尚不愧于屋漏。”[1]故君子不动而敬，不言而信。

※注释

1“相在尔室，尚不愧于屋漏。”：引自《诗经·大雅·抑》。讽刺厉王之诗。小人不敬鬼神，在庙堂之中，犹尚不愧畏于屋漏之神。相：注视。屋漏：指古代室内西北角。相传是神明所在，所以这里是以屋漏代指神明。不愧于屋漏：喻指心地光明，不在暗中做坏事或起坏念头。

※译文

《诗经》说：“独自静处自己的私室，仍然固守心地光明，无愧于神明。”所以，君子即使没有做出行动也保持恭敬的姿态，即使不说话也保持着诚信的心地。

※论引

郑玄说：“君子虽隐居，不失其君子之容德也。视女在室独居者，犹不愧于屋漏。屋漏非有人也，况有人乎？”

孔颖达说：“君子之人在室之中‘屋漏’，虽无人之处不敢为非，犹愧惧于屋漏之神，况有人之处君子愧惧可知也。言君子虽独居，常能恭敬。”

朱子说：“承上文又言君子之戒谨恐惧，无时不然，不待言动而后敬信，则其为己之功益加密矣。故下文引诗并言其效。”

※札记

每个名字背后都有自己的秘密

“诚者，君子之所守也，而政事之本也。”（《荀子·不苟》）意思是说：诚是君子的操守，也是处理国家事务的根本出发点。无处不在是谓神，神明时时处处都在关注着我们的行为。君子修行不只是说在嘴上，更要身体力行，尤其是要在内心深处怀有诚敬，这就是慎独。不只是在自己独处静室的时候，存心正道，更要时时刻刻使自己心灵的动念之间，不越礼仪的底线，非礼之念勿起。

“举头三尺有神明”，无论我们走在何处，上天的巨目都在注视着我们，因此，对于自己的每一个行为或闪念，都要谨慎，对得起神明，对得起天地良心。虽然自以为别人没有看见，其实天地间没有神灵不知道的事，没有什么能够瞒得过人的耳目，更何况想欺瞒上天。任何事物都有细微的漏洞，深隐在不易为人所察觉之处，因此，应当拭净我们的心灵，首先使我们的心灵保持透明。

※史例阐释

不畏人知畏己知

清代廉吏叶存仁，为官三十多年，严谨不苟，甘于淡泊。由于他为官清廉公正，享有很高的德望。离任之时，部属们为表达敬意，给他准备了礼品，但畏于他的严正，所以就在他离任上路的前夜，用船送去。叶存仁看到后，当即赋诗婉拒，将礼物原封不动地退了回去。这首诗写道：“月白清风夜半时，扁舟相送故迟迟。感君情重还君赠，不畏人知畏己知。”

古希腊哲学家德谟克利特说：“要留心，即使当你独身一人时，也不要说坏话或做坏事，而要学得在你自己面前比在别人面前更知耻。”最隐秘状况下的言行，反映出的是一个人最深刻的人格底色。对最微小细琐的事所持的态度，体现的是一个人灵魂的本质。

※原文

《诗》曰："奏假无言，时靡有争。"[1] 是故君子不赏而民劝[2]，不怒而民威于鈇钺[3]。

※注释

1 "奏假无言，时靡有争。"：引自《诗经·商颂·烈祖》。这是赞美成汤的诗。默默向神明祷告，性平心和，没有争端。奏：进奉。假：通"格"，即感通，指诚心能与鬼神或外物互相感应。靡：没有。

2 不赏而民劝：不需要特意奖赏就能使百姓受到感化。

3 鈇钺：刑具。古代执行军法时用的斧子。鈇：斧。钺：古代一种形状像板斧的长柄兵器。

※译文

《诗经》说："奉上我的献祭，默默向神明祷告，心性平和，无所争竞。"所以，君子不需要特意奖赏，就会使百姓受到感化。不必露出震怒，百姓也会心怀敬畏如同畏惧刑罚。

※论引

郑玄说："奏大乐于宗庙之中，人皆肃敬。金声玉色，无有言者，以时太平，和合无所争也。"

孔颖达说："祭成汤之时，奏此大乐于宗庙之中，人皆肃敬，无有喧哗之言。所以然者，时既太平，无有争讼之事，故'无言'也。引证君子不言而民信。"

朱子说："承上文而遂及其效，言进而感格于神明之际，极其诚敬，无有言说而人自化之也。"

※札记

倡于上而兴于下

"教之化民也深于命，民之效上也捷于令。"(《史记·商君列传》）意思是说：用礼教影响化育民众，比行政命令的效果要深远得多；民众效法执政者的行为，比对执行当政者的传信要迅捷快速得多。因此，率先垂范，比制定制度更为有用、更为有效。

各种形式的典礼和祭祀仪式，庄重威严，人们恭敬肃立，静穆无声，这就在于引导人们遵守礼教，使之受到同化。因为，在这种时刻，人们的心境最为坦诚，即使平时作恶多端的人，也会在此时使自己的心灵回归到虔诚与透明的状态，会在这一时刻回归善良的天性，会对自己的所为有所反省。因而，祷告也就显得真诚。这时的忏悔就是良知的萌生与发现，也就会得到上天的聆听。那么，祷告吧！只要内心怀有真诚，上天自会听到你的心声。

奖赏，激起人们的竞争；刑罚，则迫使人们畏惧退缩。所以只有用至诚的德行，来影响教化百姓，才会使天下安定和谐。

※史例阐释

君子之行，身系天下忧乐

薛广德，字长卿，汉代沛郡相（今河南省安阳市）人。当初在楚国教授《鲁诗》，萧望之任御史大夫，对他非常器重，多次向人论议，叹赏他的学问识见，于是举荐广德，任为博士，后升迁其为谏议大夫等职。

薛广德为人温文儒雅，位至三公，直言进谏。到任不到十天，皇上驾幸甘泉，祭祀天地。礼仪完毕后，皇上不想立即回宫，准备暂时驾留那里射猎游乐。薛广德于是上书说："我看到关东百姓困顿流离，生计无着。陛下却每天敲撞着败亡的秦国的钟鼓，听赏着郑、卫的靡靡之音，而不以百姓生民的疾苦为意，我深感痛心。现今士卒暴虐，官吏荒怠政事，希望陛下赶快回宫，与百姓同忧乐，那么这会是天下人的幸运。"皇上接受了薛广德的意见，当即回宫。

※原文

《诗》云："不显惟德！百辟其刑之。"[1]是故君子笃恭而天下平。

※注释

1"不显惟德，百辟其刑之。"：引自《诗经·周颂·烈文》。宗庙献祭的乐歌。不显：大显。充分显扬。不：通"丕"，大。百辟：诸侯。刑：通"型"，示范，效法。

※译文

《诗经》说："弘扬天地间至高的德行，让天下人和诸侯们都效法奉行。"所以，君子笃诚恭敬，天下自然太平。

※论引

郑玄说："不显乎文王之德，百君尽刑之，诸侯法之也。"

孔颖达说："以道德显着，故天下百辟诸侯皆刑法之。引之者，证君子之德犹若文王，其德显明在外，明众人皆刑法之。"

朱子说："不显，此借引以为幽深玄远之意。承上文言天子有不显之德，而诸侯法之，则其德愈深而效愈远矣。笃恭而天下平，乃圣人至德渊微、自然之应、中庸之极功也。"

※札记

以德行立为楷模

"南面而治天下，莫不以教化为大务。"(《汉书·董仲舒传》）就是说：君主治理天下，无不以推行教化作为根本要务。道德教化的力量无形无迹，但却影响深远：滋润着人们的心灵，规范着人们的言行。君子努力戒惕，以礼乐约束自己，用道德修养自己。凡事从自身做起，"躬自行而薄责于人"，以自己的德行为楷模，使天下效法。

※史例阐释

战争并不是解决问题的最好手段

吕蒙正（公元 946 年—公元 1011 年），字圣功，河南洛阳人。太宗太平兴国二年举进士第一，通判升州，召直史馆，迁知制诰、翰林学士，擢左谏议大夫，累官参知政事，封许国公。谥文穆。吕蒙正为人质厚宽简，素有重望，以正道自持，遇事敢言。每论时政，如果意见有分歧，必定不强力推行，以待条件成熟。

宋太宗有北伐的宏图大志，于是就召集群臣讨论战争问题。宋太宗说："兴兵讨伐的目的是为民除暴，安定边境。而不是像有些人说的，是好大喜功、穷兵黩武。"吕蒙正劝谏说："隋、唐两朝数十年中，四次征伐辽国，百姓愁苦不堪，结果是隋炀帝全军覆没；唐太宗亲自上阵运送土木攻城，结果都无功而还。由此可见，治理国家的最大要务，在于内修政事。国内政治清明，百姓生活富裕，那么远方的人民就自然归顺，国家自然就安定太平了，哪里用得着劳师远征呢？"宋太宗点头称好。

因此，在吕蒙正任宰相的时期，就没有再讨论过战争的事。

※原文

《诗》云："予怀明德，不大声以色。"[1] 子曰："声色之于以化民，末也。"

※注释

1 "予怀明德，不大声以色。"：引自《诗经·大雅·皇矣》。赞美周先祖开国创业之诗。怀：归。声：号令。色：仪容神态。

※译文

《诗经》说："我怀有光明的品德，自不必做出疾言厉色的行为强制人们服从。"孔夫子说："用厉声厉色去呵斥百姓，试图教化民众，这是最拙劣无能的行为。"

※论引

郑玄说："我归有明德者，以其不大声为严厉之色以威我也。"

孔颖达说："天谓文王曰，我归就尔之明德，所以归之者，以文王不大作音声以为严厉之色，故归之。记者引之，证君子亦不作大音声以为严厉之色，与文王同也。"

朱子说："引之以明上文所谓不显之德者，正以其不大声与色也。又引孔子之言，以为声色乃化民之末务，今但言不大之而已，则犹有声色者存，是未足以形容不显之妙。"

※札记

权力是一种分享的艺术

权力不是用来压制别人、使人屈服的工具，而是用来帮助他人、服务于人民的手杖。

权力并不意味着占有，而是利益的公平分配，是一种分享的和谐关系。

分享意味着共存。在于真挚，在于信任。

权力的意义在于爱护老百姓，调动他们的积极性协力创造生活；在于严加约束权力操持者的言行，使他们为老百姓服务而不是欺负老百姓。

通过公正地运用权力，使民众能够共同分享生活的果实，能够心情和畅地享受到阳光的滋润，能够心身惬意地欣赏风景，能够充满希望地建设生活。

权力就像一个礼物，是信任和给予，是帮助和支持。

※史例阐释

权力是有限的，贵在有德

周访，字士达，晋代浔阳（今江西省九江市）人，祖籍汝南安城。汉末避地江南。

周访性格刚毅，沉稳谦让，处事果断坚决。与陶侃为友，结为姻亲。周访年少时遇庐江陈训，他对周访与陶侃说：“二位君子都是位居一方的国家栋梁。”

周访为人豪爽，喜好周济贫穷，因而家中没有财产积累。当初，陶侃处境低微，父亲殁世、即将下葬时，家里的耕牛忽然丢失。在寻找之时，遇见一位老人，他说：“前面山岗下有一头牛卧在泥污中，如果在此安葬立墓，那么后世将出高官。”又指着另一座山说，“这也是一块风水宝地。”说完后忽然不见。陶侃找到牛以后，就把父亲安葬在那里，并把另外一处山地告诉周访。周访父亲死后，就埋葬在那里。后来周访果然官到刺史。

元帝渡江，周访官至扬烈将军。由于他能征惯战，世有威名，智勇过人，远近悦服，率军征讨，无不克复，为“中兴名将”，累官扬州刺史。但是，他生性谦虚，从不自矜功劳，也不居功自傲。有人说：“一般人只要做出了一点小成绩，很少有不对人夸耀的。而您为国建立如此大的功勋，为什么却从来不见您对别人提到过一个字呢？”周访说：“幸而不辱王命，取得一些胜利，那也是朝廷的天威、皇上的英明、将士勇猛奋战的结果，我有什么功勋可谈啊？”于是有智谋勇略的人都因此而敬重他。

※原文

《诗》曰：“德輶如毛。”[1]毛犹有伦[2]，“上天之载，无声无臭”[3]，至矣！

※注释

1“德輶如毛。”：引自《诗经·大雅·烝民》。赞美宣王之诗。輶：古代一种轻便的车，引申为轻。

2 毛犹有伦：羽毛虽轻，仍然有相应的重量。伦：比。

3 上天之载，无声无臭：引自《诗经·大雅·文王》。周公追述文王之德。上天化育万物，无声无息，不动声色，不着痕迹。臭：气味。

※译文

《诗经》说：“德行轻如毫毛。”即使轻如毫毛仍然保持自己的天性。“上天承载、化育万物，无声无息，不动声色，不着痕迹。”这才是最高的境界啊！

※论引

郑玄说：“化民常以德，德之易举而用，其轻如毛耳。毛虽轻，尚有所比；有所比，则有重。上天之造生万物，人无闻其声音，亦无知其臭气者。化民之德，清明如神，渊渊浩浩然后善。”

孔颖达说：“用德化民，举行甚易，其轻如毛也。天之生物无音声无臭气，寂然无象而物自生。言圣人用德化民，亦无音声，亦无臭气而人自化。是圣人之德至极，与天地同。”

《礼记正义》曰：“子思既说君子之德不大声以色，引夫子旧语声色之事以接之，言化民之法当以德为本，不用声色以化民也。若用声色化民，是其末事，故云‘化民末也’。”

朱子说：“不若烝民之诗所言‘德輶如毛’，则庶乎可以形容矣，而又自以为谓之毛，则犹有可比者，是亦未尽其妙。不若文王之诗所言‘上天之事，无声无臭’，然后乃为不显之至耳。盖声臭有气无形，在物最为微妙，而犹曰无之，故惟此可以形容不显笃恭之妙。非此德之外，又别有是三等，然后为至也。”

※札记

和就是同心

“君能下人，必能信用其民矣。”（《左传·宣公十二年》）就是说：君子能够放下身份以礼对待人民，就一定能够取信于民，民众也就自然效仿并乐为所用。

孔子说：“礼之本，和为贵。”礼的实质就是尊重他人，关系和谐。

和就是使自己快乐，同时也使别人快乐。从而达到上下同心，天地同心。

和则顺，顺则治。天时地利人和。天地人同心，世界大同。

※史例阐释

和为根本

陆贾，西汉楚国（今江苏徐州市）人。因其能言善辩，以宾客的身份跟随在高祖身边。高祖平定天下后，封陆贾为太中大夫。其常常出使往来于各诸侯国之间，是汉朝初期的重要谋略家。陆贾著有《新语》十二篇，总结了秦、汉兴亡的原因，论述了古代帝王成败的经验教训，指出了国家兴衰存亡的征兆和潜在因素。

孝惠帝时期，吕太后权倾朝野，封诸吕为王。陆贾洞悉政治形势，便称病辞职，居家休养避祸。

诸吕专权跋扈，妄图篡夺天下。右丞相陈平对此深感忧虑，但是因为力量有限，只好先谋自保，再筹良策，于是常常思虑过度，却苦无万全之计。

一天，陆贾以老朋友的身份前去拜访陈平。陈平正自深思，竟然没有发觉陆贾已来到了他身边。

陆贾问："什么事会让您忧虑如此深重呢？"

陈平说："你认为我会有什么忧虑呢？"

陆贾说："您位居右丞相的高位，是食邑三万户的列侯，富贵荣华无人可及，自然不是因为享乐不能满足而心生烦忧。之所以令您忧愁难解，恐怕只是担忧国家所面临的重大变故吧。"

陈平说："正是这样。那么，你认为该怎么办呢？"

陆贾说："古语说，天下安定，重在丞相；天下动乱，重在大将。将相契合，那么天下有才能的人就会有所归附，天下有德能人的归附，就体现了人心所向。那么，即使有意外的事情发生，国家也不致分裂。因此，为了国家的长治久安，这就取决于您和周勃两人了。您为什么心怀犹疑，却不和太尉交好呢？"

陆贾又为陈平筹划方略。于是，陈平就用他的计策，以五百金的重礼为绛侯周勃祝寿。而太尉周勃也以同样隆重的礼节回报陈平。从此，陈平、周勃二人建立起了非常密切的关系。吕氏篡权的阴谋也由此受到了阻滞，从而使历史沿着有利于人民大众安定生活的方向发展。

天下的根本，在于民心。民心所向，体现的就是和。和则通，通则顺，顺则治。